中国青海省・漢民族の葬送儀礼

死をめぐる民俗誌

李生智

七月社

［カバー写真］ＬＪＳ村・李氏一族の死後一〇周年追悼墓参（二〇一七年二月二日）

［扉写真］ＨＷ村・李氏一族の祖墳（二〇一七年九月一一日）

（カバー・扉写真とも、青海省西寧市湟中区李家山鎮、筆者撮影）

中国青海省・漢民族の葬送儀礼

死をめぐる民俗誌

＊

目次

〔凡例〕

- 人名や書名などの中国語の簡体字は日本語の漢字表記にあらためた。ただし、宗教的職能者が書いた繁体字の儀礼文はそのまま引用する。
- 調査地の青海省で使用されている語彙については「　」でくくり、現地の発音を［　］内にピンインで表記した。
- 中国語の名詞など重要な専門用語は【　】でくくり示した。
- 本書の出版に際し、話者から実名使用の許可を得ているが、未成年や異常死の事例が含まれるため、個人情報保護の観点から、イニシャルで表記する。ただし、死者と葬礼関係者との社会的関係を論じるに際しては、死者の名前に含まれる一族の世代順（輩分）の漢字を示すことが必要であるため、姓と輩分を示す漢字はそのまま使用し、名のみをイニシャルで表記することとする。たとえば、筆者の名前（李生智）を例にすると、「李生Z」となる（「李」は姓、「生」は李氏一族の世代順を示す漢字であり、「智」を「Z」で表す）。
- 地図や系図などの図版は、すべて筆者が作成したものである。
- 写真はすべて筆者が撮影したものである。

序章　先行研究と本研究の課題

一　本研究の課題

有花有酒春常在　（花と酒があり、春のような日々が常に続く）
無月無灯夜自明　（月や灯りがなくても、夜は自然に明るい）

これは、青海省の漢民族が棺に記すあの世の光景である。あの世は、花が咲き、酒があり、穏やかで豊かな日常が続くとされ、春のように暖かく心地よいところとされている。また、あの世は月や灯のような外からの光を必要とせず、自然なかたちで調和が取れている。この棺に記される詩文は、あの世が困難や悲しみのない幸福に満ちた場所であり、暗闇ですら安らぎと安心感に包まれ、不安や恐怖が存在しないことを示唆している。青海省の漢民族は、豊かで安らかな、自然と調和したあの世を憧憬しているのであろう。こうした他界観や死に対する認識は、青海省の漢民族の葬送習俗のなかで具現化されている。

本研究は、中国青海省の農村地域における漢民族の葬礼について、その葬制（葬法、墓制、祭祀）と葬礼関与者への考察を通じて、漢民族の死生観や親族・姻戚を中心とした社会体系の再考を試みることを目的としている。

中華人民共和国では、漢民族と「少数民族」を合わせて五六の民族が認定されている。二〇二一年五月一一日、中国国務院により行われた第七回全国人口普査の報告によると、漢民族の人口比率は、五六の民族すべてを含めた中国の人口のうち九一・一一％を占めている[1]。漢民族の人口は一二億人にのぼり、沿岸部などの経済の中心地だけでなく、国内各地に居住している。中国では、民族ごと、地域ごとにその民俗習慣は多様性を持っているが、同じ漢民族間においても地域によってその民俗習慣は異なる。

二　分析用語の定義

本研究では、中国の青海省の漢民族の葬礼を分析対象としている。調査地域の漢民族は、葬送儀礼に「葬礼[zàng lǐ]」、「喪事児[sáng shì ér]」、「白事児[bēi shì ér]」といった呼称を用いるが、本研究では「葬礼」と表記する。

李安宅は、中国の「礼」について、民風、民儀、制度、儀式、政令などの意味を含む複合的な概念であり、広義には「文化」に相当し、狭義には「礼節（儀礼の作法）」にすぎないと述べている。人民群衆（民衆）の長い間の暮らしや生産活動の中で形成され、一般に採用された生活様式が「民風」である。そして、民風に意識的な能動性が加わると「民儀」となり、民儀が具体的な構造的な枠組みを持つと「制度」になるという[2]。「葬礼」も同様に広義と狭義の意味を持つ。広義では、人々が死を迎えるための準備、そして、生者が亡くなった人（死者）に対して行う、死から埋葬、祭祀に至るまでの一連の儀式であり、死者の遺体と霊魂の処理を目的とする行為である。狭義では、死者のために行われる儀式のことである。本書では広義の意味として「葬礼」の語を使用する。

本書では青海省の葬礼を論ずるに際して、現地の人々が使用している言語（青海方言）を引用する。葬礼の展開において、葬礼に関わる人々の役割分担を追跡するため、親族関係の呼び方は現地の呼称を用いる。これらについては本文の中で解説を付している。

現在の青海省の漢民族は、大まかに一九五〇年代以前から青海省に居住している人々と、一九四九年以降に国の政策によって移住してきた人々に分けられる。一九五〇年以前から青海省に住んでいる人々の多くは、青海省の省都である西寧市を含む東部の都市や農村など広域に居住し、農業を中心とした生業を営んでいる。一九五〇年以降に移住してきた人々は、西寧市や西部の格爾木市などの都市に居住し、工場での労働や指導を生業とする。

本書で扱う漢民族は、青海省の農村部に居住し、先祖代々その地域に住み続けている人々を指す。

三　青海省の概要

本研究の調査地の青海省は、長江や黄河など多くの河川の源流となる中国大陸の西北地区に位置し、甘粛省、四川省、西蔵（チベット）自治区、新疆ウイグル自治区と隣接する。青海省の東部から北部は黄河支流の湟水河と祁連山脈の谷地を通じて甘粛省の各都市と交流があり、北西部は崑崙山脈を通じて新疆ウイグル自治区につながっている。また、東南部は四川省、西南部はチベット自治区と隣接している。シルクロードの「河西回廊」［3］（甘粛・新疆）、および西蔵（チベット）の入口に位置し、この地は歴史的にも交通の要衝として繁栄してきた。

そして、青海省は「世界の屋根」と呼ばれる青蔵高原（青海チベット高原）［4］の北部に位置し、平均海抜は三〇〇〇メートル以上である。省内には、高山、高原、大河、大湖、大盆地、砂漠やゴビ（石礫砂漠）、大草原と、多様な景観がみられる。青海省の面積は七二万平方キロメートル以上あり、中国において第四位の広さの省である。

さらに、青海省では、旧石器時代の打製石器や新石器時代の陶器・青銅などが大量に発見されている。特に、河湟地域では、馬家窯文化・斉家文化・卡約文化などの遺跡や墓が発掘された。こうした遺跡の発見から、青海省における人類の活動は三万年前の旧石器時代から、河湟地域での活動は新石器時代からとされている［5］。また『漢書』西羌伝などの文献によると、青海省の原住民は羌部族である。前漢時代の初期には霍去病が河西回廊を開通させ、臨羌県を設置した。これにより青海省に漢民族が移住し始めたとされる。七世紀以降、吐蕃（古代チベット人の王国）は青海チベット高原を統一し、一三世紀半ばのモンゴル民族による元時代には青蔵高原の全土が中央政権の統治下に入った。明の時代になると、西寧を中心として青海省の東部に「西寧衛」という行政区が設置され、清の時代には、朝廷が西寧を本拠地として、青蔵高原を支配した［6］。

このような地理的・歴史的動向によって、青海省はチベット族、漢民族を主とした多民族雑居の地域となっていった。明・清時代においては、青海省東部が陝西省と甘粛省の管轄地になり、これを契機として大量の漢民族がこの地に移住しており［7］、この状態は中華民国の前期まで継続した。その後、一九二九年（中華民国一八年）に、中華民国の中央政府の命令により、甘粛省が管轄する西寧を中心とした河湟［hé huáng］地域［8］とチベットのアムド地域［9］を組み合わせて青海省が成立した。一九五〇年には、中華人民共和国青海省人民政府が正式に成立し、青海省の省都が西寧市となった。青海省の総人口は五九五万人で、西寧市を中心とした河湟地域に三四六万人が居住し、そのうち二九九万人が漢民族である［10］。

以上のように、経済と政治の中心である北京や上海、広州などの沿岸部の地域から遠く離れた内陸部に位置し、多民族地域であるのが青海省の特徴である。そうした条件から、中央政府が提唱する文化や政策などの普及は中心部に比べて遅れがみられ、在地の習俗が現在でも伝承されている。

四　本研究の内容

前述のように、この地の漢民族は明・清時代（一六二八〜一九一二年）に河湟地域へ移住し、漢民族の土葬などの葬法が青海省で伝承されてきた。一九五六年に中央政府によって火葬実施が奨励されたものの、青海省の農村部における漢民族は現在でも土葬が一般的な葬法であると考えている。青海省の葬礼の特徴については第一章で詳細を述べる。

こうした青海省の現状をふまえ、次のような内容と方法によって研究を行う。

①青海省河湟地域の農村部における漢民族の葬礼の具体的な事例についての調査を行い、その実態を記録すること。青海省は従来から多民族地域として知られており、多くの史資料に記述がある。また、近現代に行われた研究や調査では、チベット族などの少数民族の葬送習俗の記録が多く残されている。しかし、青海省における漢民族の葬礼の具体像を把握するための詳細な研究や調査はほとんど行われていない。そこで、同地域における漢民族の葬礼について、その実態を明らかにするために調査と記録を行う。

②青海省河湟地域の農村部における漢民族の葬礼の具体的事例の比較と分析をすること。①の具体例を比較分析することで、葬礼が漢民族の社会的連結や統合に果たしてきた役割と社会的意義を問い、青海省の漢民族に特徴的な死生観、霊魂観、道徳観を検討する。

③一九四九年以降、急激な社会変化と政府の殯葬改革の影響下での、青海省河湟地域の農村部に住む漢民族における葬礼の動態的変遷について考察すること。大躍進や文化大革命、近年制定された条例などの殯葬改革の動きに対してどのように対応してきたのかを明らかにする。一方で、一九八〇年代以降、殯葬改革で失われた祖墳や族譜などの再建や再編が行われた。こうした従来の葬送習俗の復活の動きについても考察したい。

五　先行研究の検討

漢民族の葬礼をめぐる研究（以下「葬礼研究」と称する）は、中国の歴史や文化に関する研究において、大きなテーマとなっている。中国国内外の多くの研究者によって、臨終対応、葬法、遺体処理、墓制、祭祀などさまざまな切り口から、歴史学、社会学、文化人類学、宗教学、民俗学などの視点とその方法論を用いて葬礼研究が行われ、葬礼に関する多くの研究が蓄積されてきた。

1　古代中国の葬送習俗の研究

(1)新中国以前の葬礼研究

張亮采は黄帝以前から明代までの葬礼研究に関する歴史史料を整理し、『中国風俗史』(一九一〇)を編集した。同書は中国国内における漢民族の葬礼をめぐる現代的学術研究の始まりとされている。その後、婁子匡などの研究者によって、漢民族の葬儀に関して歴史史料を用いて考証的な研究が試みられたものの、基本的に歴史史料の羅列と紹介が中心となっており、理論的な研究とはいえない[11]。一方で、当時の庶民の葬礼の収集・記録・記述を行い、当時の葬礼の実態を追跡した研究もみられる。たとえば、陳懐禎は「中国婚喪風俗之分析」(一九三四)において、地方誌に記載された清代の史資料に基づき、黄河流域、長江流域、珠江流域、関外区域の四大地域ごとに婚姻儀礼と葬送儀礼について論じた。さらに、各地域の伝承を比較し、漢族内でも地域によって異なる葬送習俗が存在することを明らかにした[12]。

(2)新中国以降の葬礼研究

一九四九年から一連の政治運動が終息する一九八〇年代にかけて、漢民族の葬送習俗に対する研究は行われなかった。一九八〇年代以降、中国での葬儀研究が再開し、歴史学や考古学での研究が進展した。二〇〇〇年前後には、民俗学と人類学などの「田野調査」(フィールドワーク)に基づいた研究がわずかに行われた。中国では、文献研究が重視される一方で、現地調査による研究の蓄積がなされてこなかったことが現在の葬儀研究の課題として意識されている[13]。一九八三年五月における中国民俗学会の設立にともなって、漢民族の葬儀に関する研究が相次いで行われるようになった。

一九八二年一〇月、梁容若は『北京師範大学学報（社会科学版）』（一九八二年第五期）に、「中国喪葬制度之回顧与前瞻」の論文を発表した。同氏は文献史料に基づき、中国人が死者を厚葬する考え方の由来について述べている。中国人は人が死ぬと「鬼［gui］」になり、鬼は人と同様の生活を送ると信じている。人が享受する物品は鬼も享受できるという観念があり、現世と死者の世界とは多様な方法で交流できるとされている。そのため、死者には豪華な棺や財宝が陪葬される。梁容若は、このような厚葬が資源や金銭の浪費であること、また中国の葬儀制度が封建貴族社会の産物であり、国家全体や各民族の利益を考慮した長期的な視点が欠如していると指摘している。さらに、今後は全国規模の火葬を推進すべきであると主張している［14］。これは、政治運動が終焉したあとでも、古来の葬送習俗を全面的に否定するという当時の研究動向を表わしている。しかし、古代中国において厚葬を含む葬送習俗が定着した背景には、必ず理由がある。貴族から庶民に至るまで、なぜこのような葬送習俗が広く受け入れられたのか、また、それが社会関係や社会の維持にどのような役割を果たしていたのかを検討せずに、これらの習俗を一方的に否定することには慎重であるべきである。

一九九〇年代以降、文献史料や考古資料を用いた中国の葬儀史に関する研究が数多くなされている。なかでも、徐吉軍と賀雲翺が共著した『中国喪葬礼俗』（一九九一）は大きな成果といえる。同書は中国の葬儀に関する多くの歴史史料と考古資料を用いて、中国の葬送制度を体系的に考察したものである［15］。本書を踏まえ、徐吉軍は『中国喪葬史』（一九九八）において、時代の流れにおける葬儀という観点から、原始社会から民国時代までの中国の葬送制度を体系的に紹介し、各時代の葬礼の特徴、その時代の葬送儀礼の歴史的背景や文化的背景を解説した。こうした中国の葬儀変遷史を明らかにしたうえで、中国の葬送習俗が長い歴史の中で多様な文化と融合した結果であると主張する［16］。同様に、陳華文は『喪葬史』（一九九九）において、中国の葬儀に伴う葬制と墓制の形成、制度化・階級化について言及し、葬法や墓制など喪葬習俗の歴史的変遷と地域的拡散など、様々な視点から中国の喪葬史の変遷について論じている〔17〕。その後、周蘇平の『中国古代喪葬習俗』（二〇〇四）〔18〕、萬建中の『中国歴代喪葬』（二〇一〇）〔19〕、呉麗娯の『終級之典――中古喪葬制度研究』（二〇一二）〔20〕、李伯森の『中国殯葬史』（二〇一七）〔21〕など、歴史学の観点から論じられたものが相次いで出版された。これらは、文化大革命後、学術界で改めて葬送習俗に焦点を当てた研究であり、文献史学における中国の葬儀史が十分に検討されたといえる。

これらに加えて、日本人研究者によって中国の葬送習俗の検討がなされてきた。たとえば、西岡弘は『中国古代の葬礼と文学』（一九七〇）において、古代の文献史料を整理し、儒教思想に基づいた『周礼』、『儀礼』、『礼記』の三つの文献を中心に、多くの文献資料から中国古代における葬礼が古代礼制の中心をなしていたことを示した。葬礼は死者への儀礼であり、祭祀は死者がやがて神として祀られるもので、「礼制の中でも最も重んじられ、殷代巫政時代の宗教的儀礼として祖先崇拝から、氏姓制度に立った周王朝の体制にも引き継がれて、一には人間の至情にかない、一には周王朝の維持にも役立つものとして、愈々重んぜられるに至った」と述べている。さらに、『礼記』や『儀礼』などの古代文献資料の記載から、中国古代の「葬礼」は複雑な構造を持っていたことを示し、葬礼の構成を「殯」、「葬」、「祔」の三段階に区分した〔22〕。

しかし、こうした中国古代葬制に関する歴史的研究の多くは、皇帝および皇族、貴族などの上流階級の葬礼について記述した史資料をもとに考察されているため、庶民の葬送習俗の具体像をとらえられていない。

2　現地調査による葬礼研究

中国では上流階級の葬礼と文献の記述を分析対象とする研究が行われてきた一方で、庶民の葬礼や現在の葬礼についてフィールドワークを行って分析するという葬礼研究も多数行われた。

郭於華は『生的困擾与死的執著――中国民間喪葬儀式伝統生死観』（一九九二）で、山西省の呂梁地区と陝西省の延安地区の葬礼や葬送習俗に対する社会的意識の具体的説明を通じて、葬礼は「家の財力の示す場であり、人間関係の再確認と強化の役割がある。葬礼は儒教の道徳観の伝達と浸透の重要な手段である」と、葬礼が社会の安定のために重要な役割を果たしていることを示している。さらに、葬礼から反映された「重死重喪又避諱言死（死亡と葬礼を重視する一方で、「死」に言及することを極力避ける）」と「生と死、人と鬼、子孫と祖先、陽間（現世）と陰間（死者の世界）」という中国人の生命観を説明し、中国人は現実世界と霊魂の世界が共存していると考え、人々は葬礼や祭祀を通じてこの二つの世界をつなぎ、コミュニケーションを図っていると結論づけた。また、中国社会において、従来の葬礼は社会関係を維持するために欠かせない手段であった。現在進行中の中国の殯葬改革においても、儒教・仏教・道教の儀礼が融合した従来の葬礼から完全に切り離すことは難しく、「良い方向に導きながら改善していくしかない」と主張されている[23]。郭於華の研究は、フィールドワークを通じて葬礼を考察したものであるが、詳細な調査データに基づく分析ではなく、主に民間における葬礼の慣習や儀礼の一般的な特徴を捉えた内容となっている。葬礼に関わる担い手や親族関係に関する具体的な考察が不足しているため、葬礼が農村社会において人間関係をどのように維持しているかについては十分に検討されていないと言える。

また、多くの学者が葬送習俗の地域研究を行っている。何彬は『江浙漢族喪葬文化』（一九九五）の中で、江浙地域の墓制について精密な調査データに基づいて論述した。日本の単墓制と両墓制、日本人の霊魂観と中国江浙地方の墓制の比較を行い、漢民族の「霊体一致・霊骨一体」の霊魂観、あの世が地下に位置する他界観、「椅子墓」の形成原因など、漢民族の死をめぐる習俗について検討した[24]。徐吉軍は『長江流域的喪葬』（二〇〇六）で、当地域の葬儀手順、葬法墓制、葬具副葬品および葬送習俗を詳細に記録している[25]。陳華文と陳淑君による共著『呉越の喪葬文化』（二〇〇八）では、呉越地域の喪葬習慣の起源と発展、葬法と葬式、民間の儀式、棺と墓、信仰文化、風水文化、そして喪服と喪に関して詳細に説明している。また、地理的環境、政治、経済、文化など、多角的な視点から呉越地域、特に浙江地域の現行の喪葬習慣について分析し、葬礼を豪華にするという競争心理を明らかにした。さらに殯葬改革の可能性について検討し、その対策を提案している[26]。

一方、二〇〇〇年代以降、中国の経済発展と安定的な教育・研究環境の維持の影響で、庶民の葬送習俗に関する論文が多く蓄積されている。たとえば、社会学者の楊懋春は、『中国の村落――山東省台頭』(二〇〇一)において、中国の家庭観について「単に一緒に生活している人々の集まりではない。家は家族のメンバー、家族の財産、家畜、家族の名声、家族の伝統、そして家族の神々からなる複雑な組織である。家には既に亡くなった祖先とまだ生まれていない子孫も含まれるべきである」と主張している。さらに、家族内の人間関係の視点から山東省の葬儀の詳細を示し、各儀礼の意味を解説した。葬礼の内容と規模などの詳細は死者の家庭の経済状況、死者の年齢、存命人物の世代順位、そして村の評価機構などと関連していると指摘している[27]。楊慶堃は『中国社会中的宗教――宗教的現代社会功能与其歴史因素之研究』(二〇〇七)において、葬儀の社会機能の視点から、葬儀は「成員が宗族の伝統と歴史を記憶することに役立ち、道徳観と信仰の維持と全体の向心力に有効である」と述べている。さらに、「全ての宗族の成員が参加する儀式を通じて、その宗族成員の忠誠と団結の感情を持続的に強化する」とも述べている[28]。

李汝賓は「喪葬儀式、信仰与村落関係構建」(二〇一五)において、伝統的な葬礼が家族、宗族、村落の関係を円滑にする重要な役割を果たすことを説明し、葬礼が人々の感情や人間関係を調和させ、人情の交流、贈り物の互助、労働の協力を通じて、死者の家族を慰め、村落社会の統合と発展を促進すると指摘している[29]。陳小鋒は「伝統儀式的社会学解読――以陝西関中地区喪葬儀式為例」(二〇一五)では、陝西関中地区を例として、葬礼は農村社会での人々の交流方式、存在の意義と社会秩序を示していることを明らかにした[30]。劉小雯と張雨は

「喪葬儀式変遷対人際伝播的影響――以重慶南岸区為例」（二〇一八）において、重慶南岸区を例に挙げ、葬儀の変遷が家族内の感情を通じて、家族の向心力と所属感を高め、近隣部落間の人間関係を強化し、村落社会の統合と発展を促進できることを指摘している[31]。張大維・安真真・呉淵「移民搬遷中伝統風俗的重塑及其例行化――三峡庫区GZ鎮喪葬儀式個案研究」（二〇一二）は、調査地の具体的な葬儀の儀式を例に挙げ、移民の移住に伴う伝統的な葬儀風習の再構築を分析している。移住前は葬儀が家族によって主催されていたのに対し、移住後は移住先の村民を中心に実施されるようになり、伝統的な儀礼と現代的な運営方法が組み合わさった結果、新たな葬儀経済が形成されたと述べている[32]。趙文と王明利は「関中東部地区葬送礼儀的社会功能分析――基於対陝西富平喪葬儀式的田野考察」（二〇一四）において、葬儀が家族関係の調和を促し、近隣関係を調整し、家族の力を結集させ、教育と影響を与えるなどの機能を持つことを明らかにした[33]。何秀琴「浅談農村喪葬儀式的社会功能――以湖北農村伝統喪葬儀式為例」（二〇一二）では、葬儀儀式の四つの側面の機能について探究している[34]。

3　日本における中国の葬礼研究

日本における中国の葬送習俗の記録の古い例として、中川忠英編纂の『清俗記聞』（一七九九）巻十二「葬礼」がある。これは、乾隆年間（一七三六～一七九五）の中国南部で行われた葬送習俗について絵図を示しながら、清時代の東南中国の葬送習俗について詳細に述べたものである。

日本においては中国の古代史料を用いた葬礼研究が多く行われている。しかし、何彬が指摘しているように、それらの研究は主に中国の王朝時代を対象とし、史料に基づく葬礼の復元が帝王や貴族などの上流階級に限定されている[35]。そして、近代以降は中国の農村社会に焦点を当てて、その地の民俗慣習などについて調査を行った。たとえば、鈴木清一郎の『台湾旧慣・冠婚葬祭と年中行事』（一九三七）では、当時の台湾における本島人（漢人系）の葬送習俗を詳細に紹介している〔36〕。ほかに、満洲の年中行事や葬送習俗を記述した『満洲國の習俗』（一九三三）や、華北農村の冥婚などの習俗を記述した『中国農村の家族と信仰』（一九四八）などがある。こうした日本人による現地調査に基づく記録や論考は資料的価値こそ認められるものの、中国または漢民族の葬送の全容をとらえるうえでは地域的な偏りがあり、普遍化できないものとなっている。たとえば、鈴木清一郎の『台湾旧慣・冠婚葬祭と年中行事』では、台湾の漢民族の葬送習俗である「寄棺（異郷で死亡した者の遺体を棺に納めて寺に預けること）」について述べているが、これは台湾や福建省などで多く見られるもので、全国的に見れば必ずしも一般的な習俗ではないのである。

渡邊欣雄は中国の華南地区や台湾などで調査を行い、漢民族の祖先祭祀、風水信仰、霊魂観、宗族などに関して、膨大な研究成果を蓄積してきた。特に『漢民族の宗教――社会人類学的研究』（一九九一）では、漢民族の宗教信仰、霊魂・祖先観念、祭祀儀礼などについて分析し、漢民族は儒教や道教、仏教などの特定の宗教ではなく、それらが在地の信仰と混ざって形成された「民俗宗教」を信仰していると述べ、多種多様な神々と教義の混淆を特徴とする漢民族の宗教信仰の特徴を明らかにした〔37〕。また、台湾、香港、福建など南方の漢民族の信仰や祖先祭祀などから、祖先は陽、鬼魂は陰、位牌に象徴される祖先は陽祖、墓に象徴される祖先は陰祖と、漢民族の風水の陰陽二元論に基づく祖先観を考察した。さらに、漢民族の「神・祖先・鬼」の三位一体理論〔38〕について、祖先になるための一〇の条件や、「祖先」と「子孫」の祭祀関係（子孫による祖先への祭祀と、墓の風水の良し悪しが子孫にもたらす影響）、さらに「鬼」である「ストレンジャー（祀るべき子孫を持たずに死んだ親族）」や「アウトサイダー（異常な死に方をした人の霊魂）」に対して祭祀することで、「鬼」が御利益をもたらすようになると祖先や神に昇格することが指摘されている。渡邊欣雄の研究は、祖先祭祀や風水信仰など、漢民族の葬送習俗の一環としての要素について行われているが、儀礼全体から見た漢民族の葬礼の検討は十分ではないと言える。

何彬は『中国東南地域の民俗誌的研究――漢族の葬儀・死後祭祀と墓地』（二〇一三）で、中国東南部の地域社会を中心とした、多くの調査事例をもとに、漢民族の「葬儀」と「死後祭祀」を歴史・階層・観念から探り、墓をとりまく霊魂・他界・祖先観を解明している。また、葬儀のプロセスと葬法の歴史的変遷、死後祭祀から多様な霊魂観にせまり、墓と墓地の形態から漢族の他界観を考察するなど、多様な方向からアプローチしている[39]。

さらに、田村和彦は「陝西省中部地域における死の儀礼――漢民族の葬儀に関する人類学的報告」（二〇〇六）で、陝西省を調査地として文化人類学の視点から、当地域の都市部と農村部の漢民族の葬礼の実態を明らかにした[40]。また、「近現代中国における「正しい」葬儀の形成と揺らぎ――二つの「聖なる天蓋」とその後の展開」（二〇一四）では、殯葬改革によって執り行われるようになった新式の葬儀である「追悼式」、火葬、公墓が現在の中国に定着していく過程と現状についてまとめている[41]。

山本恭子は「現代中国における葬礼習俗の変化と伝統継承の担い手――江蘇省北部地域における聞き取り調査から」（二〇一四）で、江蘇省北部地域における聞き取り調査から当地域の漢民族の葬礼と担い手の実態と変遷を追跡している[42]。さらに、「中国における葬礼の地域差と歴史的変化――伝統の継承と変容」では、民国期以降の中国各地の地方誌、民国期以前の旧志、筆記小説、戯曲などの文献の記述から、それまで具体的な分布と地域差が明らかにされていなかった漢民族の葬送習俗を、分布図に整理した。たとえば、「遺体の更衣と清め」に関する習俗を、『家礼』に則った体系（原型）、死亡前に寿衣への更衣をする体系（北型）、買水（死者の沐浴に用いる水を川や井戸に取りに行く儀礼）を行って遺体の清めに用いる体系（南型）の三パターンに類型化している[43]。

その他、中国各地域の漢民族の葬礼の実態に関する論考がいくつかみられる。たとえば、秦兆雄の『中国湖北農村の家族・宗族・婚姻』（二〇〇五）[44]では、当地域の従来の葬送習俗と人民公社期以後の葬礼の変遷を追跡し、その変遷から当地域の漢民族の死生観について検討した。黄強「中国上海市における死者葬儀」上・下（二〇一二）では、上海地区の民俗誌、地方誌などの資料を用いて、清時代晩期から現代までの上海市の葬礼の変遷の実態を示した〔45〕。また、潘宏立の『現代東南中国の漢族社会――閩南農村の宗族組織とその変容』（二〇〇二）では福建省の葬礼事例を取り上げ、福建省の宗族集団による葬礼の実態が提示された〔46〕。さらに、銭丹霞の『中国江南農村の神・鬼・祖先――浙江省尼寺の人類学的研究』（二〇〇七）では、浙江省の尼寺を研究対象とし、該当地域の日常生活や祭祀実態から、官僚のような「神」の体系、住宅付近に居住している「鬼」、子孫と互恵的な関係を持つ「祖先」といった漢民族の宗教と神霊の信仰を明らかにした〔47〕。

以上の研究は、各自の研究テーマに関連して、該当調査地の葬礼の実態を提示しているが、民俗学の視点から該当地域の葬送習俗を検討し、それぞれの葬送習俗の意味や機能などについて詳しく分析したものではない。

4　青海省の漢民族葬礼研究

以上のように、中国の漢民族の葬礼に関する研究は数多く存在する。しかし、その多くは古代中国の葬送習俗に焦点を当てたものであるか、中国の華南や台湾でフィールドワークを行い、検討されたものが多い。

特に、青海省の葬礼を取り上げた研究は、歴史資料と少数民族の伝承を主な対象として行われており、民俗学の視点によって漢民族の葬礼について述べた先行研究は極めて少ない。一九八九年、中国各省で編纂された民俗資料を用いて、北京図書館が出版した『中国地方志　民俗資料匯編・西北巻』〔48〕には、青海省の少数民族の民俗風習などを記述した資料が多く掲載されているが、漢民族の民俗についてはほとんど掲載されていない。また、二〇〇四年に出版された『中国民俗大系・青海民俗』〔49〕と馬延孝の「湟水流域漢族喪葬習俗的宗教学的解読」（二〇〇七）〔50〕では、青海省の漢民族の葬礼についての記述が確認できるが、その内容はあくまで概説的な紹介に過ぎず、研究の視点に立って調査されたものではない。

表①　2016年から2022年に調査した青海省の漢民族の葬礼

事例番号	死　　者	死　因	生～没年月日（享年）	住所（すべて湟中県）	調査年月日（話者）
①	王○○（名前不明）	自殺（首吊）	193?～1953（20代前半）	李家山鎮ＨＷ村	聞き取り：2016.9.16（景香Ｌ）
②	未命名の乳児	病気	1963.12～1964.1（0歳）	李家山鎮ＨＷ村	聞き取り：2021.11.16（李永Ｘ）
③	李Ｇ福	病気	1972.7.29～1981.2.12（9歳）	李家山鎮ＨＷ村	聞き取り：2016.9.16（景香Ｌ）
④	李養Ｈ	老衰	1910.5～1993.1.5（82歳）	李家山鎮ＨＷ村	聞き取り：2016.6.27（李爾Ｗ）
⑤	李永Ｇ	老衰	1927.12.28～2003.6.16（76歳）	李家山鎮ＨＷ村	聞き取り：2016.9.16（景香Ｌ、山永Ｌ）
⑥	李氏山永Ｇ	病気	1964.2.8～2003.4.23（57歳）	李家山鎮ＬＪＳ村	聞き取り：2016.9.20（李生Ｌ、Ｊ、Ｆ）
⑦	張志Ｈ	溺死	1990.7.21～2007.8.27（17歳）	李家山鎮Ｓ村	聞き取り：2021.7.28（張蓮Ｆ）
⑧	羅氏夏Ｇ蘭	老衰	1934.6.?～2008.11.28（74歳）	多巴鎮ＸＺ村	聞き取り：2016.9.23（羅永Ｐ）
⑨	李爾Ｔ	老衰	1925.6.6～2008.3.21（83歳）	李家山鎮ＨＷ村	聞き取り：2019.11.10（李Ｗ霖）
⑩	李成Ｍ	病気	1991.9.20～2013.9.11（22歳）	李家山鎮ＬＳＺ村	聞き取り：2021.7.28（李成Ｆ）
⑪	李Ｙ林	事故	1988.5.22～2014.6.7（26歳）	李家山鎮ＸＸＨ村	聞き取り：2019.11.13（楊占Ｈ、李偉Ｆ）
⑫	芦氏何海Ｙ	老衰	1937.4.9～2015.5.13（78歳）	李家山鎮ＧＪ村	聞き取り：2016.8.15（芦建Ｍ）
⑬	山文Ｊ	病気	2002.1.21～2015.5.16（13歳）	李家山鎮ＪＪＡ村	聞き取り：2016.7.16（山永Ｌ、山永Ｑ）
⑭	楊得Ｌ	病気	1990.7.2～2015.10.23（25歳）	李家山鎮ＨＷ村	聞き取り：2021.8.19（張Ｙ）
⑮	董氏魏彦Ｙ	老衰	1941.6.9～2016.7.4（76歳）	攔隆口鎮ＸＫ村	現地調査：2016.7.5～7 追加調査：2017.9.11
⑯	李興Ｙ	病気	1971.4.29～2016.7.4（45歳）	李家山鎮ＪＪＡ村	現地調査：2017.7.7
⑰	李Ｊ善	溺死	2007.5.9～2016.8.21（9歳）	李家山鎮ＨＷ村	聞き取り：2019.9.13（李発Ｈ）
⑱	李永Ｃ	病気	1942.5.8～2016.11.22（75歳）	李家山鎮ＨＷ村	現地調査：2016.11.23～25
⑲	張玉Ｆ	自殺	1983?～2018.12.29（35歳）	李家山鎮ＭＥＣＧ村	聞き取り：2021.10.14（王Ｍ）
⑳	李Ｈ林	交通事故	2012?～2018.7.3（6歳）	李家山鎮ＸＴＢ村	聞き取り：2018.9.10（李爾Ｆ）
㉑	景占Ｙ	交通事故	2012?～2018.7.3（6歳）	李家山鎮ＸＴＢ村	聞き取り：2018.9.10（李爾Ｆ）
㉒	張志Ｌ	交通事故	2010?～2018.7.3（8歳）	李家山鎮ＸＴＢ村	聞き取り：2018.9.10（李爾Ｆ）
㉓	李氏張守Ｙ	病気	1953.2.2～2018.9.9（65歳）	李家山鎮ＸＴＢ村	現地調査：2018.9.10～13 追加調査：2019.11.10
㉔	李爾ＪＵＮ	老衰	1943.1.23～2019.11.10（77歳）	李家山鎮ＨＷ村	現地調査：2019.11.11～13
㉕	李ＪＸ	病気	2016.6.12～2019.12.24（4歳）	李家山鎮ＨＷ村	現地調査：2019.12.26
㉖	趙Ｚ福	老衰	1951.12.3～2021.8.17（70歳）	李家山鎮ＹＴ村	聞き取り：2021.11.10（王Ｍ）
㉗	李永Ｎ	老衰	1930.3.7 ～ 2021.1.5（91歳）	李家山鎮ＨＷ村	聞き取り：2021.6.27（王秀Ｍ）
㉘	李氏景鳳Ｌ	老衰	1946.6.14～2021.7.9（75歳）	李家山鎮ＨＷ村	現地調査：2021.7.9～13
㉙	李氏景銀Ｇ	老衰	1938.11.24～2021.9.19（83歳）	李家山鎮ＨＷ村	現地調査：2021.9.19～22
㉚	被害者①（祖母）	他殺	～ 2022.1.31（76歳）	李家山鎮ＬＪＳ村	聞き取り：2022.2.9（李常Ｊ）
㉛	被害者②（祖父）	他殺	～ 2022.1.31（73歳）	李家山鎮ＬＪＳ村	聞き取り：2022.2.9（李常Ｊ）
㉜	被害者③（父）	他殺	～ 2022.1.31（47歳）	李家山鎮ＬＪＳ村	聞き取り：2022.2.9（李常Ｊ）
㉝	被害者④（母）	他殺	～ 2022.1.31（43歳）	李家山鎮ＬＪＳ村	聞き取り：2022.2.9（李常Ｊ）
㉞	被害者⑤（姉）	他殺	～ 2022.1.31（21歳）	李家山鎮ＬＪＳ村	聞き取り：2022.2.9（李常Ｊ）

※㉚～㉞の被害者の続柄は、事件生存者からみたもの

六　研究方法と事例

本研究では、前述した漢民族の葬礼研究動向の課題を踏まえたうえで、青海省西寧市周辺の農村部において実際に行われた葬礼合計三四例に基づいて青海省の漢民族の葬送習俗について検討を行う。調査した事例の概要は表①の通りである。

本研究における調査は以下のように行った。

①二〇一六年から二〇二二年にかけて、合計八事例の葬礼に参与し調査を行った。

②右の①の調査と同時に、一九五〇年代からの葬礼のプロセス、葬礼の当時の様子について、聞き書き調査を行い、合計三四事例を収集した。なお、話者は全て当地域の事例にあげた葬礼の当事者とその家がある村落の住民、知識人、宗教的職能者である。

［1］中国政府網「第七回全國人口普査報告」(https://www.gov.cn/guoqing/2021-05/13/content_5606149.htm)、二〇二三年六月八日閲覧。

［2］李安宅『《儀礼》与《礼記》之社会学的研究』上海人民出版社、二〇〇五年。

［3］河西回廊とは中国甘粛省の黄河から西、祁連山脈の北側にそった狭長な地域である。

［4］青蔵高原はインド亜大陸とユーラシア大陸の大陸移動の地殻変動による大隆起（地質年代の第三紀晩期から第四紀）によって形成された。

［5］崔永紅『青海通史』青海省人民出版社、二〇二二年。

［6］前掲［5］。

［7］霍福「南京竹子巷與青海漢族移民――民族學視野下的傳說故事的記憶和流變」『青海師範大學民族師範學院學報』第一七巻第二期、青海師範大學、二〇〇六年。著者は「漢民族の青海省への移民は漢時代から始まり、明、清を経て、国内各地の漢民族が移民、防衛、商売、流刑、避難などにより、省内の東部に移住し、さらに西部の方に遷移しながら青海省の主要民族の一つになり、漢民族の文化もこの地域の力強い文化になった」と述べている。

［8］河湟地域とは青海省東部の達坂山脈と拉脊山脈の間に流れる湟水河の流域のことである。黄土高原と青蔵高原の接する地帯である。河湟地域は西寧市、平安県、楽都県、大通県、互助県などを含み、青海省の重要な農業地区となっている。

［9］青蔵高原に生活しているチベット族は、自らの居住地域をウツァン地方（西蔵自治区のラサ地区と林芝地区）、カム地方（西蔵自治区東部の昌都地区、四川省の甘孜蔵族自治州、青海省の玉樹蔵族自治州、雲南省の迪慶蔵族自治州）、アムド地方（玉樹蔵族自治州を除く青海省のほかの蔵族自治州、四川省の阿壩蔵族自治州、甘粛省の甘南蔵族自治州）という三つの文化圏に区分している。各文化圏においてそれぞれの食・服装の文化とチベット語の方言がある。

［10］前掲［1］。

［11］たとえば、婁子匡（一九〇七～二〇〇五）の『土葬風水源流考』（一九三二）、陽樹達（一八八五～一九五六）の『漢代婚喪礼俗考』（一九三三）、尚秉和の『歴代風俗事物考』（一九三五）などの著作において、中国史上のいくつかの葬送儀礼の事象が考証された。

［12］陳懐禎「中国婚喪風俗之分析」『社会学界』一九三四年。

［13］何彬『中国東南地域の民俗誌的研究――漢族の葬儀・死後祭祀と墓地』日本僑報社、二〇一三年。

［14］梁容若「中国喪葬制度之回顧与前瞻」『北京師範大学学報（社会科学版）』一九八二年第五期。

［15］徐吉軍・賀雲翱『中国喪葬礼俗』浙江人民出版社、一九九一年。

［16］徐吉軍『中国喪葬史』江西高校出版社、二〇一二年。

［17］陳華文『喪葬史』上海文芸出版社、一九九九年。

［18］周蘇平『中国古代喪葬習俗』山西人民出版社、二〇〇四年。

［19］萬建中『中国歴代葬礼』北京図書館出版社、一九九八年。

［20］呉麗娯『終級之典――中古喪葬制度研究』（上・下）中華書局、二〇一二年。

［21］李伯森『中国殯葬史』社会科学文献出版社、二〇一七年。

［22］西岡弘『中国古代の葬礼と文学』汲古書院、二〇〇二年。

［23］郭於華『生的困擾与死的執著――中国民間喪葬儀式伝統生死観』中国人民大学出版社、一九九二年。

［24］何彬『江浙漢族喪葬文化』中央民族大学出版社、一九九五年。

［25］徐吉軍『長江流域的喪葬』湖北教育出版社、二〇〇四年。

［26］陳華文・陳淑君『呉越の喪葬文化』華文出版社、二〇〇八年。

［27］楊懋春『一個中国村庄――山東台頭』江蘇人民出版社、二〇〇一年。

［28］楊慶堃『中国社会中的宗教――宗教的現代社会功能与其歴史因素之研究』上海人民出版社、二〇〇七年。

［29］李汝賓「喪葬儀式、信仰与村落関係構建」『民俗研究』二〇一五年三月。

［30］陳小鋒「伝統儀式的社会学解読――以陝西関中地区喪葬儀式為例」『理論観察』二〇一三年六月。

［31］劉小雯・張雨「喪葬儀式変遷対人際伝播的影響――以重慶南岸区為例」『伝播力研究』二〇一八年第二期。

［32］張大維・安真真・呉淵「移民搬遷中伝統風俗的重塑及其例行化――三峡庫区GZ鎮喪葬儀式個案研究」『中州学刊』二〇一二年五月。

［33］趙文・王明利「関中東部地区喪葬礼儀的社會功能分析――基於対陝西富平喪葬儀式的田野考察」『大連民族学院学報』二〇一四年四月。

［34］何秀琴「浅談農村喪葬儀式的社会功能――以湖北農村伝統喪葬儀式為例」『周口師範学院学報』二〇一二年三期。

［35］前掲［24］。

［36］鈴木清一郎『台湾旧慣・冠婚葬祭と年中行事』台湾日日新聞社、一九三七年。

［37］渡邊欣雄『漢民族の宗教――社会人類学的研究』第一書房、一九九一年。

［38］河合洋尚・奈良雅史・韓敏編『中国民族誌学――100年の軌跡と展望』（風響社、二〇二四年）の第八章「信仰――漢人民俗宗教研究にみる「中国」の一体性と多様性」において、横田浩一は漢民族の「神・祖先・鬼」の三位一体理論について詳述している。横田は、「神とは、生前に徳の高い行いをした人が死後に祀られ、朝廷から「神」の称号を賜ったことを指している。同時に神は、人間を保護する存在として民衆に捉えられている」と述べている。次に、鬼については「祀る

べき子孫を持たずに亡くなる、事故などで普通ではない死に方をした人を指し、人間に祟りをもたらすと考えられている存在である」と説明している。最後に、祖先については「祀る子孫を持った霊魂、祖先の父系に属する人にとっては祀るべき存在を指し、自分が属する一族の子孫を守護する存在と認識されている」と述べている。

〔39〕何彬『中国東南地域の民俗誌的研究――漢族の葬儀・死後祭祀と墓地』日本僑報社、二〇一三年。

〔40〕田村和彦「陝西省中部地域における死の儀礼――漢民族の葬儀に関する人類学的報告」『文明21』一七号、愛知大学国際コミュニケーション学会、二〇〇六年。

〔41〕田村和彦「近現代中国における「正しい」葬儀の形成と揺らぎ――二つの「聖なる天蓋」とその後の展開」『中国21』愛知大学現代中国学会、二〇一四年八月。

〔42〕山本恭子「現代中国における葬礼習俗の変化と伝統継承の担い手――江蘇省北部地域における聞き取り調査から」『中国21』愛知大学現代中国学会、二〇一四年八月。

〔43〕山本恭子「中国における葬礼の地域差と歴史的変化――伝統の継承と変容」金沢大学、二〇一五年、博士論文（甲第四三〇六号）。

〔44〕秦兆雄『中国湖北農村の家族・宗族・婚姻』風響社、二〇〇五年。

〔45〕黄強「中国上海市における死者葬儀」上・下『貿易風――中部大学国際関係学部論集』第七号、中部大学国際関係学部、二〇一一年。

〔46〕潘宏立『現代東南中国の漢族社会――閩南農村の宗族組織とその変容』風響社、二〇〇二年。

〔47〕銭丹霞『中国江南農村の神・鬼・祖先――浙江省尼寺の人類学的研究』風響社、二〇〇七年。

〔48〕丁世良・趙放『中国地方志 民俗資料匯編・西北巻』国家図書館出版社、二〇一四年。

〔49〕趙宗福『中国民俗大系・青海民俗』甘粛人民出版社、二〇〇四年。

〔50〕馬延孝「湟水流域漢族喪葬習俗的宗教学的解読」『青海民族研究』青海民族大学、二〇〇七年。

第一章　青海省の漢民族の葬礼の実態

一　問題の所在

現在、青海省の省都である西寧市などの都市部では火葬が実施されている。しかし、火葬施設の不備［1］、火葬への拒否などの要因で農村部の漢民族の間では土葬がまだ許可されており、葬礼は従来の作法通りで行われていることが確認できる。青海省人民政府は段階的に殯葬改革の推進を図っている。

このような政府による殯葬改革の段階的な推進に伴い、従来の葬送習俗のあり方と葬礼の担い手が大きく変わると推測できる。この殯葬改革による変遷を確認するため、現在でも従来の作法で行われている葬礼の実態とその運営の様子、担い手などを確認する必要がある。そこで、本章では青海省西寧市湟中県［2］李家山鎮ＸＴＢ村で行われた漢民族の典型的な葬礼を取りあげて、その葬礼の実態を詳細に報告するとともに、漢民族の葬礼の流れと関与者の情報を整理し、青海省における漢民族の葬礼の全体像を把握する。

二　漢民族の葬礼——湟中県李家山鎮ＸＴＢ村の事例から

1　調査地の概要

本章で取り上げるＸＴＢ村がある湟中県は、青海省の省都である西寧市の管轄する県の一つであり、一〇個の鎮と二個の郷と三個の民族郷によって構成されている。

李家山鎮の東端部に東山、西端部に西山、北端部には金娥山が聳え、この谷に集落があって西寧市の中心地はこの南にある。鎮内北端部の金娥山から湟水河の二つの支流（西河と東河）が流れている。金娥山の海抜は四〇一〇メートルと高く、雨が降る際に雲を形成しやすいので、李家山鎮は雲谷川［3］とも呼ばれている。また、西河と東河の二つの河が流れているので、双龍川とも呼ぶ。李家山鎮政府がある街から西寧市の中心地まで三〇分程度かかり、地区の中央を通る車道を基準として、東部村と西部村に分けられている。

李家山鎮は三二の村で構成され、主な生業は農業である。西寧市の都市部の地域と近いので、その都市部に副業として出稼ぎに行く人が多い。

XTB村は李家山鎮の行政村の一つであり、村内には李、楊、景、韓、箇などの姓を持つ二四五戸が存在する。地図②に見るように、村の中央部には関帝廟

地図①　西寧市湟中県李家山鎮の地図

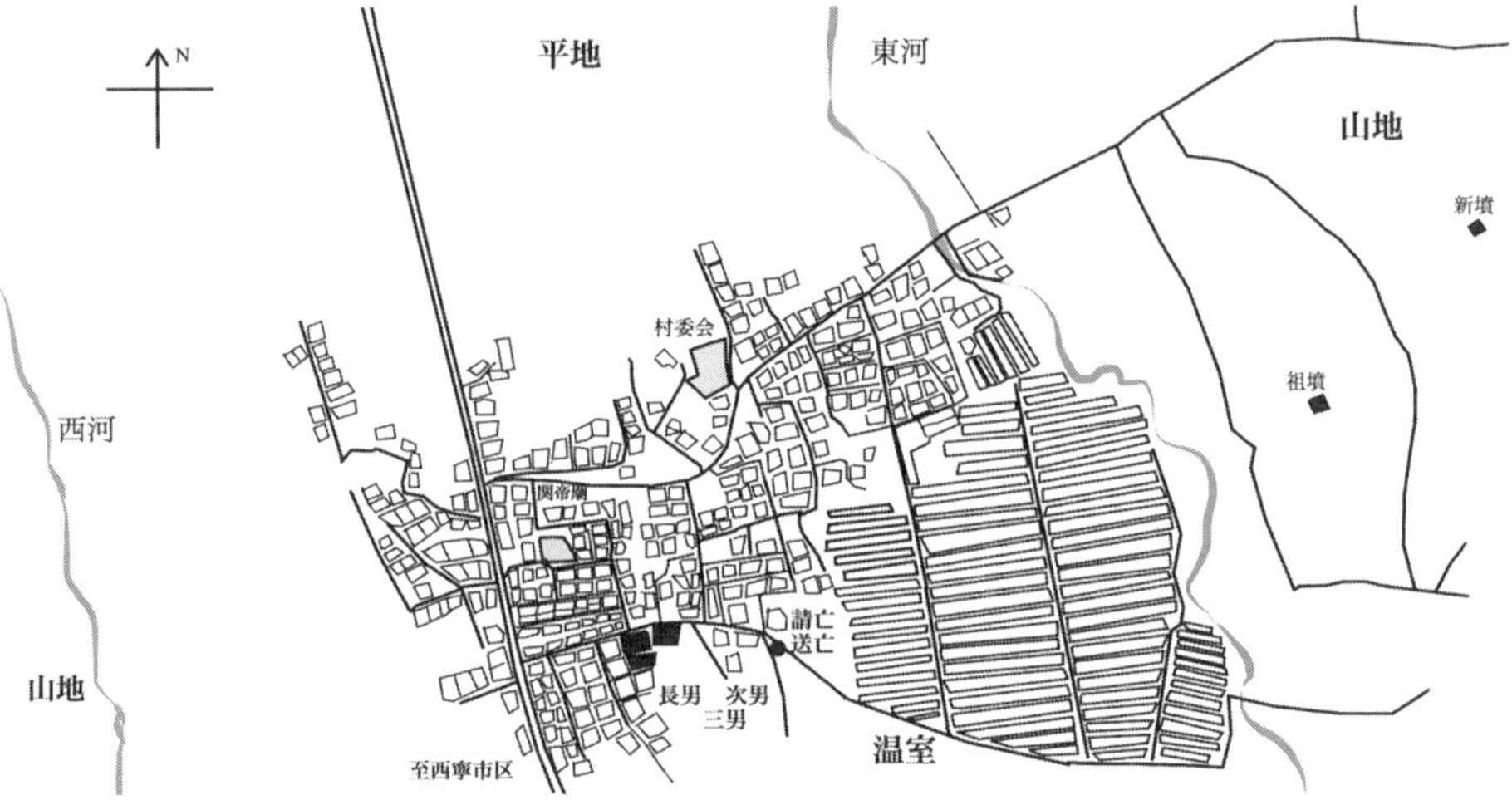

地図②　西寧市湟中県李家山鎮ＸＴＢ村の地図

［4］があり、村民が祀っている。本章で扱う葬礼は、李家山鎮ＸＴＢ村の李氏一族のものである。李氏一族共同の「墳地［fén dì］」［5］は村から離れたところにあり、婚出した女性以外の李氏一族の男女は、死後「祖墳［zǔ fén］」に埋葬される。祖墳とは、祖先と認められた死者を埋葬する一族の墳地のことである。近年（二〇〇〇年前後）では、墳地の用地不足で家ごとに新墳を造り始める動きがある。また、李氏一族には族譜が一式存在し、そこに一族の成員と認められた死者の情報を記入している。

2　死者の情報

ここで取りあげる葬礼の死者は、大通県橋頭鎮出身の女性・李氏張守Ｙである［6］。張守Ｙは、一九五三年農暦二月初二（三月一六日）に生まれた。一九七四年に李養Ｃと結婚し、その間に三人の息子と一人の娘が生まれた。二〇一八年八月から心臓病で西寧市の市立第三人民病院に入院し、二〇一八年九月九日に病院で死亡した（享年六五歳）。死後、遺体が病院から自宅へ運ばれ、同年九月一〇日から九月一三日にかけて葬礼が行われた。

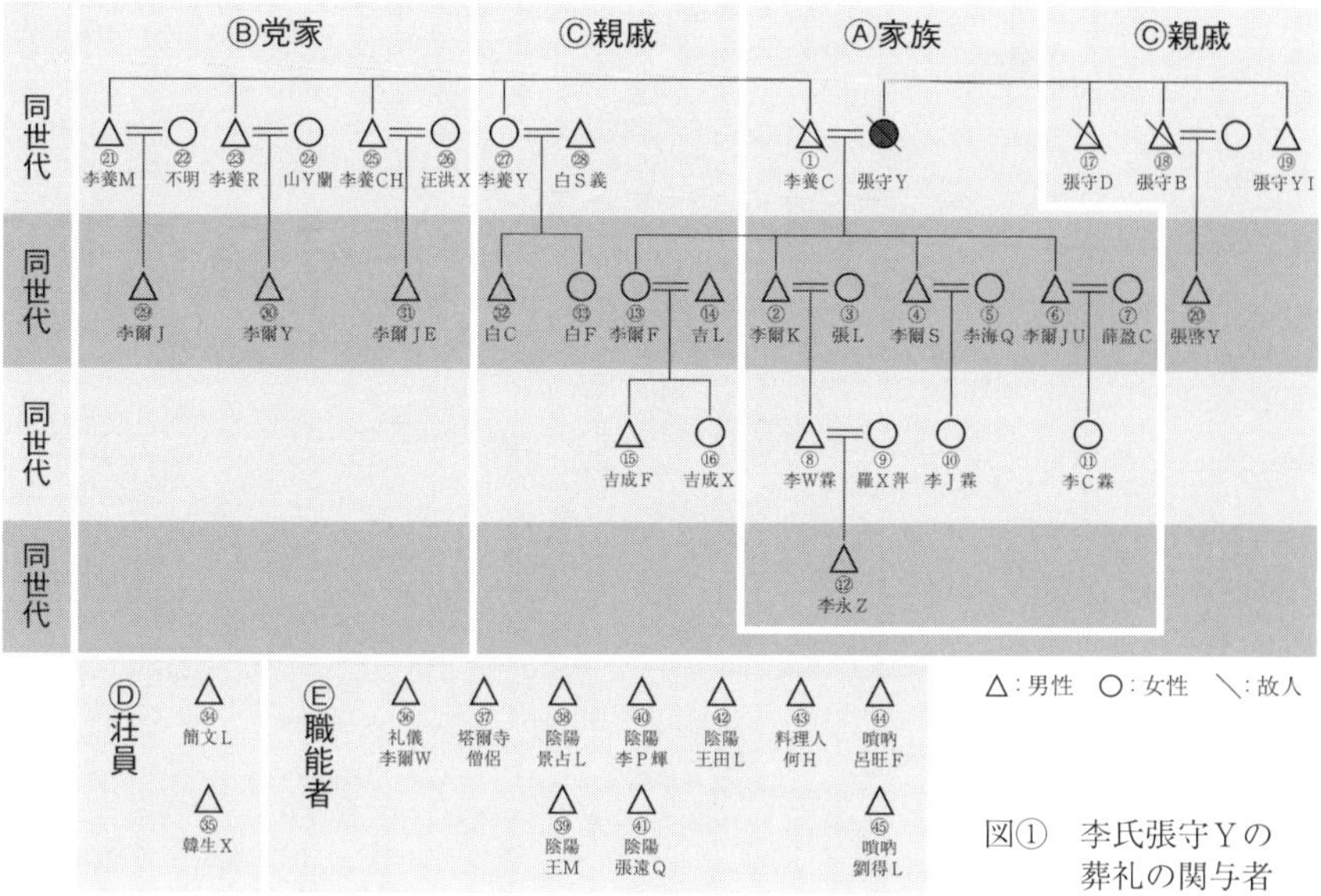

図①　李氏張守Yの葬礼の関与者

3　関与者の情報

本事例の葬礼に関与した人々は、死者・張守Yとの関係により、Ⓐ家族、Ⓑ党家（宗族）、Ⓒ親戚（姻戚）、Ⓓ庄員（村人）、Ⓔ職能者（宗教的・技能的）の五種類に分けられる（図①）。

Ⓐ家族　家族は、死者の配偶者と男性子孫（その配偶者含む）と未婚の女性子孫である。死者（図①中●）の夫である李養C（①）は二〇一二年にすでに死亡していた。長男である李爾K（②）とその妻の張L（③）の間に一人の息子、李W霖（⑧）がいる。李W霖（⑧）は死者の長孫にあたり、その妻の羅X萍（⑨）の間に一人の息子、李永Z（⑫）がいる。長孫の長男である李永Z（⑫）は死者の曾孫にあたる。死者の次男である李爾T（④）には、その妻の李海Q（⑤）との間に一人の娘、李J霖（⑩）がいる。死者の三男である李爾JU（⑥）は、その妻の薛盈C（⑦）との間に一人の娘、李C霖（⑪）がいる。死者は、生前には三男の李爾JU（⑥）と一緒に生活していたため、死亡後の葬礼はその三男の家で行われた。

Ⓑ**党家**　「党家［dǎng jiā］」は、死者の夫①の李氏一族のことである。党家には、死者（死者が女性の場合は夫）と共通の祖先を持ち血縁関係がある血縁党家と、親族関係を結盟した村人の結盟党家の二つがある。血縁党家は、死者（女性の場合は夫）と一族の男性（始祖の男性子孫、具体的には祖父の兄弟、父の兄弟、自分の兄弟）とその配偶者と家族である。ただし、注意が必要なのは、死者（女性の場合は夫）の一族の女性（始祖の女性子孫、具体的には祖父の姉妹、父の姉妹、自分の姉妹）が婚出している場合、婚出した女性とその配偶者と家族は血縁党家にはならず、親戚になることである。結盟党家は、死者（女性の場合は夫）の一族が村落において血縁党家が少ない場合に、同村落の他の氏族の人を選んで一族同士とみなしあう党家（一族）の関係を結盟するもので、葬礼だけでなく、生活全般の多くの行事や労働で相互扶持をする。本事例の党家は全員が血縁党家である。本事例の死者一族は当村では多数派なので、党家の人々のみで葬礼を運営できる。二〇一六年に調査した湟中県攔隆口鎮XK村の事例では、死者一族は村では少数派で、党家のみで葬礼を運営できないため、結盟党家に依頼して葬礼を行っていた。本事例においては血縁党家の人数が多く全員を紹介することが難しいため、ここでは死者の夫と血縁関係が近い重要な党家の情報に限って紹介する。死者の夫の弟の李養M㉑夫婦、李養R㉓とその妻・山Y蘭㉔、李養CH㉕とその妻・汪洪X㉖、および各夫婦の息子、李爾J㉙、李爾Y㉚、李爾JE㉛などがいる。

Ⓒ**親戚**　親戚とは、李氏から他氏へ嫁いだ張守Yの夫①の姉妹・娘・姪や、李氏へ嫁いだ張守Yの実家の張氏一族などのことである。それらの親戚は、嫁の授受関係（女性の婚出婚入関係）によって「上位親戚」「平等親戚」「下位親戚」の三種類に分かれる。上位親戚は、一族の男性子孫の配偶者の実家一族（娘家［niáng jiā］）であり、本事例の李氏一族にとっては、李氏一族に嫁いできた張守Yの実家の張氏一族の成員のうち、一族から出ていない兄弟などとその家族が該当する。平等親戚は、一族の男性子孫の配偶者の実家一族（娘家）のうち、ほか

の一族に嫁いだ女性とその家族で、本事例の李氏一族にとっては、李氏一族に嫁いできた張守Yの実家である張氏一族、その成員の他氏一族へ嫁いだ姉妹などとその家族が該当する。下位親戚は、一族から嫁いだ人とその家族であり、本事例の李氏一族にとっては、李氏一族から嫁いだ女性とその家族が該当し、そこには死者の娘とその家族が含まれる。これら三種類の親戚は、後述するように葬礼での役割と関与する期間がそれぞれ異なる。

本事例における三種類の親戚の詳細な情報は、次のとおりである。

上位親戚は、すでに死亡していた兄の張守B（⑱）の妻、弟の張守YⅠ（⑲）、外甥の張啓Y（⑳）であった。張守YⅠと張啓Yは、「骨主［gū zhǔ］」として「験孝［yàn xiào］」の儀礼で重要な役割を果たした。骨主は、喪家の上位親戚の男性であり、女性死者の骨主は実家の親や兄弟世代、及び実家の兄弟の子ども（甥）とされる。男性の骨主は、母親の実家の兄弟世代、及び母親の実家の兄弟の子ども（甥）である。葬礼における弔問客の中では、骨主が最も尊い人である。死者を埋葬する前日に行う験孝の儀礼においては、骨主が死者の遺体を検分し、死者の子孫が親孝行であるかどうかを判断する。

平等親戚は、死者の姉妹とその家族が本事例の葬礼に関与したが、詳細は把握できなかった。下位親戚は、死者の娘である李爾F（⑬）とその家族（夫⑭、子⑮⑯）、死者の夫の妹である李養Y（㉗）とその家族（夫㉗、子㉜㉝）であった。

Ⓓ庄員　家族、党家、親戚以外に、同じ村に住む人を「庄員［zhuāng yuán］」と呼び、葬礼にも関与する。多くは弔問・埋葬のみに参加するが、「喪主［sàng zhǔ］」と呼ばれる役割の人物（葬礼の統括者）は死者の死亡から埋葬まで参加する。「喪主」は葬礼において喪家と血縁関係がない村人が担う役であり、葬礼の最高統括者である。青海省の漢民族は人が死に臨む際、あるいは死亡後、同じ地域（村）から全く血縁・婚姻関係がない他人に喪主の仕事を任せる。喪主は死者の家族の依頼を受け、死者家族の意志に従って最高指揮者として葬礼を運営する。喪主

の人数は事例によって異なる。女性の死者に寿衣を着せた女性には「女性喪主」という尊称があり、事例によって喪主には男性喪主と女性喪主がいる。男性喪主は葬礼では「東家［dōng jiā］」を管理、統率し、葬礼を進行する。女性喪主は死者に寿衣を着せるほか、葬礼参加者が着用する喪服である「孝［xiào］」を縫う。喪主は東家の代表に葬礼で必要な品物の購入、霊堂・喪家の設営など準備段階の仕事を指示する。また、弔問客の名前を確認し、死者との関係性を判断の上、孝（喪服）を配り、それぞれの弔問客に食事の際の席順などを案内する。その後、「験孝」の儀礼では家族の代わりに骨主の質問に答える。埋葬の時も、死者の遺体を棺材の中に納める。さらに、喪家に集合した男性庄員に指示して、死者を埋葬する。喪主は通常二名が選出され、本事例でも、主喪主は簡文L㉞が、副喪主は韓生X㉟が務めた。その二名の喪主以外に弔問などを行う庄員は膨大な人数となる。

Ⓔ職能者　本事例の葬礼には、三種類の宗教的職能者と二種類の技能的職能者が関与した。宗教的職能者は、儒教の「礼儀先生［lǐ yí xiān shēng］」である李爾W㊱、「アカ［a ka］」というチベット仏教の僧侶㊲、道教の「陰陽先生［yīn yáng xiān shēng］」である景占L㊳、王M㊴、李P輝㊵、張遠Q㊶、王田L㊷などの七人であった。技能的職能者は、料理人の何H㊸、「嗩吶［suǒ nà］（チャルメラ）」を演奏する呂旺F㊹と劉得L㊺であった。

礼儀先生の李爾Wは一九三九年生まれ、青海省湟中県李家山鎮HW村の村民である。一九九四年までは教職を務め、退職のあとは西寧市を中心に葬礼の礼儀先生として活躍している。本事例の五人の陰陽先生の詳細はすべて把握できなかったが、代表者の景占Lの情報を紹介する。景占Lは男性で、青海省湟中県李家山鎮XTB村の村民である。一九六七年に生まれ、父に陰陽先生の作法を教わった。現在、主に西寧市の葬礼に関与している。嗩吶演奏者の呂旺Fは青海省湟中県李家山鎮DL村の村民であり、劉得Lは同鎮のXYF村の人である。嗩吶を演奏できるので、葬礼によく関与している。

4　葬礼の流れ

生前の準備

〈寿衣と棺材の準備〉　死者の張守Ｙの「棺材［guān cái］」は、二〇一二年一〇月に三人の息子が用意した。青海省では棺のことを「棺材」と呼ぶ。棺材は塗装された木製のものである。全体的に赤・金の漆で地色を塗り、その上に鮮やかな色で龍と鳳凰の絵を描く。また、棺外の底の部位に縁起がよい模様を彫刻する。棺材には、後継者の経済力によって「金匣［jīn xiá］」、「槨［guǒ］」という死者の遺体を納める葬具が加わる。金匣は死者の遺体を直接納める小さい内箱である。遺体のみを納めた金匣を棺材に納め、墓穴に下ろした後、槨という保護用具を上に被せる。金匣、棺材、槨の三つは事前に用意する。製作中から棺材と槨は一緒に置いてはいけないといい、保管も別々にする。埋葬の際にはじめて一緒に用いる。

　本来は六〇歳の年に棺材を用意するが、死者の夫である李養Ｃ（①）が棺材を作る前の二〇一二年に六〇歳で死亡したため、大工（木匠）と画工（絵匠）を招請して棺材を製作し、それに併せて同時に張守Ｙの棺材も用意された。本事例において、張守Ｙのために用意された棺材は棺（写真①）と槨（写真②）の二つである。また、死者の夫が死亡した際に李氏一族の祖墳の用地が足りなくなったため、三人の息子は、「風水先生［fēng shuǐ xiān shēng］」［7］に新しく造る墳地の位置を鑑定してもらい、指定の位置に「新墳」を造った。新墳は、古い祖墳と同じように東

写真①　張守Ｙに用意された棺材（棺）

写真②　張守Ｙに用意された棺材（槨）

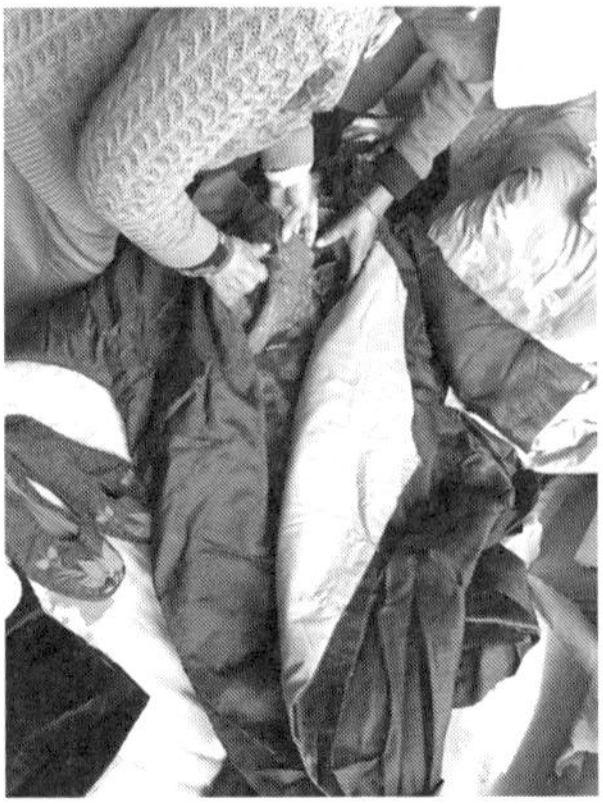

写真③　張守Yに用意された寿衣（死装束）

河の先の山地に位置する（地図②）。

「寿衣［shòu yī］」は生前の張守Yと娘の李爾F（⑬）が用意した。寿衣は、死装束である。通常は嫁いだ娘が準備し、親の祝寿という儀礼において親に献呈する。肌着を含めて五着以上の奇数の寿衣を準備するのが一般的であるが、寿衣を準備する人や寿衣の着数が異なる場合もある。現在は葬儀用具を販売する「寿材店［shòu cái diàn］」に注文する場合がある。寿材店は、棺材などの葬具、寿衣などの死装束、葬礼に使う蠟燭などの葬儀用品、墳前で燃やす冥幣などの紙製品を販売している。また、生前に寿衣を準備せず、死亡してしまった際に寿材店から既製品を購入することもある。

寿衣の材料に関しては、「緞子［duàn zi］」という布と皮革の使用が禁止されている。緞子は「断子［duàn zi］」（子孫が死に絶えて血統が途絶える）と同音であり、また、皮革の寿衣を着せると来世は禽獣に転生すると信じられているので、寿衣の材料には錦布、綿布などの布地が使われている。自ら用意する寿衣の様式は清時代の様式の衣装「布衫［bù shān］」と綿入れ上着「綿袄［mián ǎo］」である。寿材店から購入する既製品の寿衣は洋服とスーツである。

本事例の張守Yの寿衣は、肌着以外すべて張守Yと娘の手縫いで作られた。用意した寿衣は購入した肌着が一着、手作りの綿入れの厚着が六着の合計七着である（写真③）。厚着の寿衣は、すべて錦布で作られた着物である。靴は仏花とされている蓮の花を刺繡した布靴である。

〈白綿布の購入〉　生前の張守Yは、葬礼に着用する孝と呼ばれる喪服の素材にする白綿布を寿材店から購入していた。

死亡当日（九月九日）の動向

〈死亡〉（七：〇〇）西寧市立第三人民病院の医者が張守Yの死亡通知書を出す。三人の息子が死者の死亡を確認した後、遺体を病院から三男の家に運んだ。その際、死者の長男李爾K（②）は、同村の簡文L（㉝）と韓生X（㉞）に連絡し、喪主を依頼した。また、同村に居住する党家に張守Yの死亡を知らせた。

〈東家の構成〉喪主を頼まれた簡文Lと韓生X、張守Yの死亡通知を受けた党家の人々が死者の三男の家に集まり、「東家［dōng jia］」という葬礼を運営する組織を構成した。二人の喪主は、死者の家族の意向にそって、葬礼のまとめ役として葬礼を進行することをその場の人々へ伝えた。また、党家の青壮年を中心とした男女全員が葬礼を進行させるため労働力を提供する。その中から統率力のある人が推薦によって「大東［dà dōng］」として選ばれ、喪主の指示で東家を統率して葬礼を進行させた。本事例の大東は党家の李爾Jであった（㉙）。大東の判断により、東家の男性には食材・品物の購入、喪家の設営、宗教者の手伝いなど、女性には東家の食事と弔問料理の準備など、それぞれに役割が与えられた。東家の役割には、「帳房［zhàng fáng］」一名、「挖坟坑［wā fén kēng］」三名、宗教職能者への「使喚［shǐ huàn］」四名、「迎客［yíng kè］」三名、「支客［zhī kè］」一八名、「帮厨［bāng chú］」八人、「掌盘［zhǎng pán］」三名、「茶水［chá shuǐ］」一名などがある。その以外の東家は、適宜準備などを手伝った。それぞれの役割分担の内容については表①に示した。

表①　葬礼での東家の役割分担

役割名称	葬礼での役割分担の内容	人数	死者との関係
喪主	葬礼の統括者、葬礼進度の把握	2名	庄員
大東	東家のリーダー。葬礼の実行責任者	1名	党家
帳房	費用の収支の管理と香典の記録	1名	党家
挖坟坑	墳地に墓穴を掘る	3名	党家
庫房	品物の管理	1名	党家
回礼	哭孝の引き止めと香典返しの準備	2名	党家
使喚	宗教職能者の手伝い	4名	党家
迎客	弔問客の接待	3名	党家
支客	弔問客を案内し、食事を勧め、酒に付き合う	18名	党家
帮厨	料理人の手伝い	8名	党家
掌盤	料理の運搬	3名	党家
茶水	酒と茶の用意	1名	党家
雑用	雑用。適宜、準備と手伝い	数名	党家

〈寿衣の着用と停殯〉遺体を三男の家に運んだ後、集まった喪主と東

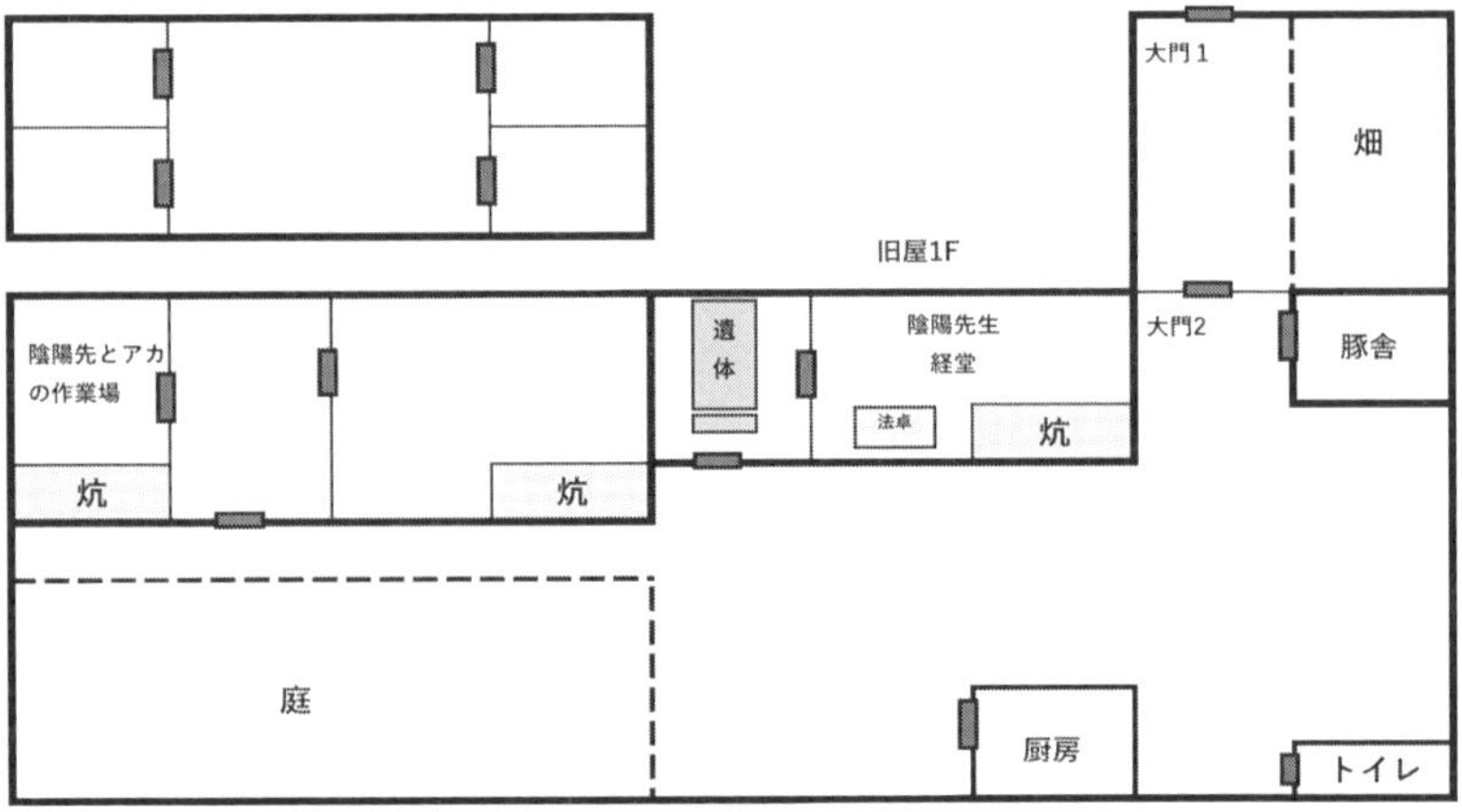

図②　喪家の間取り図

写真④　霊前に供えられた倒頭飯

家が「中堂［zhōng táng］」［8］に飾られていた神仏像の絵を取り外し、死者の頭を部屋の入口に向けて安置した（図②）。そして、死者の夫の兄弟の配偶者である女性三人（㉒㉔㉖）が、死者に七着の寿衣を着せた。同時に東家が西寧市城北区大堡子鎮（西寧市の都市部と農村部に接する地域）の寿材店から「水晶棺［shuǐ jīng guān］」［9］を借り、遺体をその中へ納めた。東家が水晶棺の頭のところにテーブルを置き、箸を一膳突き立てた山盛りの米飯を置く（写真④）。このご飯は「倒頭飯［dǎo tóu fàn］」と呼び、完全に炊いた飯ではなく、途中で火を止めてつくる半熟の飯である。また、死者の遺体が安置された中堂を、「霊堂［líng táng］」として飾り付けた。霊堂は、埋葬まで遺体を安置し、弔問客の祭祀を受ける場所である。

喪家の敷地内には、図②に示したように、古くからある旧屋（一階建ての建物）と新屋（二階建ての建物）があり、死者の遺体は旧屋の中堂に置き、ここを霊堂として使う。旧屋の右側の部屋に陰陽先生の経堂を設置し、陰陽先生が経を唱え、道教の儀礼を行う場所として使う。また、新屋は二階建てで、一階の左側の部屋を礼儀先生が族譜や位牌などを書く作業をする場所、またアカを接待する場所として使う。

〈宗教者の招請〉　二人の喪主は死者の家族の意見をふまえて、葬礼に必要な宗教者と職能者を招請した。家族は、五人の陰陽先生（道教）、一人の礼儀先生（儒教）、一人のアカ（チベット仏教）という七人の宗教的職能者（写真⑤⑥⑦）、二人の嗩吶匠（写真⑧）、一人の料理人という三人の技能的職能者を希望した。

写真⑤　陰陽先生（道教）

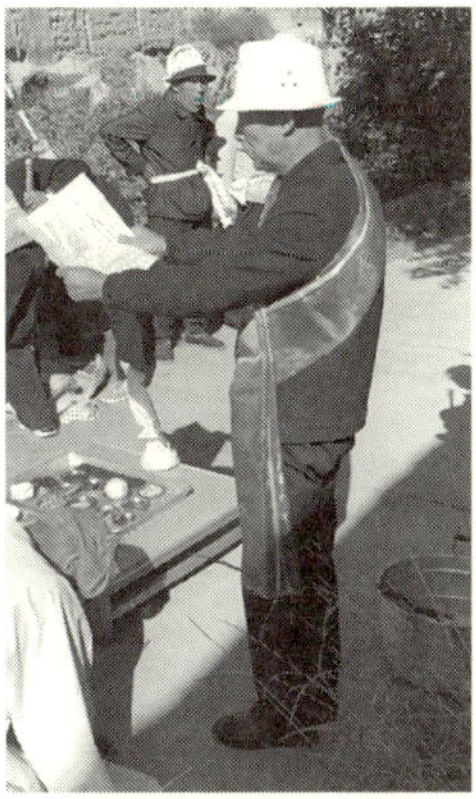
写真⑥　礼儀先生（儒教）

写真⑦　アカ（チベット仏教）

写真⑧　喪家の入口で演奏する嗩吶匠

同村で陰陽先生として活動している景占L（㊳）は、喪主から連絡を受け、死者の生年月日と死亡時期から卜占で葬礼と埋葬の期間、つまり「請亡［qǐng wáng］」（死者などの霊魂を喪家に迎え入れる儀礼）と埋葬を行う具体的な日時を決めた。喪主から五人の陰陽先生に「経事［jīng shì］」[10]をして欲しいと伝えられた景占Lは、知り合いである四人の陰陽先生を連絡した。経事を行う陰陽先生は三人または五人依頼するのが一般的であるが、横死など不自然な死を迎えた死者の葬礼には七人の陰陽先生を招請する。さらに、喪主は隣のHW村の礼儀先生の李爾W（㊱）、チベット仏教寺院である塔爾寺［11］のアカ（㊲）、同鎮の嗩吶匠の呂旺F（㊹）と劉得L（㊺）、料理人の何H（㊸）を招請した。

〈死亡の通知〉　死者の息子は、親戚に電話で死亡と葬礼の日程を連絡し、葬礼に参加するように要請した［12］。

〈塔爾寺僧侶の読経〉（一八：三〇〜二〇：〇〇）喪主から連絡を受けた塔爾寺の僧侶が三男の家に来ると、死者を安置する霊堂の隣の部屋で読経し、読経を終えるとすぐに帰った。喪主は僧侶へ五〇〇元の報酬を渡した。

死亡翌日（九月一〇日）の葬礼準備

〈喪主と東家の集合〉（八：〇〇〜九：〇〇）　八時に喪主と東家が三男の家に集合し、朝食を終えると墓穴掘り、葬礼に使う物品の購入、宗教者・職能者の接待などそれぞれの準備を始めた。

〈宗教者と職能者の到着〉（八：三〇〜九：〇〇）　八時半頃から宗教者と職能者が順に到着し、喪家が用意した朝食を終えると、喪家の設営、弔問料理の決定など、それぞれの仕事の準備を始めた。

〈墓穴鑑定と穴掘り〉（九：〇〇〜一二：〇〇）　陰陽先生の景占L（㊳）が東家の「挖坟坑（穴掘り役）」の三人と墳地へ向かった。陰陽先生が李氏一族の新墳で死者の棺材を埋める墓穴の方角を鑑定し、その鑑定に従って三人の東家が墓穴を掘った。

〈訃告と請帖〉（九：〇〇〜一二：〇〇）　礼儀先生の李爾W（㊱）が死因・死亡日などを記入した「訃告［fù gào］」という文書と葬礼を行う日程を記入した「請帖［qǐng tiě］」を用意した。喪主の韓生X（㉟）は、訃告と請帖を手にして、死者の実家である張氏一族に葬礼への出席をお願いしに行った。

〈喪家の設営〉（九：〇〇〜一三：〇〇）　礼儀先生は訃告と請帖を書いた後、喪家の各扉に貼る「対聯［duì lián］」、死者の位牌などを用意した（写真⑨⑩）。対聯は対句を紙などに記し、門の両脇に貼るものである。建物の装飾のひとつであり、慶弔時に一時的に貼るものと、恒常的に掲示するものがある。対聯は主に四種類がある。春節の春聯、結婚を祝う喜聯、祝寿の寿聯、葬礼の哀聯である。哀聯は白であるが、それ以外は赤を用いる。しかし、死者の出た家で初めて春節を迎える際には緑色の春聯を使う。春聯、喜聯、寿聯では祝福の言葉を書くが、哀聯は死者の評価や哀悼などの言葉を書く。一幅の対聯は上聯、下聯、横批で構成される。

写真⑨　礼儀先生による対聯

写真⑩　礼儀先生による位牌

写真⑪　陰陽先生による経壇

写真⑫　陰陽先生による引魂幡

陰陽先生は読経する際の「経壇［jīng tán］」（写真⑪）を霊堂の隣部屋に設置し、「引魂幡［yǐn hún fān］」（写真⑫）などを準備した。引魂幡は陰陽先生が赤布で作った幡である。その上に死者の生年月日と死亡時間などを書き、死者の魂を導く役割があると言われている。死者の死後一〇〇日目には引魂幡を墳地で燃やす。さらに、喪家の入口などに「大紙［dà zhǐ］」という鮮やかな色に道教の呪文を書いた飾紙を貼り付け、庭には

表② 対聯と大紙の内容

場 所	対聯（礼儀先生）	大紙（陰陽先生）
大門	上聯：欲聞教誨杳無音 下聯：想見音容雪万里 横批：痛哉愁哉	西天闡教
部屋ドア	上聯：精神常与天地存 下聯：英霊永垂宇宙間 横批：魂帰仙郷	法留東土
霊堂	上聯：寿近六旬昔日艱苦扶児育女名著千秋 下聯：樹高千尺根基深遠枝繁葉茂花開万朶 横批：寿終内寝	資薦冥府
	・死に対する悲しみの表現 ・死者の美徳への讃美 ・死者の功績の表現と讃美	・結界・法壇の宣告

表③ 陰陽先生と礼儀先生による設営

場 所	礼 儀 先 生	陰陽先生
門・ドア	対聯	大紙
霊堂	位牌	大紙
庭	銘旌	王霊官の幡
他の場所	棺桶と族譜に記名	引魂幡

「王霊官［wáng líng guān］」の神像を立てた。王霊官は道教の守護神で、赤い顔に第三の眼があり、甲冑を身にまとい、輪に乗り、鞭を振り上げた、憤怒の表情の武人姿をしている。道観や道場（道士が法事を行う場所）に祀られ、その場を鎮め、守護する神とされている。

礼儀先生による三幅の対聯の内容と陰陽先生の大紙の内容は表②で示す。嗩吶匠は家の入口のところに座り嗩吶を演奏した。陰陽先生と礼儀先生による喪家の設営については表③を参照されたい。

〈弔問料理の準備〉（九：〇〇～一八：〇〇） 死者とその家族は、親戚の人数などをふまえて葬礼への参加者を二〇〇人超、二五卓分の料理（一卓＝八人分）とした。料理人は喪主とメニューを相談しながら料理に必要な品物や蔬菜などのリストを作り、東家の人はそのリストに沿って市場で品物を購入した。品物が揃うと、料理人は手伝いの女性東家とともに弔問料理の仕込みをした。

〈喪服の準備と着用〉（九：〇〇～一三：〇〇） 東家の年配女性は死者が生前に用意していた白綿布で孝（喪服）を縫った。喪服の孝は右襟を左襟の下にする右衽の着物である。死者の家族の男性（息子、孫、曾孫）は髪を剃り、女性（息子の妻、孫息子の妻、未婚の孫娘）はアクセサリーなどを取り外して、喪服の着用の準備をする。

〈成孝〉（一四：〇〇） 嗩吶匠が嗩吶を演奏するなかで、死者の家族、党家、喪主が喪服を着用するのが「成孝［chéng xiào］」である。喪服に着替えた死者の家族は、それぞれ「孝子［xiào zǐ］」、「孝媳［xiào xí］」、「孝孫［xiào sūn］」、

「孝孫媳［xiào sūn xí］」、「孝曾孫［xiào zēng sūn］」として、喪主の指示でこれから行う葬礼の多くの儀礼に参加する。喪服を着用している間は、家族は基本的には会話と飲食が禁じられている。また、この成孝の時点から、家族の成員は葬礼の運営と進行に一切関与しない。儀礼に参加する以外は霊堂に跪いている。家族、党家、喪主の喪服の様式などの詳細は第六章で述べる。喪服を着用後、喪主の引導で死者の家族、党家が一列に並び、礼儀先生・陰陽先生による請亡の儀礼を待つ。

〈請亡の準備〉（一四：〇〇）家族と党家が喪服を着用する一方、礼儀先生、陰陽先生、喪主と東家は、次の「請亡［qǐng wáng］」の準備をそれぞれ行う。請亡は、死者の家族が宗教者の引導で、一列に並んで村落の境まで死者とその一族の祖先の霊魂を迎え入れる儀礼である。礼儀先生は、「招魂文［zhāo hún wén］」（写真⑬）、祭品（供え物）、爆竹などを準備する。祭品は、香（線香）、酒、紙帛（紙を巻いて作った帛の代用品で、帛を象徴する）、冥資（冥幣）、饃饈（饅頭）、塊肉、炙肝、果盒、水果、糖、茶、椒塩である。陰陽先生のうち三人は、経壇で「指路経［zhǐ lù jīng］」を唱える。残る二人は、「麵灯［miàn dēng］」（小麦粉を固めて円筒の形にし、その中に油と燈芯を入れた灯）、「引路灯［yǐn lù dēng］」（木の枝の先に綿を巻きつけ、綿に油を浸透させた灯）、「摂招文書［shè zhāo wén shū］」（雄鶏の血を用いて書かれ、死者の霊魂を陰曹地府（死者の世界）から呼び戻すという内容の文章）などを準備する。喪主と東家は、洗面器の中に、死者の位牌を挿した饅頭、死者の遺影、洗面用具（歯ブラシ、タオル、くし）を入れ、この洗面器と死者が生前に愛用した上着とを一緒に椅子に置き、紅布で駕籠の形を作る（写真⑭）。

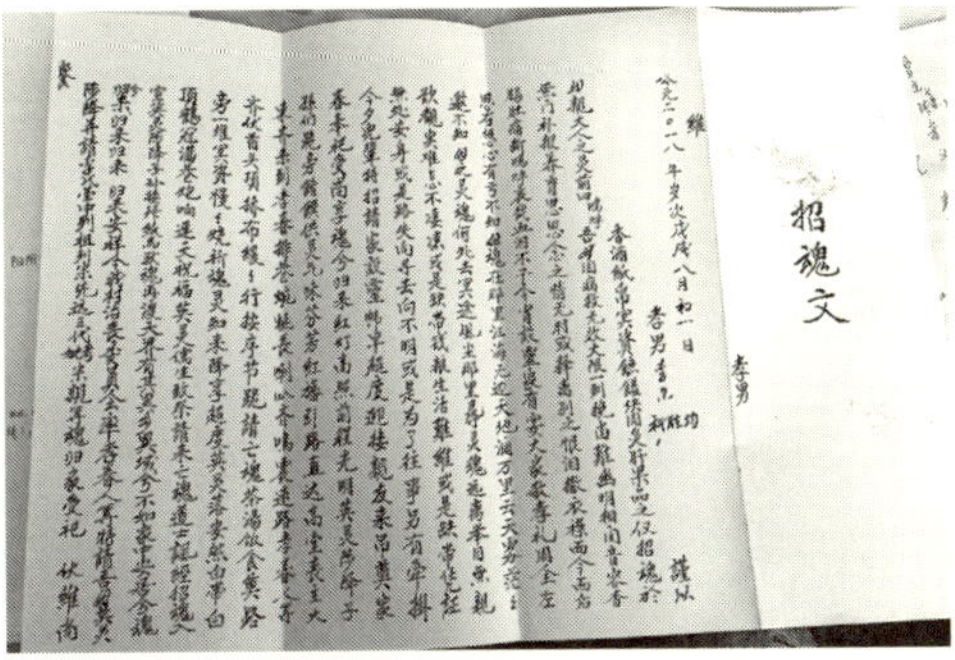

写真⑬　礼儀先生の招魂文

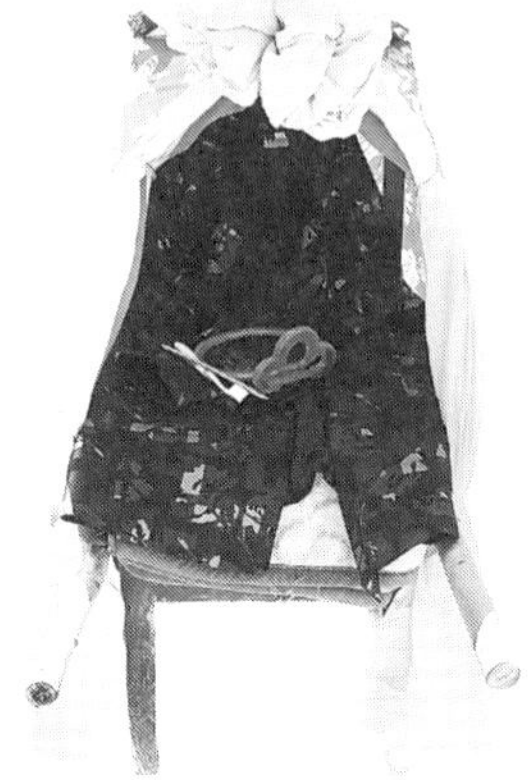

写真⑭　死者の魂を乗せる駕籠

〈請亡〉（一七：〇〇）　陰陽先生が卜占した請亡の時間になると、喪主は孝子、孝媳、孝孫、孝孫媳、孝曾孫を連れ、陰陽先生と礼儀先生に葬礼開始の依頼をする。礼儀先生は紅布を肩にかけ、陰陽先生と嗩吶匠は白布を腰に縛る。その後、請亡の列を組んで村境まで祖先の霊魂を迎えに行く（地図②）。請亡の列には、喪主、嗩吶匠、東家、家族と党家、陰陽先生と礼儀先生、東家が加わる（図③）。

請亡の列の先頭には、喪主の韓生X（㉟）がおり、請亡行列を指定する場所へ引導する。続いて嗩吶を演奏している二人の嗩吶匠、駕籠を担いでいる東家の男性二人、冥幣・花輪などを持つ東家数人、頭上に一本の白布を掲げる死者の家族と党家の人々が続く。死者の長男は引魂幡を、次男は死者の位牌を置いた盆を持つ。その後に宗教者の陰陽先生と礼儀先生が続く。五人の陰陽先生は「鑔［chǎ］」と「鈸［bó］」、木魚、鼓、「鎮壇木［zhèn

図③　請亡の行列

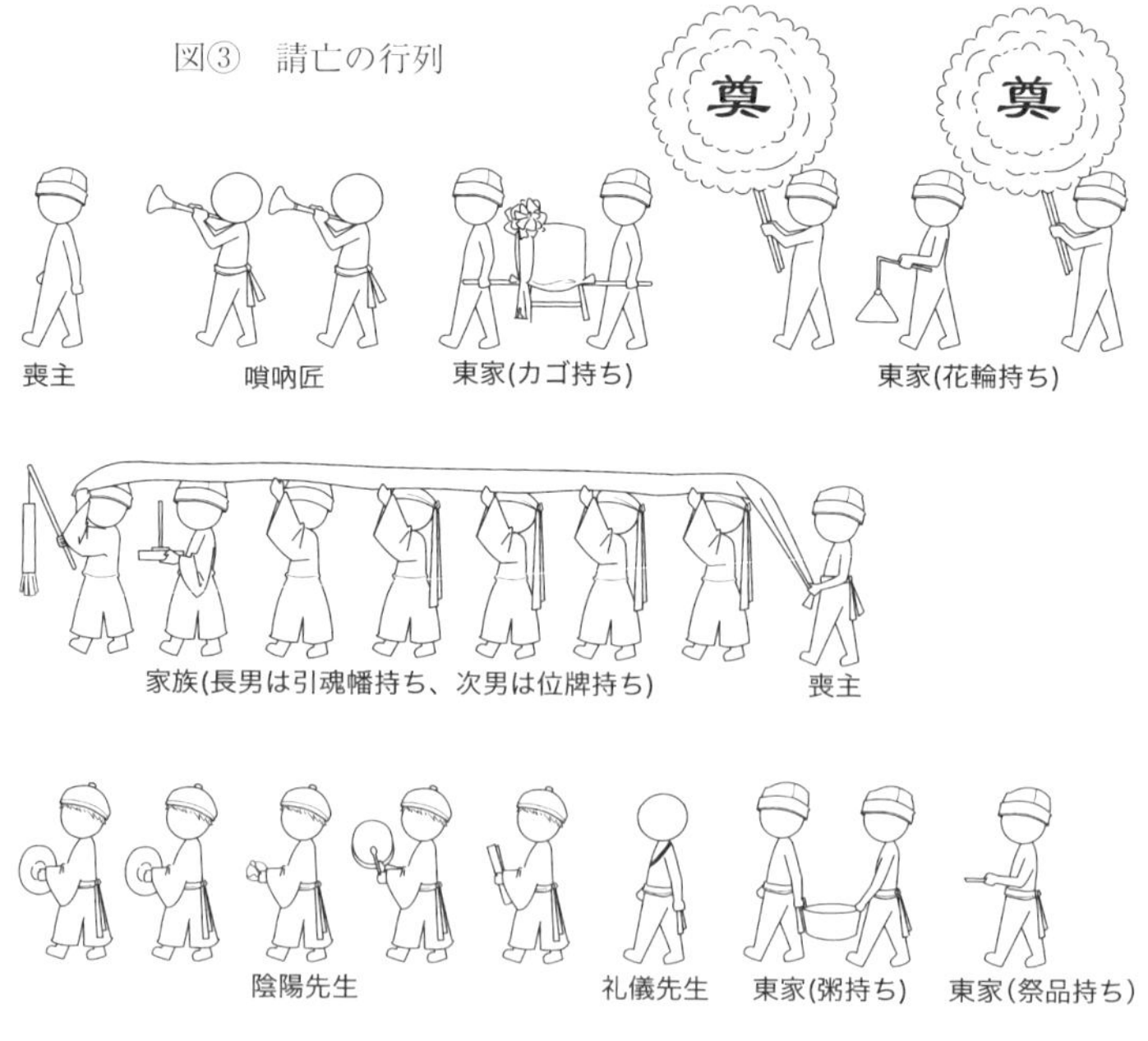

tán mù]」と「笏［hù］」を持つ。最後は粥の入った釜と礼儀先生が使う祭品を持つ党家が続く。

請亡行列は嗩吶の声で、祖墳と新墳の方向を向き、村境の請亡の場所（地図②）に向かう。指定された場所に着いたら、喪主と東家の人が麦の藁に火をつけ、冥幣を燃やす。火の後方にテーブルを置き、その上に死者の位牌、礼儀先生が使う祭品、麵灯、引路灯などを置く。テーブルの右側は礼儀先生で、左側には礼儀先生を手伝う東家が立つ。テーブルの後方に死者の三人の息子が一例（長男が中央、次男と三男が長男の左右）に並び、長男が引魂幡を持って跪く。死者の三人の息子の後ろには長孫を先頭に、死者の家族と党家の人々が一列に並んで跪く。請亡行列の最後尾にはテーブルセットを置き、五人の陰陽先生が読経する。

先頭の喪主が爆竹を鳴らした後、礼儀先生が用意した招魂文を読む。以下に、本事例の招魂文の全文を引用する。その後、長男の手で招魂文と祭品は共に火の中に入れて焼かれる。

招魂文

維

公元二〇一八年歳次戊戌八月初一

K

孝男　李爾　S

JU

香酒紙帛／冥資珍饈／塊肉炙肝／果品之儀／招魂於母親大人之靈前／曰／嗚呼／吾母因病救無效／大限一到挽留難／幽明相間音容杳／無門補報養育恩／思念之情無時或釋／離別之恨淚灑衣襟／而今而後腸肚痛斷／嗚呼哀哉／血涙不幹／今宵設靈家有宴／大家敬孝禮周全／左思右想心有虧／不知母魂在哪裏／江海無邊天地

闊／萬裏雲天霧茫茫／邀不知母之靈魂何處去／冥途風土那裏尋／靈魂遠離舉目無親／欲觀實難怎不淒涼／或是缺帯錢糧生活難維／或是缺帯憑證無處安身／或是路失向導去向不明／或是為了往事另有牽掛／今夕兒輩特招請／家設靈幃早超度／迎接親友來吊奠／家眷奉祀受尚享／魂兮歸來／紅燈高照／前程光明／英靈陟降／子孫們跪旁／肴饌供靈／氣味芬芳／紅幡引路／直入高堂／喪主大東齊來到／孝眷排巷蜿蜒長／喇叭長鳴震迷路／孝眷人等齊付首／頭頂橋布緩緩行／按序節跪請亡魂／茶湯飯食奠路旁／一堆冥資慢慢燒／祈魂靈知來降享／超度英靈落安然／白帯白頂鶴冠／滿巷炮響連天／祝福英靈／儒生致祭／請來亡魂／道士誦經／招魂入室／英靈陟降／子孫接拜／紙馬馱魂／再渡天界／有其異郷異域兮／不如家中安居兮／魂歸來兮／歸來歸來／歸來安詳／今我村治喪委員會／率孝眷人等／特情吾母英靈陟降／並請李氏塋中列祖列宗／先遠三代／考妣宗親等魂歸家受祀／伏維尚

饗食

招魂文は礼儀先生が死者の息子の三人の名義で書いた文書である。その内容は、死者の霊前に用意した酒や線香などの招魂のための供え物の紹介から始まり、死者が病気で亡くなった死因を述べる。さらに、死者の息子たちの、母親の死に対する「腸肚痛斷」(はらわたがちぎれる)の深い悲しみが表現される。また、息子たちが家に供え物を用意し、正しい儀礼の作法で請亡を行う目的は、身体から脱離し、何処かにさまよう死者の霊魂を迎え入れることだと説明している。その死者の霊魂がさまよう理由として、①金銭の不足、②証書の不備、③行先が不明、④現世に未練があるなどの理由が挙げられている。その後、子孫が家に用意した祭場の様子、親戚友人の参加者など請亡の儀礼の様子が詳細に述べられる。家に迎え入れた死者の霊魂は、祭祀を受け、再度「紙馬」に乗って天界に向かうという請亡後の流れについても説明している。最後は、請亡は死者の霊魂のみではなく、一族の祖墳にいる祖先の霊魂も招請すると記している。

礼儀先生の行事が終わると、列の最後尾の陰陽先生が「召摂科儀」という招魂の儀礼を行う。五人の陰陽先生が経典を唱えた後、「太上沐浴度魂真符」を読み上げる。その後五人の陰陽先生の中で景占Lが引魂幡を振り、「大聖救苦天尊、礼奉請亡母李氏張守Y之亡灵回府」という呪語を唱える。その後、事前に準備した摂招文書を行列最先端の火で燃やす。

陰陽先生は全ての経典を唱えた後、東家に「行列が家に戻る」と命令する。帰りの請亡列は喪主、嗩吶匠、礼儀先生、白布を頭上に揚げた家族と党家、陰陽先生、死者の駕籠を持つ東家で構成される。行列の最後の東家は木の枝一三本の引路灯に火をつけ喪家までの道の両端に挿す。東家の別の二人が鍋のお粥を道に投げ捨てる。

行列が家に入ると、死者の遺影などを入れた駕籠を霊堂の前に置き、陰陽先生が経を唱えながら、歯ブラシ、くしなどを持ち、死者の遺影にむかって化粧の真似をする。陰陽先生の儀礼の後、東家の人が駕籠などを下げ、死者の位牌を霊堂に置き、礼儀先生が死者三人の息子を呼び、供物を霊堂に供える。礼儀先生の号令で家族と党家の人々が三回の跪礼をした後、男女別（男左女右）で死者の遺体の両側に跪く。家族と党家の女性はこのとき、「哭孝［kū xiào］」する。哭孝は死者の遺体を安置する霊堂の前で、家族の女性、娘と女性の親戚が死者の死を悲しんで泣き叫ぶことである。死に対する悲しみや死者への思いを節につけて泣く。

〈守霊〉　埋葬日まで、家族全員が霊堂に安置した水晶棺の両側に跪くなどして、験孝や送亡などの儀式以外の時間を霊堂で死者の霊とともに過ごす。これは親に対する最後の親孝行とされている。

死亡後三日目（九月一一日）の弔問

〈喪主と東家の集合〉（八：〇〇～九：〇〇）　喪主と東家が集合し、食事をする。

〈銘旌を立てる〉　礼儀先生が赤布（二・五×一メートル）で「銘旌［míng jīng］」（写真⑮）を用意し、「扶銘文［fú míng wén］」（写真⑯）という祭文を書く。一一時に礼儀先生が霊堂の前で祭文を読み上げ、東家が霊堂前の庭に銘旌を立てる。

〈党家・親戚・庄員の弔問〉　党家の人々は朝、饅頭一二個、香奠二〇〇元、冥幣を持って手伝いに訪れる。一一時親戚が続々と弔問に来る。まずは死者の嫁いだ娘、死者の夫の嫁いだ姉妹、婚家の姪など下位親戚が弔問に来る。この人たちが青布衫を着用し、霊堂の前で大きい声で泣き叫ぶ。その際、彼女たちの配偶者などの関係者が饅頭一二個、香奠二〇〇〇元、花輪などを差し上げる。その後、喪主から孝をもらう。娘と死者の夫の婚出した姉妹、婚家の姪などは七尺の長被り孝を身に着け、彼女たちの配偶者などの関係者が白綿布の孝帽を被る。喪主から孝をもらった娘と婿が死者の家族と同様に霊堂の死者の遺体の両側に跪く。

次は死者の実家の姉妹とその配偶者など、関係者である平等親戚を東家の「迎客」の役を担う人が喪家の家まで迎えに行く。喪家に入ると、霊堂の前に三回礼拝し、饅頭一二個、香奠五〇〇元を渡す。その後東家の案内で食事の席に座る。

続いては死者の実家の兄弟と甥などの上位親戚である。上位親戚を迎えるため、東家が家のドアの前に迎え用のテーブルを用意し、その上に箸二膳と酒を置く。死者の実家の人が到着すると、

写真⑮　庭に立てられた銘旌（赤布）と王霊官の神像（黄色幡）

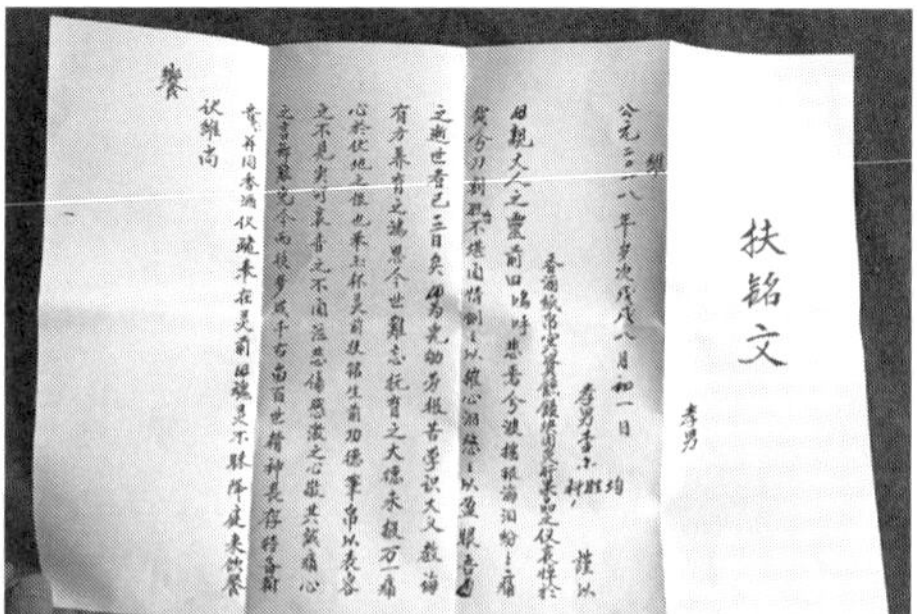

扶銘文

孝男

写真⑯　礼儀先生の扶銘文

東家は死者の実家が持つ荷物を預かり、酒二杯を勧めて飲んでもらう。喪家に入ると、霊堂の前に跪いて泣く。その後、東家が家の中に用意した席に死者の実家の人を案内する。

最後は庄員が弔問に来る。庄員が喪家に入り、死者の霊堂の前に礼拝し、洗面器に盛った小麦粉、香奠一〇〇元、冥幣を渡す。その後は東家の案内で席に座る。

〈祭奠〉（一一：〇〇）「祭奠［jì diàn］」とは、死者の家族以外の人々が喪家に弔問に来ることである。その際に親疎関係によって定められた香奠（饅頭、冥幣、金銭）を出す。親戚（三種の親戚）、庄員などの弔問客と宗教者、職能者に料理を出す。しかし、上位親戚には弔問宴を象徴する「全盘［quán pán］」という料理を出さない。

〈験孝〉（一五：〇〇）「験孝［yàn xiào］」は、上位親戚の「骨主［gǔ zhǔ］」が遺体を検分し、死者の子孫が孝を果たしているかどうかを判断する儀礼である。験孝の儀礼においては、東家が喪家の霊前の庭に座席、タオル、箸、酒などを用意し、そこに死者の弟である張守義と甥である張啓元を骨主として着席させる。死者の子孫、甥、嫁いだ孫娘及び彼らの配偶者が骨主の席前に跪く。喪主は跪いている人々と骨主の間に立ち、庄員の人がその周りで験孝の様子を見る。骨主が箸を用いて霊堂に安置された死者の遺体を検分する。検分では、まず、死者に着せた寿衣の枚数を数え、次に遺体に傷などがないかを見る。検分の後、骨主は席の前に跪いている人たちに死者の生前の病気、治療歴、病中の世話の様子、死因などを聞く。骨主の質問に対して、喪主は跪いている人の代わりに詳細に回答する。また、死者の埋葬用品の棺材、寿衣、墓碑などについても問われる。

本事例の死者の家族は生前の死者に親孝行したので、骨主からの非難は特にないが、儀礼的に骨主が寿衣をさらに二枚着せるように命じる。その後、死者の実家の人が霊堂の前で礼拝し、喪主から孝をもらう。孝は男性が白綿布の帽子で、女性は長さ七尺の孝である。その後、弔問宴を食べ、家に帰る。

死後四日目（九月一二日）の弔問

〈祭奠と謝東宴〉（一一：〇〇～一五：〇〇） 前日に祭奠に来られなかった親戚、庄員の祭奠を受け、午後は東家を感謝するための「謝東宴［xiè dōng yàn］」を催す。

〈大祭〉（一六：〇〇）「大祭［dà jì］」は礼儀先生が死者の霊魂を霊堂の前で祀る儀礼である。礼儀先生の指示のもと、家族全員、二人の喪主、党家（死者の夫の兄弟とその関係者）、死者の婚出した娘と姪とその関係者などが霊堂の前に跪く。礼儀先生は、事前に喪主をはじめとする参加者それぞれの視点から死者を哀悼する内容の祭文を複数作成してあり、それを霊堂の前で読み上げる。その後、長男、次男、三男、長孫、家族他の成員、党家の成員、娘、姪の順で一列に跪いて並び、死者に供える料理を厨房から霊堂まで順々に手渡しで運ぶ。霊堂に料理を供えたあと、礼儀先生の指示で喪主は大きな布で霊堂の前のドアを隠す。礼儀先生の号令で唢呐が演奏される。この間、子孫から運ばれた料理を死者が享受しているとされる。その後、先ほどとは逆に、霊堂から厨房まで跪いている人々が料理を手渡しで下げるが、その際に片手で手渡ししながら、もう一方の手で少しずつ料理を食べる。

〈転経〉（一八：〇〇）「転経［zhuǎn jīng］」は陰陽先生が死者の霊魂を救済する儀礼である。まずは、五人の陰陽先生が道教の衣裳（道袍、法衣）を着用し、霊堂の前で経典を唱える。そのあと、庭の真ん中に用意した高いテーブルに登り、そこで経典を唱える。そのうちに家族と血縁関係が近い党家の人々が線香を一本ずつ持ち、庭で隊列を組んでぐるぐる回り始める。この際、陰陽先生が使う供物は、香料、花、饅頭、茶、布、果物、水、宝珠、蠟燭、米、金銭と、大きな容器に入った花が挿された饅頭とナッツである。儀礼終了の際、礼儀先生が饅頭やナッツなどを息子などの死者の家族へ投げる。死者の家族は拾った饅頭などをその場で食べる。

〈送盤纏〉（一九：〇〇）「送盤纏［sòng pán chán］」は、婚出した死者の娘と姪、その婿が死者のために用意した冥幣をあの世に送る儀礼である。まず、娘と姪など婚出した女性とその婿が喪家の庭に置かれている棺材の内部を赤い布で綺麗に装飾する。次に彼らがダンボールに冥幣などを入れ、それを封じて陰陽先生に呪文を唱えてもらう。これを「盤纏」といい、陰陽先生による転経終了後、婿が冥幣の入った盤纏を持ち、喪家の庭を一八周走る。

〈送亡〉（一九：一〇）「送亡［sòng wáng］」は、喪家に迎え入れた死者などの霊魂を送り出す儀礼である。喪主の指示で嗩吶匠が先頭で、礼儀先生、陰陽先生、家族と党家の隊列順で家の外に出る。冥幣と盤纏を村境で燃やす。その際は家族と党家が跪き、陰陽先生と礼儀先生の作法を待つ。終わると家に戻る。

死後五日目（九月一三日）の埋葬

〈村人の集合〉（六：〇〇）嗩吶匠が演奏しながら、村を廻る。その音が聞こえれば、村の男性青壮年がショベルを持ち喪家に集合する。家族と党家は死者の棺材をドアの前に置く。

〈大殮〉（六：三〇）「大殮［dà liǎn］」は、死者の遺体を納棺することである。喪主の指示で家族と党家が水晶棺をドアのところに運び、そこで遺体を棺材の中に収める。

〈起霊〉（六：四〇）「起霊［qǐ líng］」は、棺材を家から墳地まで運び出す儀礼である。陰陽先生が棺材に多くの作法をし、長明灯を棺頭に置く。その後、村人が棺材を家から運び出す。家族、党家の男性と村人が墓に向かう。

〈送葬〉（六：五〇）家族の女性は孝衣で霊堂の藁を包み、家の前で燃やす。棺材が家から出たら道路の両側に跪いて泣く。男性のみの葬送隊列は、嗩吶匠、喪主、花輪などを持つ党家、引魂幡、位牌などを持つ息子、棺材を運ぶトラクター、他の党家、埋葬にきた村人と宗教者である。村人が各家のドア前で藁に火をつける。

〈埋葬〉（七：四〇）祖墳の後方にある境界の中央には石碑が建てられている。その石碑には「本茔皇天後土福徳尊神位」と刻まれている。その石碑を中軸として年齢順に男性を左側、女性を右側に埋める。青海省の漢民族は、この石碑に彫刻した神を「後土神［hòu tǔ shén］」と呼び、祖墳に鎮座している神と認識している。死者を埋葬する際に、墳地についた礼儀先生は墳地の神様「後土神」に祭文を読みあげる。その後、喪主の指示で村人が棺材を墓穴に降ろし、その上に礼儀先生が書いた銘旌を被せる。陰陽先生が引魂幡を持ちながら呪語を唱えたあと、土を墓穴に三回入れる。その後、村人が速やかに棺材を埋葬する。墓穴の上に土饅頭を盛る。

〈埋葬後の帰宅作法〉（八：三〇）死者を埋葬したあと、全員が喪家に帰る。死者の息子と孫は村の道路の各分路口に跪いて埋葬に来た人を家まで迎える。喪家に帰り「面切［miàn qiē］」という料理を食べ、それぞれ解散する。喪主は宗教職能者に謝金を渡す。

埋葬後の祭祀

〈全三〉「全三［quàn sān］」は、死者の埋葬後、最初にする墓参りである。通常、全三の儀礼は死者の埋葬後三日目に行われる。近年、埋葬の三時間後に行われることもある。本事例では、埋葬の三時間後、家族、死者の娘や姪とその関係者、喪主、党家が初墓参をする。その際、家族以外の人が孝を墳地で燃やす。喪家は喪主に饅頭一二個、布二匹、烟草、酒、礼金一〇〇〇元を謝礼として渡す。

〈作七〉「作七［zuò qī］」は、死者の死亡後、四九日まで七日ごとに死者を祀る儀礼である。陰陽先生を招請して家で読経し、家族はその後に墓参りする。死亡後の七日目を「頭七［tóu qī］」と呼び、その後は「三七」、「五七」、「全七」に墓参りをする。

〈百天〉死亡後一〇〇日目を「百天［bǎi tiān］」といい、陰陽先生を呼んで経典を唱えてもらう。その日は家族、党家、死者の娘も参加する。死者の墳地に石碑を建てる。

〈周年〉死後は毎年、命日に祭祀を行う。その命日を「周年［zhōu nián］」と呼び、家族と親戚が墓参りをする。

以上、青海省西寧市湟中県李家山鎮ＸＴＢ村で二〇一八年九月に行われた漢民族の典型的葬礼の詳細について報告した。

三　五種類の関与者とその役割

本事例における葬礼での役割は、Ⓐ家族、Ⓑ党家、Ⓒ親戚、Ⓓ庄員、Ⓔ宗教者と職能者について、それぞれ次のように整理できる。

Ⓐ家族　張守Ｙが三男の家で生活し、長男、次男および彼らの配偶者が生前の張守Ｙを扶養した。三人の息子は張守Ｙの棺材を準備した。また、張守Ｙが入院中、三人の息子が順番で看病していた。病院で死亡した後、三人の息子がその遺体を家に運搬し、葬礼のすべてを庄員の喪主と党家の東家に委任する。葬礼を行う期間、家族は喪主の指示で多くの儀礼に参加するが、葬礼の進行に関する仕事は一切しない。特に孝を着用してから、死者の息子を「孝子」、孫息子を「孝孫」、その配偶者を「孝媳・孝孫媳」と呼び、請亡、送亡、験孝などの儀礼に参加する以外の時間は、死者の遺体を安置する霊堂の両側に跪いている。さらに、原則として飲食と会話を禁止されている。つまり、死者の家族は葬礼の費用の負担者であり、葬礼には「孝子」、「孝孫」、「孝媳・孝孫媳」として、「孝を尽くす」という考えの下で葬礼の運営には一切関わらない。

Ⓑ党家　死者張守Ｙの夫李氏一族である党家の葬礼での役割分担は、先に見た表①の通りである。死亡後、喪家に集合した党家は葬礼を実行する東家を構成し、喪主の指示を受け葬礼の準備から死者を埋葬するまで関与する。東家は葬礼の重要な労働力で、葬礼を実行する人である。

Ⓒ親戚　まずは李氏一族から婚出した女性とその嫁ぎ先の下位親戚の役割を見ていく。死者張守Ｙの娘は生前に

寿衣を用意した。また、張守Yの死亡通知を受け、死後三日目に弔問へ行き、最も高額の香奠を渡す。さらに、死者の家族と同様に棺材の両側に跪き、様々な儀礼に家族と同様に関与する。上位親戚は葬礼での地位が一番高い。本事例の上位親戚である死者張守Yの娘家（実家）の人々に死者の死を通知する際には、喪主が「訃告［fù gào］」と「請帖［qǐng tiě］」を持ち、自ら出かけていく。また、弔問に行く際、上位親戚のため迎え用の「接卓［jiē zhuō］」が用意される。験孝の儀礼までは孝を着用せず、家の中の一番いい席に座る。そして上位親戚は葬礼での骨主として、験孝の儀礼を行う。つまり、上位親戚は葬礼において喪家にとって一番重要な関与者である。死者張守Yの実家の姉妹とその嫁ぎ先の平等親戚については、本事例において詳細を把握できなかった。彼らは死者の死亡を通知し、葬礼への参加を誘う。弔問にくる際には、観衆として上位親戚とともに葬礼の正当性を判断する。

Ⓓ庄員　死者張守Yと同じ村落に生活する人々である。本事例の葬礼の統括者である主・副喪主の仕事は、喪家が庄員のうちから葬儀経験が豊富で、人徳を評価された人を選択し、葬礼の全てを任せる。その後、喪主は喪家の意志を受け、その意志に従って葬礼を執り行う。また、験孝の儀礼では死者検分の責任者が骨主であるのに対して、喪主は死者家族の生者の代表者といえる。喪主は骨主の死者に関する質問に回答し、骨主と死者家族の関係を円滑にする役割がある。また埋葬する際、喪主は党家と庄員を指揮して、棺材を墳地に埋める。一方、喪主以外の数多くの庄員も葬礼に関わる。まず、葬礼に弔問するが、弔

表④　葬礼関与者と死者の関係及びその役割

死者との関係		具体的な人物	葬礼での役名	葬礼での役割
Ⓐ家族		息子・孫息子とその配偶者	孝子・孝孫・孝媳・孝孫媳	経費の提供者 儀式の関与者
Ⓑ党家		李氏一族の人々	東家（大東）	葬礼運営の執行役者（東家のリーダー）
Ⓒ親戚	上位	死者実家の兄弟・甥	骨主	死者検分の責任者
	平等	死者婚出した実家の姉妹とその嫁ぎ先の家族	弔問客	葬礼の適切性を判断
	下位	死者の娘、李氏一族女性とその嫁ぎ先の家族	孝女・孝婿・孝姪女・孝姪婿	関与
Ⓓ荘員		同じ村に住む家族、党家以外の人々	喪主	葬礼の統括者
			弔問客	葬礼の適切性を判断
Ⓔ職能者		宗教的職能者	陰陽先生・礼儀先生・アカ	
		技能的職能者	哨吶・料理人	

問者の七割を庄員が占める。弔問後、上位親戚の骨主の験孝の儀礼を目撃し、平等親戚とともに葬礼の正当性を判断する。また、死者を埋葬する際には、庄員の青壮年が主要な労働力となる。つまり、庄員から選ばれた喪主は葬礼の最高統括者であり、葬礼の進行を把握し、喪家の立場を代表する者であるのに対し、喪主以外の庄員は葬礼の弔問や埋葬の主な関与者である。

Ⓔ宗教者と職能者　死者の死亡後、道教を象徴する陰陽先生、儒教を象徴する礼儀先生、チベット仏教の僧侶アカ、哨吶演奏者、料理人などの喪家と関わりがない人を喪主が招請する。宗教者による作法に則った葬礼の進行は葬礼を成立させる重要な要素である。また、無償で労働を提供する党家と喪主に対して、宗教者と職能者は、喪家とは金銭が発生する雇用関係といえる。

以上のことから、葬礼に関与した人々は死者との関係性により、表④のような役割を分担しているとまとめられる。

［1］二〇二〇年第三期の「青海民政統計」によると、青海省の人口が五四三万人であるのに対して、「二〇二〇年九月まで、葬儀施設が八箇所」しか存在しない。

［2］中国の地方行政組織は、省—直轄市—地域級市—県級市・県—鎮の政府組織と、自治組織としての居・村民委員会より成り立っている。調査地の西寧市湟中県は二〇一九年一一月六日から区制を施行し、地域級市の西寧市が管轄した県から、西寧市の一部の湟中区になった。調査当時は湟中県であったため、本事例の報告では当時の行政名を用いる。

［3］青海省では、日本語の水流としての河川だけではなく、山と山の間にある平地の地域のことも「川［chuān］」と称する。

［4］「関帝廟」は関羽（関帝・関聖帝君・関帝聖君）を祀る廟。本事例のXTB村の中央部に古代の城門のみが独立して建っており、その上部が「関帝廟」となっている。村民の楊文Q（八〇代）によれば、一九五〇年代にはXTB村にはわずか二〇世帯ほどしか居住していなかった。その時は、村民が小さな四角城の中に居住し、まだ城壁があった。さらに、火神廟、

財神廟などの建物が残されていた。六〇～七〇年代、一九八〇年代以前の一連の政治運動や人口の増加に伴い、昔の城壁を破壊し、城門が唯一残された。その後、一九九〇年代末から二〇一三年にかけて、村の人々は城門を補強し、その上部の部屋を「関帝廟」として改修した。

[5] 青海省では墓地のことを「墳地」と呼ぶ。以降、青海省における漢民族の墓地を指すときは「墳地」と記す。

[6] 中国では、結婚した女性は実家の姓を使い続ける。しかし、女性が死亡した後には、自分の本来の名前の前に夫の姓氏をつける。本事例においては、死者の本名は張守Y［zhāng shǒu Y］であるが、死亡した後の葬礼では夫の一族の姓氏を付け、「李氏張守Y」、あるいは「李母張守Y」と称する。さらに、族譜にも死者の名は「李氏・李母張守Y」と書かれる。後文は李氏を省略し、張守Yと書く。

[7] 陰陽五行・周易八卦などの理論を用いて風水鑑定を行う職能者である。日常生活においては、生者の住宅と死者の墳地などの立地の風水の良悪を鑑定する。

[8] 中堂は家の中央に位置する部屋で、神様・祖先を祀る。また、小麦粉など主要な食品を収納するための戸棚も置く。

[9] 水晶棺は遺体の腐敗を防ぐために用いる中身の見えるガラス張りの冷蔵庫である。

[10] 葬礼では、陰陽先生の人数によって、唱えられる経典の本数と内容が異なる。そのため、経事とは、陰陽先生の人数によって唱えられるお経の規模を指している。

[11] 塔爾寺（タール寺）はチベット仏教ゲルク派（黄帽派）の寺院である。ゲルク派の開祖ツォンカパの生誕地として建造され、チベット仏教の青海省における主要拠点のひとつとなっている。

[12] 本来は東家の人々が親戚の家まで死者の死を報らせ、葬礼への参加を誘う。電話などの通信手段の普及に伴い、現在では電話で通知するのが一般的である。ただし、本事例のように、死亡については電話で報らせるが、葬礼への参加は喪主が上位親戚の家を訪ねて対面で誘う。葬礼には上位親戚を誘うのが通例となっている。

第二章　村落と党家と葬礼

一　問題の所在

「殯喪改革」の推進に対応した、青海省の漢民族の葬礼には二つの特徴がある。一つ目は省都の西寧市などの都市部では、遺体処理の方法が土葬から火葬へと変化していったが、農村部では土葬が依然として一般的な葬法であったことである。二つ目は一九四九年以降、「封建迷信」として否定されていた葬送習俗が農村部の漢民族の中で全面的に復活したことである。そして、その葬送習俗に従う葬礼が現在でも青海省の農村部では行われている。

土葬という葬法と、これまで伝承されてきた葬送習俗が復活した理由は、中国政府の政策方針の転換と、中国社会の経済発展が主な要因とみられるが、同時に、青海省の漢民族の中で根強く伝承されてきた親族関係もその一因にあると推測できる。そこで、本章では中国青海省の漢民族の農村における葬礼から、葬礼の担い手とそれに付随する親族の関係性について検討するとともに、旧来の葬礼習俗の継承の意義について考察したい。

二　村落と信仰——西寧市湟中県李家山鎮HW村

調査地のHW村は、李家山鎮の東山に沿って形成された村であり、東河の中流域に位置する。省都西寧市からは約二〇キロ離れている。調査を行った二〇一九年九月時点でHW村は一七八世帯、七〇四人〔1〕で、李家山鎮においては平均的な規模の村落である。村は「HW」と「YJZ」という二つの集落で構成され、村人の大半は李姓、楊姓の宗族で構成されている。集落の

表①　HW村の宗族情報

集落	宗族（姓）	世帯（戸）	人口（人）
HW	李	73	292
	白	5	22
	任	1	2
	汪	1	4
YJZ	楊	60	240
	趙	9	35
	張	12	36
	馬	5	25
	解	5	27
	王	7	21
合計		178	704

位置と宗族状況は、それぞれ地図①と表①のとおりである。

ＨＷ村には、村民委員会という住民自治の基礎行政組織がある。表②にみるように、村落の中心には「金山聖母廟［jīn shān shèng mǔ miào］」（写真①②）が祀られ、「山神廟［shān shén miào］」（写真③④⑤）がＹＪＺの村の端に鎮座し、「廟会［miào huì］」という民間団体が運営・管理している。

金山聖母は女性の神様で、これを金山聖母廟で村落の祭神として祀っている。村民は、金山聖母は人々の願望を実現し、日常生活を守護する神であると述べる。金山聖母廟は村の中の中央にあり、毎月（農暦）の初一日と一五日の朝に村民が参拝に行く。

山神廟は、村の中から離れたＹＪＺ側の山の頂上にある。山に囲まれた村落の鎮守神であり、ＨＷ村の村民の安全を保護し、妖魔を除けるとされている。廟の後ろには山の神の武器を置き、一本の神樹が植えられている。青海省の漢民族は、村落ごとに各自の山の神を祀っている。そのため、村によって山の神の名前が

地図①　西寧市湟中県李家山鎮
ＨＷ村の地図

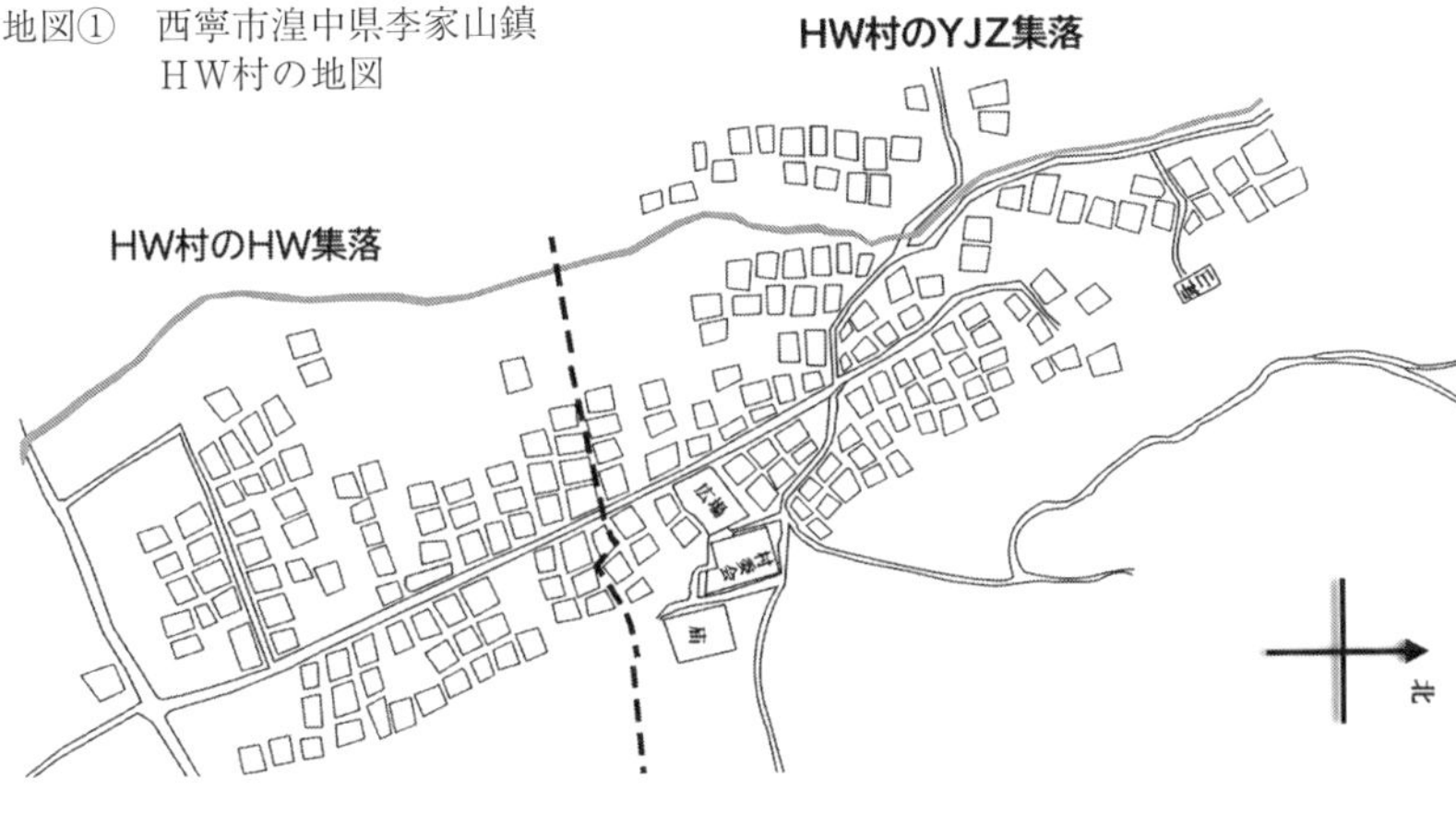

表②　ＨＷ村の祭神とその詳細

祭神	祭祀場所	所在地	行事	運営組織／任期
金山聖母	金山聖母廟	村落の中央部	農暦6月6日の廟会	廟会／無任期
山神	山神廟	ＹＪＺ側の村境	——	廟会／無任期
火神	火神院	火神会の会長の家	春節の社火	火神会／1年

違う。HW村の山の神は「拉弥徳山神［lā mí dé shān shén］」と称する。この神の乗り物は白馬であると信じられているため、村民は「白馬山神［bái mǎ shān shén］」とも呼ぶ。

また、「火神会［huǒ shén huì］」という、村民の中から任期一年で一一人が選出される民間団体があり、春節期間に行われる祭りの「社火［shè huǒ］」（写真⑥）を運営する。社火の祭神の「火神［huǒ shén yé］」は、火神会の会

写真①　金山聖母廟

写真②　金山聖母の神像

写真③　白馬山神廟

写真④　白馬山神の武器

写真⑤　白馬山神廟の内部

写真⑥　社火で八仙（道教の仙人）に扮装した村民たち（2016年）

写真⑦　火神院（2016年の春節の大晦日の夜）

長の家で祀られる。その年の火神会の会長の家を「火神院［huǒ shén yuan］」（写真⑦）と呼ぶ。火神爺は、火の神であり五穀豊穣と商売繁栄の神である。社火は毎年春節の時に行われるが、その期日は村によって異なる。ＨＷ村では正月の一三日に行う。村民は前もって演目を用意し、当日は火神院から出発、山神廟・金山聖母廟の順で参り、村の広場で演目を披露する。ＹＪＺ集落とＨＷ集落の住民は各自の演目を準備する。火神院も一年ずつ各集落の村民が担当している。社火により、火神爺を喜ばせて、来年の豊作を願うという。

また、ＨＷ村の村民はそれぞれ複数の宗教を信仰している。それは道教、仏教のほか、チベット仏教の神や実在の人物などで、そのため、家ごとに信仰している宗教の祭壇などを設えている（写真⑧⑨⑩）。たとえば、写真⑩のように、チベット仏教を信仰している家では、チベット仏教の「活仏（化身ラマ）」である十世班禅と毛主席（毛沢東）が会話している場面の写真が祀られている。これらの神々がＨＷ村のそれぞれの家を守護している。

金山聖母廟と山神廟のいずれもが文化大革命の際には破壊され、一九八〇年代以降に建て直された。山神廟は一九九八年に村人の寄付によって再建されている。金山聖母廟の跡地には小学校が建てられたが、二〇〇六年にその小学校が隣村の小学校に合併され、校舎が村民委員会の事務所として利用された。そして、二〇一〇年に金山聖母廟も村人の寄付によって元の場所（現村民委員会）の隣に再建された。

写真⑧　中堂に祀られた観世音菩薩

写真⑨　中堂に祀られた三星（福・禄・寿の神）

写真⑩　チベット仏教の活仏（左）と毛沢東（右）

三　党家と葬礼

二つの集落では前節のような神を祀り、村としての統一が図られているが、葬礼の運営は第一章の事例で述べたように、「党家」という死者の一族により構成された組織の「東家」が担う。党家は、共通の祖先を持ち血縁関係がある「血縁党家」と、親族関係を結盟した村人の「結盟党家」の二つに分類することができる。この二つの党家は、葬礼などの人生儀礼や生産活動においてはわずかな違いがあり、その役割分担が異なるため、本研究ではそれぞれを区別して述べることとする。

血縁党家は、死者（女性の場合は夫）の一族の男性（始祖を同じくする男性子孫、具体的には祖父の兄弟、父の兄弟、自分の兄弟）とその配偶者と家族である。なお、死者（女性の場合は夫）の一族の女性（始祖を同じくする女性子孫、具体的には祖父の姉妹、父の姉妹、自分の姉妹）が婚出している場合、その女性とその配偶者と家族は血縁党家にはならず、親戚になる。

結盟党家は、死者（女性の場合は夫）の一族が同じ村落内で血縁党家が少ない場合に、同村落の他の氏族の人を選んで一族同士とみなしあい、党家（一族）の関係を結盟するものである。葬礼だけでなく、生活における多くの行事や労働で相互扶持をする。

ここでは、事例を通じて青海省の漢民族社会の党家のありようと、葬礼における党家の役割分担について検討する。

1　血縁党家──青海省西寧市湟中県李家山鎮ＨＷ村李氏（里院）一族の場合

ＨＷ村の二つの集落に生活している村民の社火や廟会などの祭祀は、集落の行事として行われる。表①に見るように、ＨＷ集落に住んでいる李姓は七三戸で、その他の宗族は合計七戸しかない。それは白姓、任姓、汪姓であるが、これらは李姓の家から妻を迎えて移住してきた家である。表③はＨＷ村に最も多い李姓一族七三戸の家族状況を整理したものである。李氏一族は「里院［lǐ yuàn］」、「東房［dōng fáng］」、「上院［shàng yuàn］」、「下院［xià yuàn］」、「尕院［gǎ yuàn］」［2］、「前院［qián yuàn］」という六門に分かれている。この六門は共通の先祖を持ち、共同の「輩分［bèi fēn］」を使用している。

村内の伝承によると、六門は一つの家から分岐しており、その名称は家屋内で使用していた部屋の位置に基づいているという。六門は分家によって生まれたが、共同の族譜と祖墳を持ち、先祖の祭祀も共同で行っていた。しかし、大躍進の時代には一族の墳地を平らにして耕作地とした。さらに、文化大革命の際には一族共同の族譜も

表③　ＨＷ村李氏一族の概要（2020年）

世帯番号	世帯主姓名	世帯主年齢	門	家族成員	家族形態
1	李Ｗ福	58歳	里院	5人	3世帯
2	李Ｑ福	47歳	里院	5人	3世帯
3	李ＷＡ福	49歳	東房	6人	3世帯
4	李永Ｈ	50歳	上院	5人	3世帯
5	李生Ｐ	54歳	東房	5人	3世帯
6	李Ｙ福	44歳	上院	4人	3世帯
7	李Ｔ福	52歳	里院	3人	夫婦
8	李Ｆ福	49歳	里院	4人	夫婦
9	李永Ｗ	50歳	上院	4人	夫婦
10	李Ｇ福	54歳	里院	7人	4世帯
11	李永ＷＡ	55歳	上院	3人	夫婦
12	李永Ｋ	67歳	上院	2人	夫婦
13	李永Ｘ	75歳	上院	2人	夫婦
14	李永Ｐ	45歳	上院	4人	夫婦
15	李Ｘ霖	65歳	上院	5人	3世帯
16	李永Ｆ	59歳	上院	4人	夫婦
17	李Ｃ福	62歳	尕院	4人	夫婦
18	李永Ｂ	41歳	上院	5人	3世帯
19	李Ｇ霖	46歳	前院	5人	3世帯
20	李Ｘ福	51歳	里院	8人	3世帯
21	李Ｊ福	46歳	上院	4人	夫婦
22	李永Ｊ	48歳	前院	4人	夫婦
23	李ＹＩ福	52歳	里院	5人	2世帯
24	李Ｋ福①	49歳	下院	4人	夫婦
25	李永ＨＩ	50歳	下院	2人	夫婦
26	李生Ｙ	44歳	尕院	4人	夫婦
27	李Ｂ霖	67歳	前院	3人	夫婦
28	李Ｌ福	42歳	上院	2人	夫婦
29	李生ＹＵ	46歳	東房	4人	夫婦
30	李永Ｅ	55歳	上院	2人	夫婦
31	李ＣⅡ福	54歳	下院	3人	夫婦
32	李永ＷＥ	44歳	前院	6人	2世帯
33	李生Ｗ	55歳	東房	3人	2世帯
34	李ＣＡ福	50歳	里院	5人	3世帯
35	李永Ｍ	63歳	上院	1人	単身
36	李Ｑ霖	53歳	前院	3人	夫婦
37	李生Ｆ	47歳	東房	2人	夫婦
38	李Ｓ福	47歳	下院	4人	夫婦
39	李ＸＩ福	58歳	下院	6人	2世帯
40	李Ｗ福①	44歳	上院	4人	夫婦
41	李Ｌ善	33歳	東房	5人	3世帯
42	李永ＭＩ	44歳	尕院	5人	3世帯
43	李永Ｌ	40歳	尕院	4人	夫婦
44	李生Ｋ	31歳	里院	4人	夫婦
45	李生ＹＡ	32歳	東房	3人	夫婦
46	李生Ｈ	31歳	里院	3人	2世帯
47	李生Ｚ	29歳	東房	4人	夫婦
48	李Ｗ福②	49歳	里院	3人	夫婦
49	李永Ｃ	43歳	上院	2人	夫婦
50	李生Ｃ	33歳	東房	2人	夫婦
51	李生Ｑ	48歳	東房	5人	3世帯
52	李生ＣＡ	29歳	尕院	5人	3世帯
53	李ＪＵ福	40歳	里院	6人	3世帯
54	李生ＷＡ	48歳	東房	4人	3世帯
55	李生Ｊ	40歳	里院	5人	3世帯
56	李Ｍ善	27歳	東房	4人	夫婦
57	李Ｄ霖	31歳	前院	3人	夫婦
58	李Ｈ福	22歳	前院	4人	夫婦
59	李Ｉ福	37歳	里院	4人	夫婦
60	李永Ｙ	46歳	前院	4人	夫婦
61	李ＪＡ福	32歳	前院	5人	2世帯
62	李Ｍ福	28歳	前院	5人	3世帯
63	李ＩＮ福	30歳	下院	3人	夫婦
64	李ＸＡ福	29歳	下院	5人	夫婦
65	李生Ｇ	42歳	東房	3人	3世代
66	李Ｋ福②	39歳	上院	7人	3世代
67	李永ＨＵ	42歳	上院	4人	夫婦
68	李生ＨＡ	37歳	東房	4人	3世代
69	李永ＷＵ	43歳	前院	4人	夫婦
70	李ＣＵ福	32歳	下院	2人	夫婦
71	李ＪＮ福	41歳	下院	3人	夫婦
72	李生ＣＥ	26歳	東房	3人	夫婦
73	李生ＨＵ	48歳	東房	4人	夫婦
合　計		6門、73戸、292人			

※都市部に移住した人は含まれていない

表④　ＨＷ村李氏一族の門の概要

門	戸数（世帯数）	人口計	族譜を持つ家	祖墳
里院	14	67人	世帯番号2	共同
東房	16	61人	世帯番号3	共同
上院	18	64人	世帯番号9	のみ
下院	9	32人	世帯番号39	共同
前院	11	46人	世帯番号19	のみ
尕院	5	22人	世帯番号17	共同

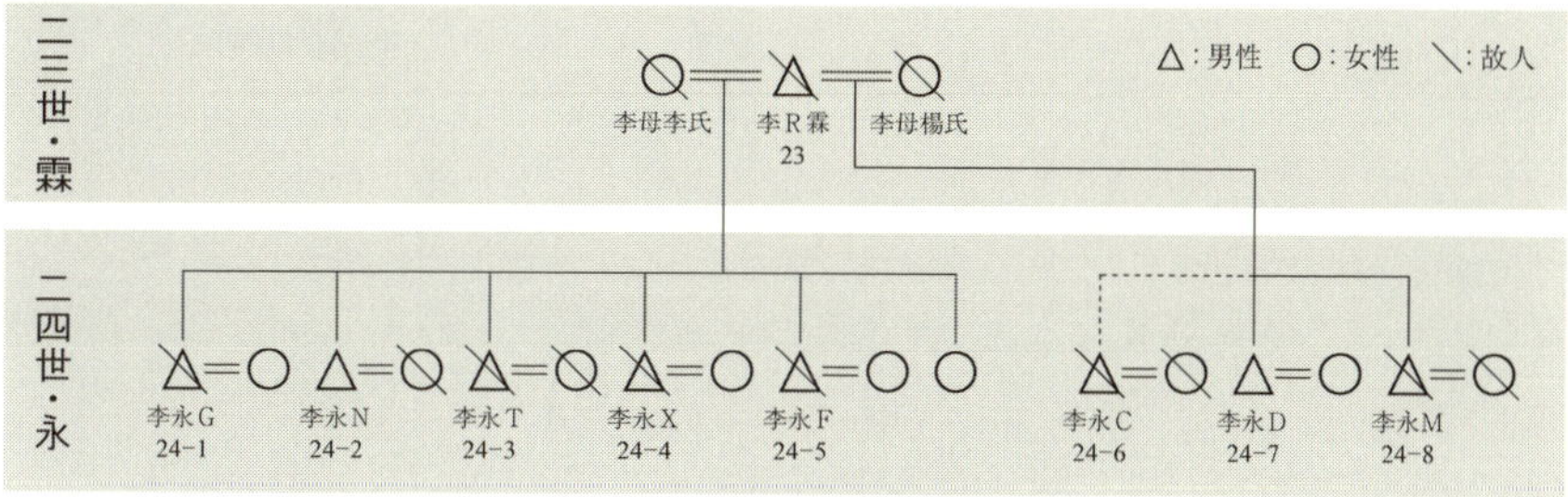

※李R霖は、最初の妻（李氏）との間に5人の息子と1人の娘をもうけた。その後、妻と死別し、再婚した妻（楊氏）との間に、2人の息子が生まれ、その他に妻の連れ子（24-6）が1人いる。

図①　里院李氏一族の家系図の一部

焼却された。祖墳と族譜の破壊によって、六門の共同性は失われ、それぞれの墳地を定め、新たに族譜を編纂した。その中で、里院、東房、下院、尕院は各自の族譜を新修こそしたが、墳地は共同で定めている（表④）。

HW村の李氏六門の族譜に共同の祖先が記載され、李氏一族の同じ世代の男性の名前の中には世代を表す字を付ける。二〇二三年までに調査したHW村の六門の中では、存命の最も上の世代は二二代目の「爾」という世代の人（六門の「前院」の人）である。「爾」につづいて「霖→永→福→生→善→第→徳→康→芳→検→祥」という世代の順列が規定されている。李氏「里院」一族の族譜を元資料として、HW村の李氏一族の党家の内容について述べる。

現在の里院一門は「李R霖」という死没者の子孫で構成されている（図①）。李R霖は李氏一族の第二三世代にあたり、一九八六年に死亡している（写真⑪）。八人の息子（第二四世代）がおり、その八人の息子から合計二一人の孫（第二五世代）が生まれた。李R霖の二一人の孫が現在の里院李氏一門を構成している。この二一人の孫は結婚し、現在は二一戸の家を形成し、第二六世代の男の子が合計二二人生まれた。この李氏里院の中のどこかの家で冠婚葬祭があった際には、残りの二〇戸の全員が無償で手伝う。

李R霖には娘が一人おり、この娘の嫁先は李氏一族（里院）の親戚である。

写真⑪　1992年に新修した里院李氏の族譜（現在の里院の成員が共通祖先と認識している李R霖のページ）

第一章の事例で報告したように、家で死者が出ると、その家族は死者が出たことを党家の人々に知らせる。そして、葬礼運営の中心となる喪主を依頼し、党家の人々に知らせて党家が喪家に集まり、葬礼について話し合う。この家族が党家に対して行う葬礼への招請を「請東［qǐng dōng］」と呼ぶ。その後、葬礼を運営する組織である東家が構成される。死者の家族は葬礼に関するすべての業務を喪主と東家に委任する。喪主が総括者として、東家に指示を出し、葬礼の全般業務を担う。

青海省の農村部における漢民族の葬礼についてはすでに第一章に述べたが、ここで「請東」について詳述する。

青海省西寧市湟中県李家山鎮ＨＷ村の李氏一族の事例

ＨＷ村の李氏一族に死者が出ると、家族と喪主が遺体を中堂に安置した後、一門の党家のところに知らせ、葬礼運営の手伝いを依頼する。通知を受けた党家の人々は喪家に集まり、葬礼の規模や段取りなどを相談し、葬礼運営の組織である東家を構成する。ＨＷ村の李氏六門の中で、人数の多い里院、東房、上院、前院は自力で葬礼を運営できるが、下院と尕院は人数が少なく、他の四門の力を借りなければならない。そのため、上院と尕院は里院、東房、上院、前院の中で親しい付き合いの人にも手伝いの依頼に行く。葬礼に参加した東家は死者の死亡から埋葬までの間、無償で労働力を提供する。ただし、喪家の東家の要請を断る党家もある。

次に、個別の葬礼における宗族の党家の「請東」の儀礼に対する判断のあり方について、①〜③の事例でみていく。

事例① 湟中県李家山鎮ＨＷ村・李氏前院の李養Ｈの葬礼

死者李養Ｈは一九一〇年五月生まれの男性である。ＨＷ村の前院一門の人であり、一九九三年一月五日に自宅で病死した。享年八二歳。家族は早世した妻との間に息子二人、娘三人がいる。文化大革命の時、李養Ｈは一族の族譜を「封建迷信」という理由で焼却した。この族譜の破壊によって、李氏が六門に分離、それぞれの族譜を編纂することとなった。族譜焼却の件があったため、死者が危篤状態に陥った際に、長男が村の中から喪主をなかなか見つけられなかった。さらに、孫が党家に死者の死を知らせに行った際には、東家の要請を拒否した家もあった。死者の葬礼をスムーズに行うため、長男と次男が喪主と五人の孫を引き連れて、拒否した家の前で土下座をして依頼した。

事例② 湟中県李家山鎮ＨＷ村・李氏前院の李爾ＪＵＮの葬礼

死者である李爾ＪＵＮは一九四三年一二月二三日生まれの男性である。ＨＷ村の前院一門の人であり、二〇一九年一一月一三日に自宅で病死した。享年七六歳。妻との間に二人の息子がいる。死者の長男は結婚し、実家から出ている。生前の李爾ＪＵＮは未婚の次男と一緒に暮らしていた。死者が死亡した後、党家が死者の家に集まり、葬礼の規模などについて相談した。長男夫婦が親である死者李爾ＪＵＮのために「二儒三僧五道」[3]の豪華な葬礼をあげたい、という意志を党家に伝えた。党家は、死者の次男が未婚なので簡素な葬礼を行うべきという理由で長男の意見を否定した。

事例③ 湟中県李家山鎮ＨＷ村・李氏里院の李永Ｎの葬礼

死者である李永Ｎは一九三〇年三月生まれの男性である。ＨＷ村の里院一門の人であり、二〇二一年一月五日に自宅で老衰により死亡した。享年九一歳。死者と早世した妻との間に五人の息子と三人の娘がいる。李永Ｎの弟である李永Ｃが一九七四年に李永Ｎの二歳の五男と一歳の娘を自分の養子とした。二〇二一年の一月に行われた李永Ｎの葬礼では、李永Ｃの養子となった五男が、親のために息子の着る孝（喪服）を着たいという希望を党家に伝えたが、党家はその希望を拒否した。

次はＨＷ村の事例ではないが、血縁の党家が死者の葬礼の規模と後継者を指定した例としてここに挙げておく。

事例④　湟中県李家山鎮李家山村・李氏の山永Ｇの葬礼

死者である山永Ｇは一九四六年三月生まれの女性である。李家山鎮ＬＪＳ村の人であり、二〇〇三年四月二三日に病院で死亡した。享年五七歳。夫との間に娘三人がいて全員結婚している。死者には息子がいないため、葬礼、およびその後の祭礼における死者の扱いを決定するのに重要な立場にある党家が、死者の夫の甥を死者の息子とし、葬礼において息子の役割を担当させた。さらに、死者の舅が健在のため、党家は陰陽先生一人と礼儀先生一人のみを呼んで質素な葬礼とすることを決めた。

以上の事例からは血縁党家の葬礼への関与は次のようにまとめることができる。

死者が出たことを党家に通知し、党家の成員に葬礼の運営を依頼する請東では、以上の事例のように喪家に集まった党家が死者の状況に応じて葬礼の内容を話し合う。

事例①のように、党家が東家の要請を拒否しているのは、死者がかつて族譜を焼却したため、死者に一族の成員としての資格を認めていないからである。つまり、党家が喪家の「請東」の依頼を承諾するか否かは、死者が党家の成員であるかどうかを判断することである。党家は同じ党家の家々の葬礼に無償で労働力を提供し、葬礼の運営を担う。事例②〜③では、「請東」の依頼を承諾し、喪家に集まった党家の成員が死者とその家族の状況に応じて葬礼の規模、埋葬場所、後継者代理の指定などを決めている。

以上のように葬礼においては一族である血縁党家の関与が重要で、党家の人たちの意見が葬礼の規模や関与者の決定に力を持っているといえる。そして血縁党家には、共同墳地と一族の象徴といえる族譜が存在しており、この祖墳への埋葬と族譜への記名は、血縁党家による死者の身分と所属の判断に基づいて許可される。

以上の内容を整理すると、党家は一族の成員と認めた死者の家族の「請東」の依頼を承諾し、「東家」という組織で葬礼の運営を担う。それだけでなく、死者の状況によって死者の葬礼の規模などの内容の決定にも関与する。つまり、血縁党家には、葬礼の運営担い手であり、死者の死後の身分と所属の決定に関与する役割がある。

前述のように、こうした党家は葬礼などの行事だけではなく、生活のいろいろな場面で相互に役割を果たしている。HW村の李氏一族のように、党家は、共通の祖先を持つ血縁関係者であるが、党家の人数が増えると、血縁の希薄化に伴って党家が分離することがある。しかし、分離後も共通の祖先を持つことは認識されており、宗族内での結婚は依然として禁止されている。党家（宗族）の分離によってうまれるのが「門」であり、前述のようにHW村李氏には六つの門がある。

2　結盟党家と葬礼

事例⑤　青海省西寧市湟中県攔隆口鎮XK村・董氏の魏彦Yの場合

規模の大きな党家が内部分離を起こしても相互扶助の関係は続行されるが、規模の小さな党家の葬礼形式について、二〇一六年七月に調査した青海省西寧市湟中県攔隆口鎮XK村の董氏魏彦Yの事例からその実態を確認しておきたい。死者の一族は居住のＸＫ村では少数派なので、同じ村の関姓と韓姓の一族を党家として選んで結盟している。

⑴ 調査地概要

湟中県は黄河の支流の一つである湟水河の中流に位置する。湟中県は一〇の鎮と二つの郷と三つの民族郷を管轄する。青海省湟中県攔隆口鎮は、今回調査したＸＫ村を含む四二の村で構成されている。漢民族を中心に回族、チベット族、土族など複数の民族が居住する地域である。ＸＫ村は、この攔隆口鎮の中でも湟水河の支流の一つである水峡河中流域にある。ＸＫ村は、一隊から九隊までの九つの隊に分かれており[4]、合計二〇八戸の家があり、姓氏は韓と関などが多い。また、村民全員が漢民族である。ここで取り挙げる事例は、ＸＫ村の二隊である上庄で行われた葬礼である。

ＸＫ村の正面（南方向）には省都・西寧市に行く道路が通り、裏（北方向）には山がある。山の麓に建設された灌漑用水路は村民の畑を灌漑利用の可否によって平地と山地

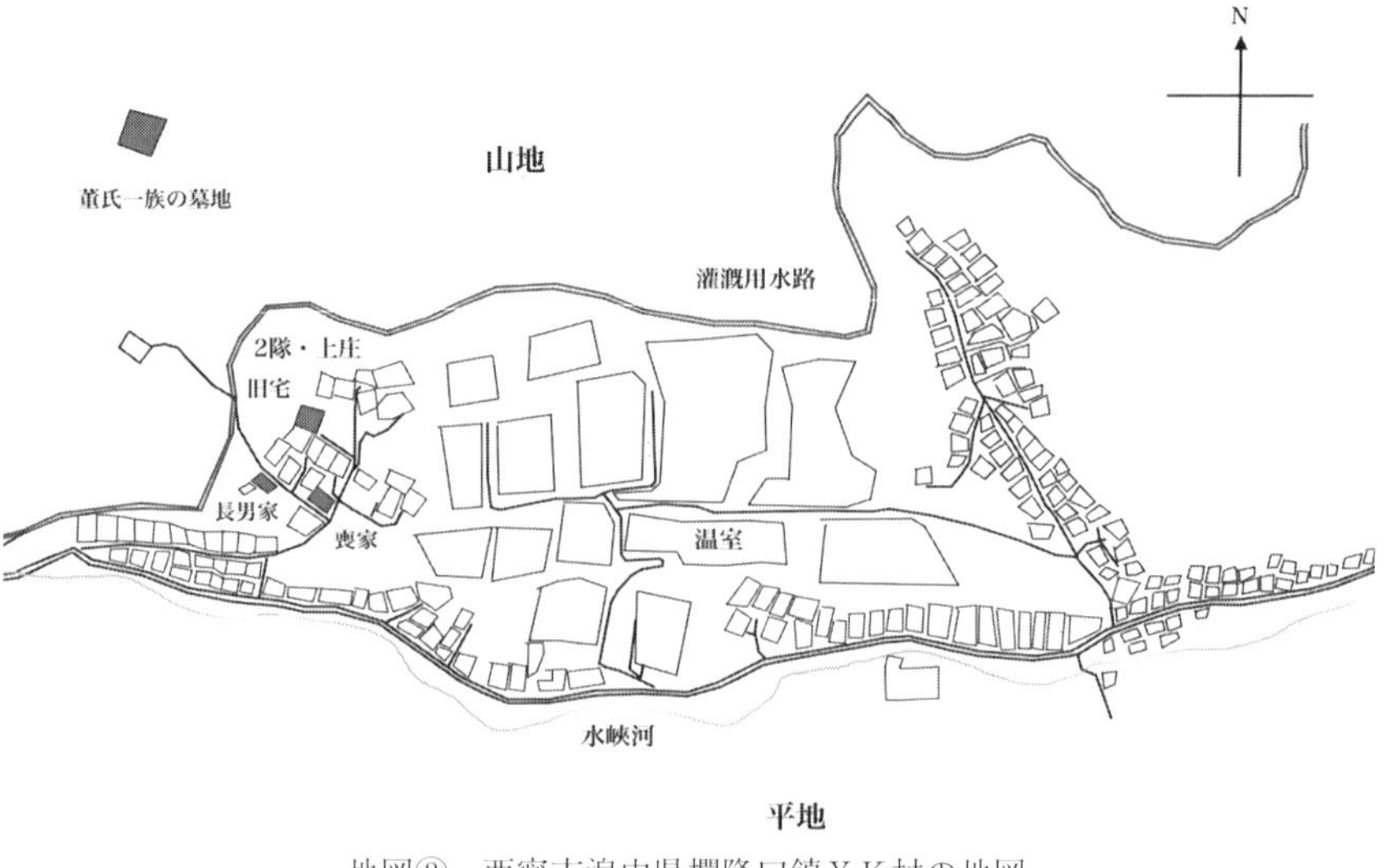

地図②　西寧市湟中県攔隆口鎮ＸＫ村の地図

の二種類に区分している。灌漑用水路の北は山地で、XK村の村民の墳地は集落の外の山地にある。本事例の上庄の董氏一族の墳地も村落北側、西北部の山中に位置している（地図②）。

(2) 死者の概要

死者は董氏魏彦Yで、XK村の住民であり、一九四一年六月九日に青海省湟中県攔隆口鎮DLK村に生まれた女性である（図②）。一九六三年に青海省湟中県攔隆口鎮XK村の村民であった董有C（図②の①、以下同じ）と結婚し、夫の家に婚入した。婚家一族の墳地は村西北部の山の中にあり、二〇〇六年に死亡した夫の董有Cはこの墳地に埋葬されている。また、魏彦Yと夫の董有Cとの間には、長男の董長S（⑤）、次男の董長F（⑦）、三男の董長Y（⑨）の三人の息子がいる。長男と三男は農民、次男は教師をしている。長男は一九九四年に死亡したため、生前、魏彦Yは三男と一緒に暮らしていた。魏彦Yは二〇一六年の年初から体調不良で入院し、六月に本人の希望と医者の助言により退院した。七月四日一八時頃、魏彦Yは三男の新宅で老衰により死亡し（享年七六歳）、葬礼は死亡当日の七月四日から始まり、四月七日の朝五時の埋葬まで続いた。

(3) 葬礼関与者

葬礼に関与する人は、魏彦Yとの関係で、Ⓐ家族、Ⓑ党家、Ⓒ親戚、Ⓓ庄員、Ⓔ宗教者と職能者の五者である（図①）。

図②に見るように、本事例では血縁党家と結盟党家の両方が関与している。血縁党家は死者董氏魏彦Yの夫の二人の兄弟と彼らの家族成員である。一方、死者董氏魏彦Yの夫の兄弟は、XK村では少数派なので、同じ村の関姓、韓姓の氏族を党家として選んで結盟している。本事例での血縁党家は、死者董氏魏彦Yの夫の兄弟董有D

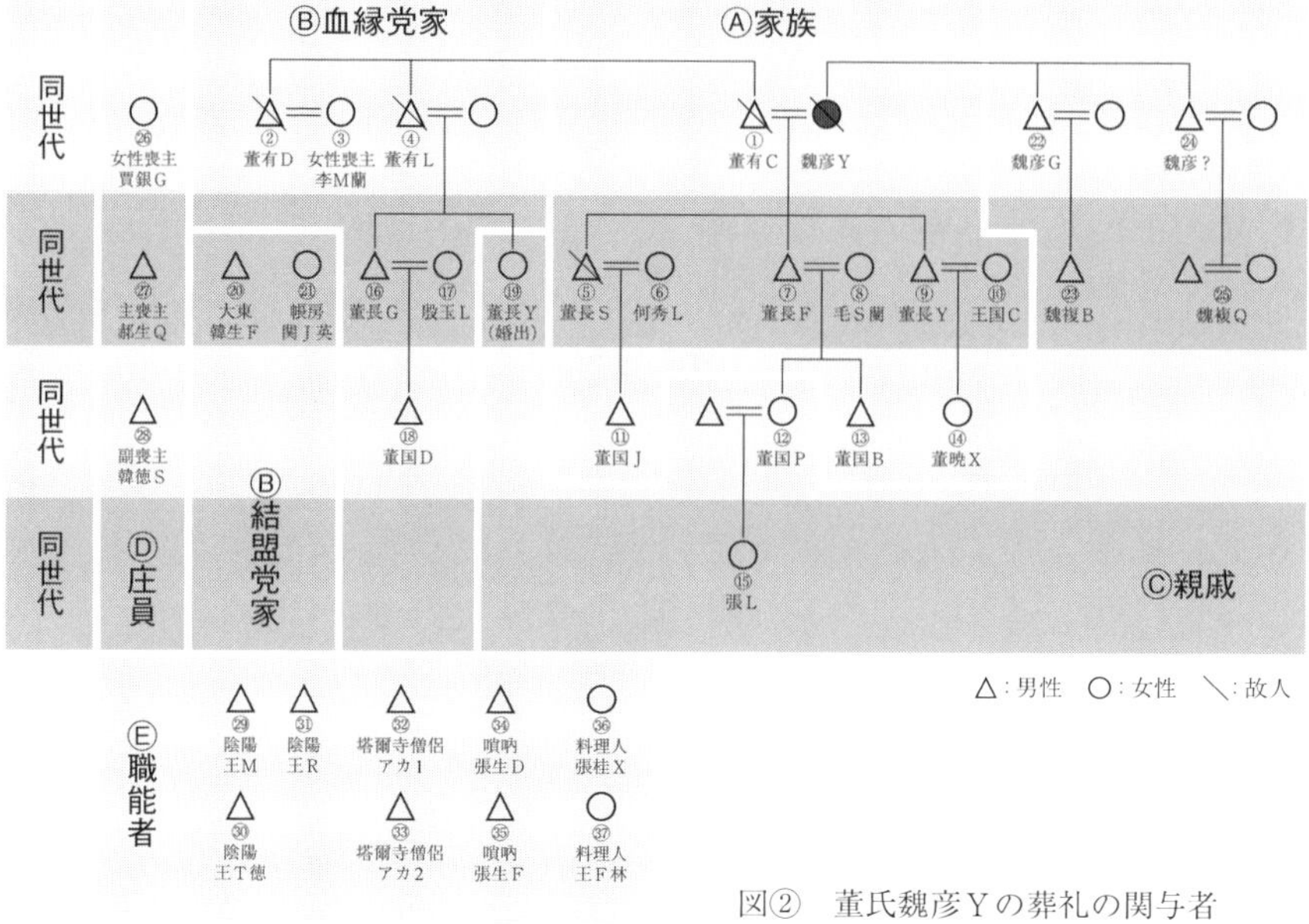

図②　董氏魏彦Yの葬礼の関与者

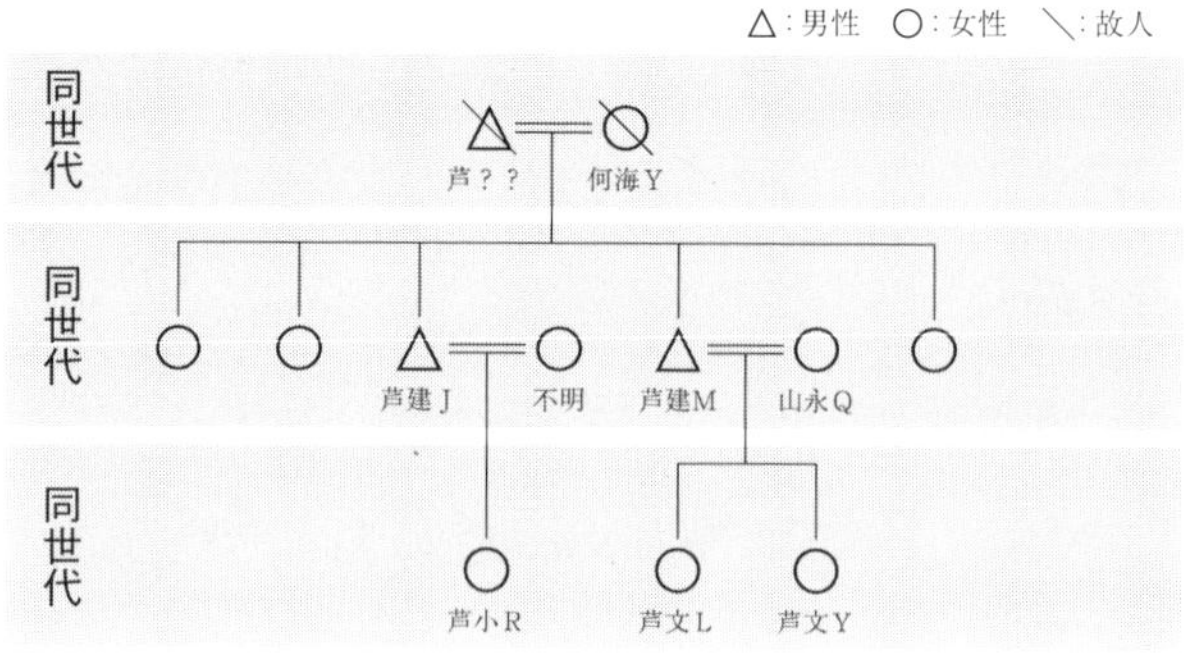

図③　芦氏何海Yの家系図

⑵と配偶者の李M蘭⑶、兄弟の董有L⑷の息子夫婦、董長G⑯と殷玉L⑰、及びその他詳細が把握できなかった人々であり、党家として葬礼に関与した。また、結盟党家の韓生F⑳と関J英㉑は大東（東家の代表者）と帳房（香典などの記入役）の役割を分担した。他にも数人の詳細が把握できなかった結盟党家の人たちが葬礼に関与した。こうした血縁党家と結盟党家の協力で東家が構成され、葬礼が運営された。ただし、関与した人数は結盟党家が血縁党家より多い。

事例⑥　湟中県李家山鎮GJA村・芦氏の何海Yの葬礼

死者である何海Yは一九三七年生まれの女性である。二〇一五年五月一三日に自宅で死亡した。享年七八歳。死者は二人の息子（長男の芦建J（一九六五年生まれ）、次男の芦建M（一九六七年生まれ））と三人の娘を育てた。また、死者の早世した夫は他の省から転居してきた人であり、地元には親族がいない（図③）。そのため、死者の二人の息子はGJA村の盧という姓氏の人と親族関係を結盟している。それは「芦［lu］」と「盧［lu］」の音が同じであることによったようである。何海Yが死亡した後、息子は盧姓の結盟党家に葬礼への手伝いを要請した。盧姓一族の人々は葬礼の運営に党家として加わり、葬礼を進行した。

以上の董氏魏彦Yと芦氏何海Yの事例のように、規模の小さな宗族の葬礼では、同村落のほかの宗族の人を選び一族とみなす党家の関係を結盟し、葬礼を行っている。この関係は葬礼だけでなく、多くの行事や労働の場で相互扶助が行われる。小さい宗族においては相互の結盟による党家が成立するが、この場合は共通の族譜を持つわけではなく、各自の族譜と墳地がある。そのため、要請を受けた結盟党家は死者の葬礼の運営のみを行い、葬礼の規模や死者の所属などの決定には関与しない。

3　党家の役割と宗族意識

以上の事例から、血縁党家と結盟党家については、次の三点のようにまとめることができる。

⑴党家の役割

先述したように、党家は葬礼運営の主要な立場にあり、死亡から埋葬までの間、東家となって多くの役割を担う。喪家の設営、墓穴掘り、儀礼の執行、「孝（喪服）」の準備、さらに家族の代わりとして親戚への対応など、葬礼の準備と運営を行う。しかし、こうした労働力の提供だけではなく、血縁党家の「東家」は死者の身分と所属を判断するという役割がある。

事例①から確認できるように、血縁党家が葬礼に関与することの可否そのものが死者の所属を決定するといえる。つまり、死者の死亡連絡を受けた血縁党家が喪家に集まって東家を形成すること自体が、死者を一族の一員として承認することである。さらに、東家を形成した後、喪家の意思を尊重した上で、血縁党家は死者の葬礼の規模とやり方について検討する。事例②③のように後継者と親（女性の場合は舅姑）の有無や、息子の婚姻状況などを考慮した上で、血縁党家は死者にふさわしい規模の葬礼を執り行う。

⑵党家の互酬性

党家は、葬礼の運営において不可欠な存在であり、死者の家族に代わって死亡から埋葬までの期間、様々な業務を引き受ける。このような無償の労働力提供には、党家と喪家の間における相互の利益関係が見られる。

葬礼では、無償で労働力を提供する党家への感謝の表明として、「謝東」という儀式が行われる。喪家は「謝東宴」と呼ばれる宴会を開き、党家に対して料理を振る舞うことで東家の労働に対する感謝の意を示す。さらに、喪家は将来的に他の党家の冠婚葬祭の儀式において東家としての労働力を提供することになる。このような無償労働力の提供という互酬性は、党家という社会的関係の基本的な機能と言える。

一方で、無償労働力の提供において、血縁党家と結盟党家では互酬内容が異なる。結盟党家は、血縁関係に基づかず、結盟によって他の家族や集団との間で相互扶助を行う協力関係である。一方、血縁党家は、同じ集団に所属する祖先となった死者に対して無償の労働力を提供しており、一族の成員としての共通の祖先を核とした互酬性といえる。

(3)党家の所属意識

前述したHW村の李氏一族のように、この地域では族譜と祖墳が重要視される。しかし、大躍進の時代から文化大革命までの期間には、墳地を耕作地に改造し、族譜を「封建迷信」的な「四旧」[5]であると否定し、一部の族譜と祖墳が破壊された。一九八〇年代後半に入ると、政策の柔軟化に伴い、墳地の再決定と族譜の再編纂、および従来の葬礼が復活した。

これは、先祖と同じ葬礼を行うことが理想的であるととらえられているからだろう。具体的には、青海省の漢民族は人生終焉の際、大勢の子孫に恵まれ、多くの参加者の集まる葬礼が行われること、遺体を祖墳に埋葬し、自分の名を族譜に載せることが望ましいと考えているということである。

これは、死者の立場からすれば、祖墳に埋葬されること、族譜に記名されることによって死後も自分の所属する集団が継続し、その集団によって祭祀が受けられることを希望するということでもある。遺族にとっては、故人を一族に帰属させる行為で、族譜の記入と祖墳への埋葬行為を通じて、帰属意識を具体化させ、それを継承することを示しているのである。

［1］二〇二〇年の調査当時、HW村の村長の李貴林から得た人口の情報である。

［2］「尕［gǎ］」は青海省の方言で小さいことを意味する漢字で、尕院は小さい庭（小さい家）のことである。

［3］青海省の漢民族の葬礼には、道教の民間宗教者の陰陽先生、儒教の代表者として礼儀先生、チベット仏教の僧侶であるアカが関与する。地域によって、葬礼に関わる宗教者が異なる。葬礼にこのような宗教的職能者が関与する場合には、陰陽先生の使用は一人、三人、五人、七人、礼儀先生の使用は一人、二人、三人、アカの使用は一人、二人、三人、四人という規格がある（第四章参照）。このように、葬礼で使用される宗教的職能者の人数は、葬礼の豪華さを示す指標となっている。葬礼において「二儒三僧五道」（礼儀先生二人、アカ三人、陰陽先生五人）の宗教的職能者を招くことは、一般的な農民にとって最も豪華な葬礼の形式とされている。一方で「三儒四僧七道」は最も格式の高い葬礼とされるが、この形式は死者が社会的に多大な貢献をしていない限り用いられず、一般家庭の葬礼ではほとんど採用されない。

［4］大躍進時代に、農業生産力向上を目的として、共同労働をするためにXK村を九つの隊に分けた。現在はこうした共同労働を行うことはないが、村の区分として使われている。

［5］文化大革命初期に、従来の文化や価値観を批判し、新しい社会主義文化の構築を目指して、「四旧打破」というスローガンが掲げられた。「四旧」とは、「旧思想（儒教思想など）」、「旧文化（古典文学など）」、「旧風俗（従来の風俗習慣）」、「旧習慣（従来の生活習慣）」を指す。

第三章　理想的な葬礼と三種類の死者

一　問題の所在

葬送儀礼とは、死の直前直後［1］から遺体や霊魂を送るまでに伴う一連の儀礼である。中国国内における葬礼の方法や規模は、地域、民族、宗教信仰といったさまざまな要因により異なる。青海省東部の漢民族という限られた地域、民族内でも葬礼は画一ではなく、年齢や性別、配偶者や後継者の有無といった死者をめぐる条件によって、葬礼のあり方や葬法などが明確に区分される。近年では「殯葬改革」によるの受容により、葬法にも変化が生じている。青海省内の東部にあたる農業地帯に住む漢民族の間では、生前から親の棺材と寿衣（死装束）などの葬具を用意して、死後に盛大な葬礼を行い、死者を祖墳と呼ばれる墳地に埋葬して年中行事などの折に祭祀を行う、という葬送習俗が継承されてきた。当地域に継承された葬礼からは、青海省における漢民族の宗族には、生前宗族と死後宗族という二つの考え方があるといえる。生前宗族というのは党家としての宗族であり、死後宗族というのは「先人」としての宗族である。先人は、一族の成員と認めた死者のこと、直系の先祖のこと、という二つの意味で用いる。ここでは、前者の一族の成員である死者の意味として用いる。

前章に紹介したように、青海省の漢民族の葬礼では、死者は華やかに送り出されて墳墓に埋葬され、埋葬後も毎年の忌日や年中行事などには祭祀が執り行われるなど大事に弔われる。しかし、すべての死者に対して丁重な葬礼と祭祀を行うわけではない。葬礼は死者の立場によって、遺体の処置方法、葬礼の作法・規模・参加者、および死後の祭祀などが厳格に規定されている。

本章では、筆者が二〇一六年から二〇二二年までに調査した青海省東部地域の農村部における漢民族の葬礼の事例から、党家と先人の関係性について検討する。検討方法としては、理想的な死者の葬礼の実態から基本的な葬礼の特徴を捉えたうえで、様々な要因により理想的な死を迎えられなかった死者の葬礼との比較をする。

二　青海省漢民族の理想的な葬礼——祝寿と祖墳と族譜

青海省では、「児女双全（男女の両方の子どもを生育したこと）」、「子孫満堂（子どもや孫がたくさんいること）」、そして長寿である人の死が最も理想的とされる。理想的な死者の葬礼は「喜喪［xǐ sàng］」とも呼ばれ、その子孫の経済状況に応じて極力華やかに葬礼が執り行われる。これは後継者の育成の義務と親世代の扶養の義務を果たしたうえで、天命のままに自然な死を迎えることが尊ばれるためである。また葬礼を盛大に執り行うことは、子孫による親孝行とみなされる。こうした価値観は、「殯葬改革」の推進とは逆行しており、経済発展とともに当地域の葬礼が華美化している一因となっている。葬礼の華美化は依然として葬礼における親孝行が重視されていることの証左であると考えられる。

本章では、青海省の農村部である西寧市湟中区李家山鎮ＪＡ村の山会Ｒの祝寿の事例と、ＨＷ村の李氏一族の事例を通して、祖先になる条件を兼ね備えた理想的な死者への葬礼・供養のあり方を紹介する。

1　祝寿の事例——李家山鎮ＪＡ村の山会Ｒの祝寿の儀礼

青海省の漢族は、親の六〇歳の誕生日が近づくと、子どもは親のために死後の葬具を準備し始める。さらに、一〇年ごとに親族と村人が集まり、親の誕生日を祝う「祝寿［zhù shòu］」や「賀寿［hè shòu］」と呼ばれる行事を執り行う。一般的に、この日には用意した棺材（棺）と寿衣（死装束）といった葬具が子どもから親に謹呈されるため、この行事を「賀材［hè cái］」とも呼ぶ。祝寿を行い、棺材と寿衣を献呈することで、親の寿命が延びる（寿命の長久を祈る）とされる。生前の親のために祝寿の儀礼を行い、事前に棺材と寿衣などの葬具を用意することは、親孝行とみなされている。しかし、親の親にあたる世代、子どもの祖父母が存命である場合には、誕生日の祝いを祝寿とは呼ばず、棺材などの葬具を準備しない。

(1)事例の概要

調査地の湟中県李家山鎮のＪＡ村は三五七戸からなり、人口は一三九一人［2］であり、ＬＪＢとＪａという二つの集落に分かれている。本事例で祝寿の儀礼を受ける山会Ｒとその妻・白世ＸはＪＡ村のＪａ集落に居住している。夫の山会Ｒは一九四八年に生まれ、調査時点で六九歳であった。妻の白世Ｘは一九五二年に生まれ、調査時点で六五歳であった［3］。山会Ｒは兄弟四人の四男で、二人の兄と一人の姉がいる。この二人の兄弟が山会Ｒの近い血縁党家となり、山会Ｒの父親の兄弟筋にあたる党家が遠い血縁党家となる。山会Ｒ夫婦の間には息子の山永Ｚと娘の山永Ｙの二人が生まれている。息子は一九七九年に生まれ、未婚である。娘は一九七四年に生まれ、すでに婚出している。

(2)祝寿の流れ

二〇一七年一二月一八日、山永Ｚが両親のために祝寿の儀礼を行った（写真①）。ここで、この祝寿の儀礼の内容を流れに沿って記述する。

一〇月～一二月（棺材の用意）

山永Ｚが大工と画匠を招集し、父母のそれぞれの棺材を自宅で作る。

写真①　山会Ｒ夫婦の祝寿の儀礼

一二月一五日（請東）

山永Zが祝寿の儀礼を開催することを党家、親戚へ連絡し、党家へ祝寿の儀礼を行う際の「東家」組織の構成を依頼する。本事例では、山会Rの一族である血縁党家が村内に多数居住していたため、血縁党家のみで二〇人の「東家」を構成した。その中でも、東家のリーダーである「大東」が祝寿の儀礼の進行を統括する。東家、大東は葬礼だけでなく、こうした祝寿にも組織される。

一二月一六〜一七日（儀礼の準備）

東家が山会R宅へ集合し、祝寿儀礼の準備を始める。「帳房」が客の持ってくる寿礼を記録する。寿礼の具体的な内容については第七章に述べる。

〈宴会の準備〉 東家の女性が集まり、役割分担を決める。大東へ一八日の祝寿の参加人数を確認し、メニュー、具材などを決める。調理に必要な器具と具材の購入を男性の東家に頼み、野菜・肉などの仕込みに取り掛かる。

〈場所の設営〉 山永Zが用意した二つの棺柩を東家の男性が部屋の正面の中央へと運び、祝寿の儀礼を行えるように設営する。

一二月一八日（祝寿の儀礼）

〈接客〉（一〇：〇〇） 山会R夫妻は部屋の中に座る。東家の男性若干名が、山会R宅のドアの前に立って待機する。祝寿に来る客の寿礼を持って家の中に案内する。客は家に入ると、まずは刺繍を施した赤い布である「紅[hóng]」を棺柩の頭のところにかけ、大きい「寿[shòu]」の文字がある赤色の蠟燭「寿蠟[shòu là]」を棺柩の前に置いて火を点ける（写真②）。桃の形の饅頭である「寿桃[shòu táo]」（写真③）と小麦粉で作られた乾麵である

写真③　寿桃（桃形の饅頭）

写真②　祝寿当日の棺材の設営

「寿麵［shòu miàn］」なども棺柩の前に置く。そして、山会R夫婦に礼をする。礼の形式は山会R夫婦との長幼尊卑である「輩分［bèi fèn］」［4］で異なり、「晩輩［wǎn bèi］」（下の世代の人）は両膝を地につけて頭を下げる跪礼をする。その後、寿礼を帳房に渡す。帳房は客の寿礼内容を記録簿に記入する。「寿礼［shòu lǐ］」は礼金、寿桃、寿酒（お酒）、寿麵、寿蠟、寿茶（茯茶というお茶）、紅、そして息子のみが贈る棺材と娘のみが贈る寿衣を指す。

〈宴会〉（一一：〇〇〜一三：〇〇）　東家の案内で客が山会Rの家に着席し、客に料理が提供される。料理の最後は、麵料理である「長寿麵［cháng shòu miàn］」を出す。

〈お祝い〉（一四：〇〇〜一五：〇〇）　東家が棺柩の前に椅子を設置し、山会R夫婦がその椅子に座る。大東の指示で山会R夫婦の息子、娘、甥、姪とその家族が順番に跪いて、お酒を献じる。山会R夫婦がお酒を飲んだあと、息子が一〇〇〇元、娘が一〇〇〇元、甥と姪が二〇〇元を献金する。この際、娘が用意した寿衣も謹呈する。

〈回礼〉（一六：〇〇）　お祝いの儀礼が終わると、客は帰る。そのとき、東家が親戚と党家に寿礼の返礼品として二個の寿桃を贈る。同じ地域社会の村人である庄員には贈らない。

以上が、山会R夫妻の祝寿の儀礼である。

(3) 祝寿の意味

青海省の漢民族の祝寿の儀礼について、以下のような指摘ができる。

〈長寿の祝賀と祈願〉　関沢まゆみは「六十歳をめぐる民俗――日中民俗比較への試み」（一九九七）で、漢民族において五〇歳以前の誕生日を「做生日」と称し、さらに自身の干支に該当する「本命年（成長を妨害する厄年）」の大晦日の夜から厄除けの赤い帯を身に着ける習俗が行われていることを指摘している。また、五〇歳からの五年ごとの誕生日を「做寿」と呼び、その誕生日を盛大に祝う習俗などから、漢民族は五〇歳を境に年齢の認識が厄除けから長寿祝いへと変化するということを指摘している［5］。

平均寿命が短い時代において、六〇歳まで生きることは尊いことである。それ自体が祝福すべき出来事のため、漢民族では六〇歳を迎えると一〇年ごとに、親の長寿をお祝いするための儀礼を行う習俗が伝承されている。この祝寿の儀礼では、お祝いの意味をさらに強めるために、寿礼として、寿桃、寿麵、寿蠟などが親に献呈される。さらに、棺材や寿衣など親の生命力を強めることを象徴するものを贈る。こうしたことで、親の長寿を願い、健康と生命の維持を祈願する。

〈功績と身分の承認〉　現在、青海省の漢民族の間で行われている祝寿の儀礼の実態を見ると、以下の三つの条件が必要とされている。①祝寿の儀礼が挙行されるのは六〇歳を超えた人に限られている。②子孫の育成が成就し、同じ党家の成員となっており、自立可能な後継者が確保されている。③父母（舅姑）の扶養義務を果たした人が祝寿の儀礼対象となる。これらの条件から、祝寿は、後継者の育成と親の扶養という人生の責任を果たした六〇歳の人が、その功績を承認される場であるといえよう。

子孫の育成と父母の扶養は、漢民族の文化と価値観において重要な要素である。六〇歳を超えた人がこれらの責任を果たしたことは、家族や党家、ひいては社会において高い評価を受けるべき功績と見なされる。祝寿の儀礼は、そのような功績と人生の使命を果たした人々を称える重要な儀礼となっている。

このように、祝寿を行う条件が要求されていることから、祝寿はその個人の念願成就と党家の繁栄を強く関連付けているといえる。党家はその人の功績を承認し、棺材と寿衣を献呈する祝寿の儀礼には、労働力を提供し、儀礼運営の主な担い手となる。つまり、祝寿の儀礼には、対象とされる人物が祖先となる資格を有していることを承認するという意義があるといえよう。

〈親孝行と身分の転換〉　青海省の漢民族の中では、社会的責任を果たした親に祝寿の儀礼を行い、さらに事前に親へ棺材と寿衣とを用意して、贈与するのが親孝行とされている。いわゆる、親への「孝養」の象徴である。こうした孝行は、子が党家と社会において、独立して一人前になり、親から扶養されるという立場から親を扶養するという立場に転換したことを示している。

2　棺材と寿衣

第一章の事例からわかるように、死者の遺体を納める棺は、「棺材［guān cai］」という。青海省の漢民族は、一部の幼児の死者以外、すべての死者の遺体を棺材に納めて埋葬する。しかし、死亡時の条件やその後継者の経済力によって「金匣［jīn xiá］」や「槨［guǒ］」という死者の遺体を納める葬具が加わる。金匣は死者の遺体を直接納める小さい内箱である。遺体のみを納めた金匣を棺材に納め、墓穴に下ろした後、槨という保護用具を上に被せる。つまり、棺という死者の遺体を納める葬具は、金匣、棺材、槨という三つで構成されている。しかし、必ずしもすべての死者にこれら三つの葬具を使用するわけではない。また、こうして事前に葬具を用意することを「盖大房［gài dà fáng］」（立派な部屋を建造する）と称する。しかし、親に死がもたらされてしまうということから、棺材と槨は一緒に置いてはいけないという禁忌があるため、棺の作成の際から亡くなるまで保管は別々にする。墳地ではじめてこれらを組み立てる。

⑴棺材

図①に示した棺材は塗装された木製のものである。全体的に赤・金の漆で地色を塗り、その上に鮮やかな色で龍と鳳凰の絵や風景画などを描く。また、棺外の底の部位に縁起の良い模様を彫刻する。棺材は、頭部が足部より大きな長方体であり、そのサイズは死者の状況（男女と身長）と金匣の使用の有無に応じて異なるので、統一された寸法はない。筆者が二〇一六年七月七日に青海省李家山鎮の寿材店が販売している男性用の棺材を調べた結果は、表①のとおりである。

棺材の材料としては、柏や松、柳などの木材を使用し、木匠（木工職人）を招請して製作する。話者の馬J宝［6］は、棺材は「鉄蓋銅帮豆腐底（鉄の蓋、銅の輪郭、豆腐の底）」の方が良いとされているため、柏を棺材の蓋、松を棺材の輪郭、柳を棺材の底とすると言う。さらに、その意図については「棺材の底が早めに朽ちて遺体が早く土に還り、早めに転生すること」であると述べている。

木匠が棺材を作った後、画匠（漆絵職人）を招請して装飾を施す。

〈棺材の頭部〉 頭部には古代風の高級庭園の住宅とその入口としている門に「金童」と「玉女」［7］を描く（図②）。また、住宅の中央に大きな位牌が描かれ、死者の遺体を納棺する前日に宗教的職能者、あ

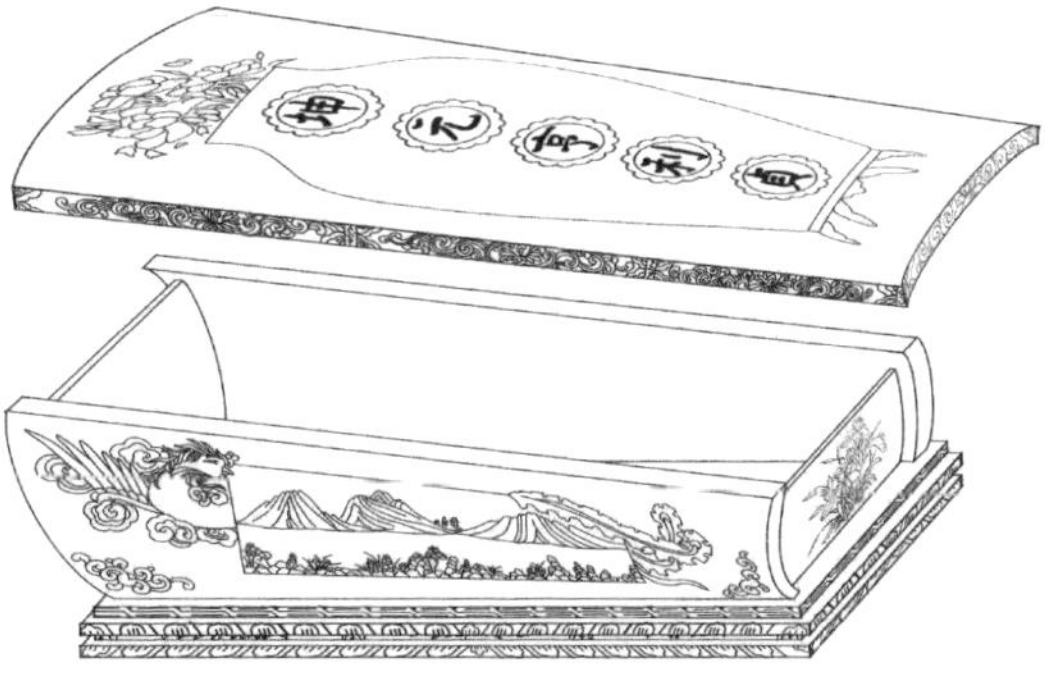

図①　棺材の様式

表①　寿材店で販売されていた棺材（男性用）の寸法

	金匣不使用の棺材		金匣使用の棺材	
	頭部	足部	頭部	足部
幅	85cm位	60cm位	95cm位	70cm位
高	90cm位	80cm位	90cm位	80cm位
長	240cm位			

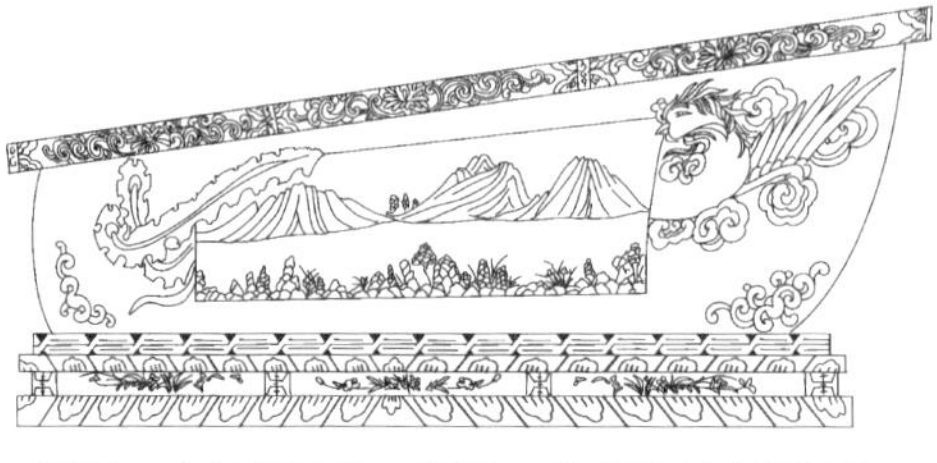

図③　女性用棺材の側面の絵（鳳凰と風景画）

図②　棺材の頭部の絵（庭園）

るいは骨主が死者の名を記入する。なお、入口の門の柱の対聯に書かれた文字は画匠によるものである。対聯の内容は事例によって異なるが、第一章で取り上げた張守Yの事例の棺材に書かれた対聯は、上聯「有花有酒春常在」、下聯「無月無灯夜自明」、横批「五世其昌」〔8〕となっている。

図⑤　棺材の蓋の絵（文字）

図④　棺材の足部の絵（花）

〈棺材の両側〉　棺材の両側には左右対称に絵が描かれる。男性用の絵は龍であり、女性用の絵は鳳凰である（図③）。また、八つの「寿」の字を書いた「八寿団［bā shòu tuán］」という絵、あるいは風景画が描かれる事例もある。

〈棺材の足部〉　足部には花や雲模様が描かれる（図④）。

〈棺材の蓋〉　棺材の蓋は柏木で作り、その表面の中央部には直径約一五～一六センチメートルの五つの円がある。その円には「乾元亨利貞」（男性）または「坤元亨利貞」（女性）という五文字〔9〕が書かれる（図⑤）。また、金匣を

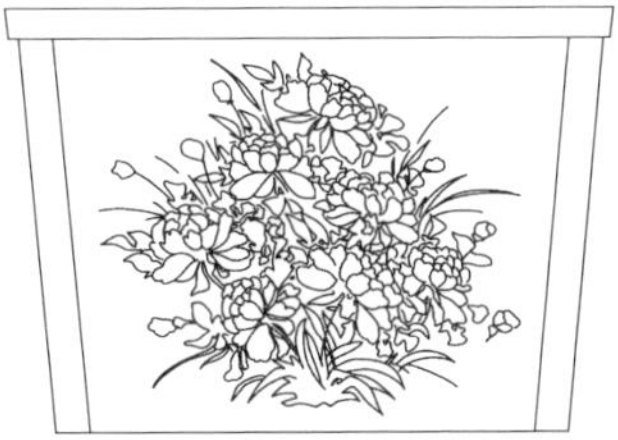

図⑦　金匣の頭部の絵（牡丹の花）

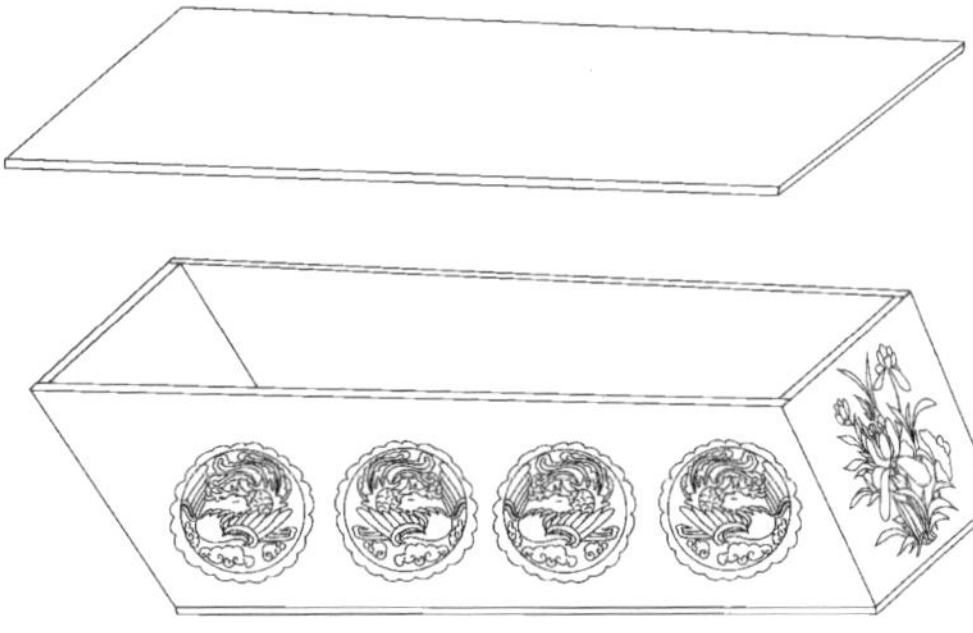

図⑥　金匣の様式

図⑧　金匣の足部の絵（蓮の花）

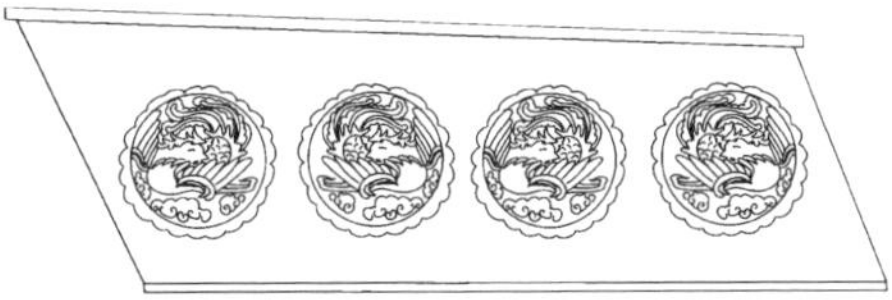

図⑨　金匣の側面の絵（縁起の良い模様や鳳凰）

図⑩　金匣の蓋表面の絵（北斗七星）

使用しない場合は、棺材の蓋の裏側に円で「北斗七星」の位置を表示する「七星蓋［qī xīng gài］」という薄い木板を付ける。

(2)金匣

一般的には、遺体を直接棺材に納めるが、年配の死者など理想的な死を迎えた死者には金匣という内棺（図⑥）を使用し、遺体を金匣に納めてから棺材という外棺に納棺する。金匣の頭部には牡丹の花（図⑦）、足部には蓮の花（図⑧）が描かれ、両側には「寿字」や龍あるいは鳳凰などの縁起の良い模様が描かれる（図⑨）。また、金匣の蓋の表面には「北斗七星」の位置を表す直径約一五～一六センチメートルの七つの円が描かれ、その中に「紫氣臨來後裔昌」という七つの文字が書かれている（図⑩）。

⑶ 槨

槨は、底がない蓋状の棺材の保護用具である。木匠（木工職人）による製作から埋葬直前までは、棺材と一緒に保管しない。葬礼においては、棺材を家の中に、槨を家の外に置く。また、埋葬の前日に槨を墳地まで先に運んで木の陰や窪地など墳地から見えない場所に隠しておく。埋葬の当日、棺材を墓穴に下ろした後、初めて槨がその棺材の上に蓋のようにかぶせられる。槨は棺材の形に合わせて頭部が足部より高くなるよう設計された長方体である。上面には「北斗七星」の位置を表す七つの円が書かれる。頭部と足部には花の絵、両側には縁起の良い模様と祥雲が描かれる（図⑪）。

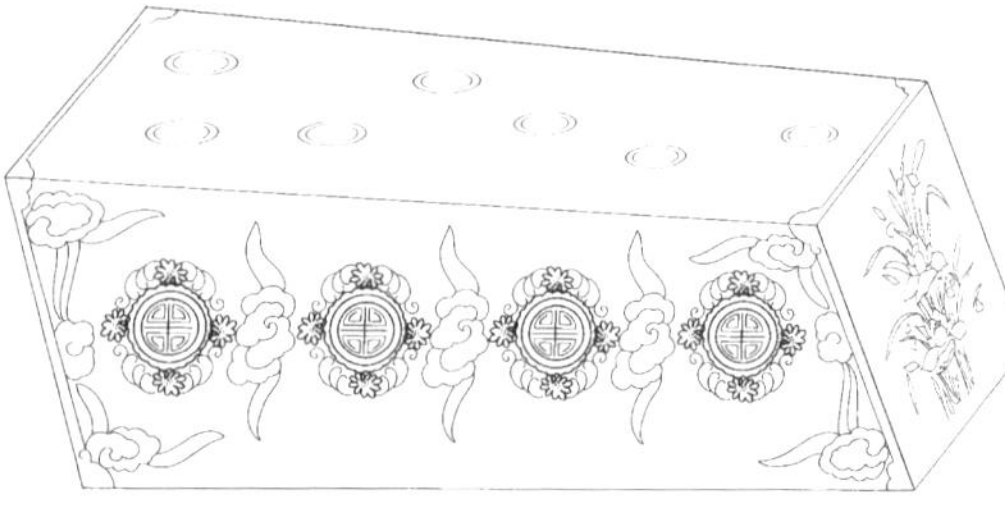

図⑪　槨の様式

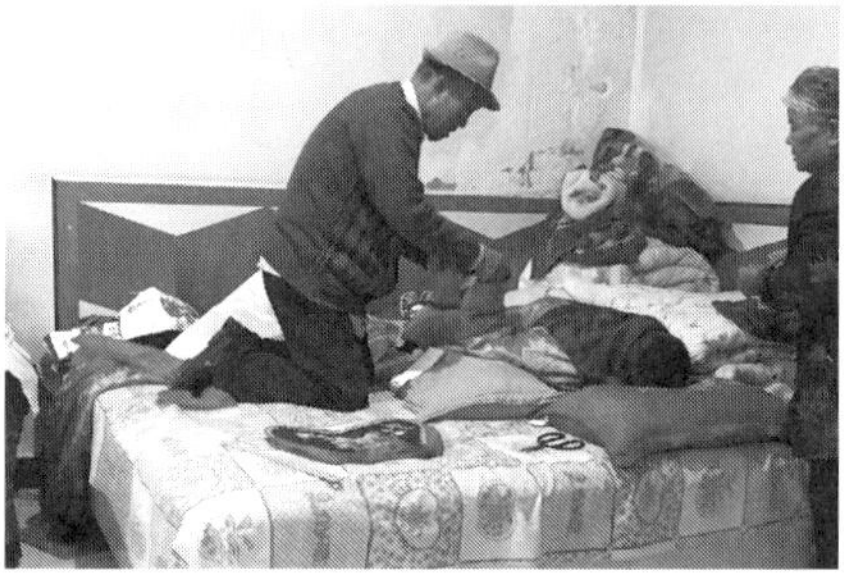

写真④　死亡直後、死者の夫と女性喪主が寿衣の位置を調整する（2021年7月9日、李氏景F蓮）

棺材と一緒に事前から用意する葬具は「寿衣」である。寿衣は死者に着せる死装束で、親の生前から用意しておく。婚出した娘が準備し、祝寿の儀礼において親へ献呈するのが一般的である。しかし、娘がいない場合は、息子の嫁、あるいは妻が自らの寿衣と夫の寿衣を準備する事例もある。要するに、寿衣は女性が用意するものとされている。

寿衣の着用は、病人が危篤状態に陥った際に喪主により行われる（写真④）。現在では、病院で死亡した死者の遺体を自宅に運んだ後に着せることもある。

⑷寿衣と棺材の装飾品

寿衣は、衣裳、帽子、靴からなる。肌着を含めて五種以上の衣裳を準備するのが一般的で、肌着以外すべての衣裳を自ら手縫いするのが理想的とされているが、現在は葬儀用具を販売する寿材店に注文する場合もある。自ら用意する衣裳は明らかに清時代の「布衫［bù shān］」と「綿袄（綿入れ上着）」の様式を模している。材料に関しては、「緞子［duàn zi］」と皮革を使うことは禁止されている。緞子は中国語の「断子［duàn zi］」（子孫が死に絶えて血統が途絶える）と同音であり、皮革の寿衣を着せると来世は禽獣に転生すると信じられており、寿衣の材料には錦布、綿布などの布地が使われている。

寿材店から購入する寿衣は洋服やスーツなどの様式もある（写真⑤）。また、生前に寿衣を準備せず、死亡した際に寿材店から既製品を購入することもある。寿衣とともに、納棺の際に使う枕、棺材の装飾品などの品物も事前に用意する。枕は、牡丹花の刺繍を入れた布製のカバーに、死亡後、黄土を中身として入れる。そして、死者の枕として、霊堂に遺体を安置する際や遺体を納棺する際に使用される。

写真⑤　李家山鎮の寿材店で販売している寿衣セット

写真⑥⑦　牡丹花と蓮花で装飾した棺材（2018年9月9日、張守Y）

棺材の装飾品は、布で縫製した牡丹の花と蓮の花である。死者の死亡後、婚出した娘とその婿は息子が用意した棺材の内部を赤布で装飾する際、布製の牡丹の花を頭部（写真⑥）、蓮の花を足部（写真⑦）に飾り付ける。

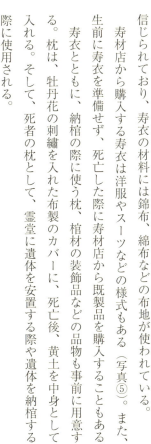

⑸棺材と寿衣の意味

親の棺材は購入するのではなく、木工職人などを招請して自宅で準備するのが最も良いとされる。また、子孫の経済力によって、棺材のほかに金匣や槨といった葬具も用意される。こうした棺材と寿衣を事前に用意せず、死後寿材店で購入することは、験孝の儀礼において、骨主による叱責の対象となる。

棺材と寿衣について、以下の三つの要点をまとめる。

①棺材と寿衣は、死者に用いられる葬具と死装束である。葬具には、内棺の金匣、外棺の棺材、およびそれらを保護するための槨という三つがある。親の存命中に息子が自分の経済力に応じて用意する。一方、寿衣は娘によって事前に用意される。棺材と寿衣が事前に用意されることは、親への長寿の祝福、親への親孝行の表現、親の扶養に対する恩返しと読み取れる。

②寿衣は、病状が悪化し死に至る前に着せる。これには、死後遺体が硬直してしまい、寿衣を着せることが難しくなるという現実的な理由がある。また、中国の青海省の漢民族では、死者の魂が身体から離れる際に、その時に身に着けている服装をまとったまま死者の世界に行くと信じられている。このため、寿衣を用意する際に、立派な布地や保温性の良い素材を使用し、皮革を使わないというしきたりがある。寿衣は、死者が心地良く死者の世界に旅立つための衣装であると信じられている。

③棺材は、死者の遺体を納めて墳地に埋葬するための葬具である。死者の死後の家と認識されるため、棺材には彫刻や縁起の良い絵画が施されるのが一般的で、特に棺材の頭部には、古代風の豪華な庭園やあの世の召使である「金童」と「玉女」などが描かれる。これは、死者が死後の世界で豊かな生活をしてほしいという願望を表現している。また、納棺の前日には、死者が穏やかで心地良い環境で過ごせるように、息子や娘が棺材の内部を美しく飾る。棺材の彫刻や絵画、内部の装飾は、死者のあの世での良い生活を祈願している。

3　祖墳と族譜

理想的な死者は、生前に祝寿の儀礼を行い、死後、棺材に納められて、一族の共同墳地（写真⑧）である祖墳に深く埋葬され、碑が建てられ、「族譜［zú pǔ］」（写真⑨）に記名される。遺体が祖墳に埋葬され、名が族譜に記載されることは、青海省の漢民族にとって最も望ましい死のあり方である。そこで、まずは死に際して重要とみなされる祖墳と族譜に注目する。

写真⑧　祖墳（西寧市湟中区李家山鎮ＨＷ村・李氏一族、写真⑧～⑬はすべて同じ）

写真⑨　族譜

青海省の漢民族の間では、祖墳は死後宗族（先人）の祖先が住む家であり、祖墳の風水が子孫の繁栄や吉凶に影響すると考えられている。そのため、生前宗族（党家）の規模にかかわらず、風水師を招請して、共同埋葬墳地として一族の祖墳を造る。祖墳では、年中行事など折に触れて党家ごとに祖先祭祀を執り行う。つまり、祖墳に埋葬されることは党家の祭祀を受けられるということであり、それは一族の祖先として承認されたということでもある。次節で述べるように、一族の成員のいずれもが祖墳に埋葬されるわけではなく、そこには一定の条件が要求される。

族譜は、祖墳と同様に一族にとって重要な意味を持ち、「家譜［jiā pǔ］」とも呼ばれる。族譜は、本族譜と庚族譜の二種類があり、基本的には本族譜を指す。本族譜には、一族の始祖から歴代の祖先の歴史や事績、重要な事件、あるいは家訓などが記載される。一族の成員として認められた死者に限り、その生年月日、死亡年月日、業績、子孫の情報、墳地の所在などの様々な事柄が詳細に記載される。ただし、婚出前の娘は、生前には年中行事などに参加して成員とみなされるが、死後には本族譜には記載されずに成員とみなされない。本族譜の編集は、当地の歴史に詳しく人望のある人物に党家の成員が依頼する。庚族譜には、夭折の未成年や嫁いだ女性を含む党家の全成員の情報を記載する。出生情報のほかに、婚姻による転出など本族譜には記載されない情報も含まれ、本族譜の下図と位置づけられる。両族譜はいずれも一族の本家に安置されている。

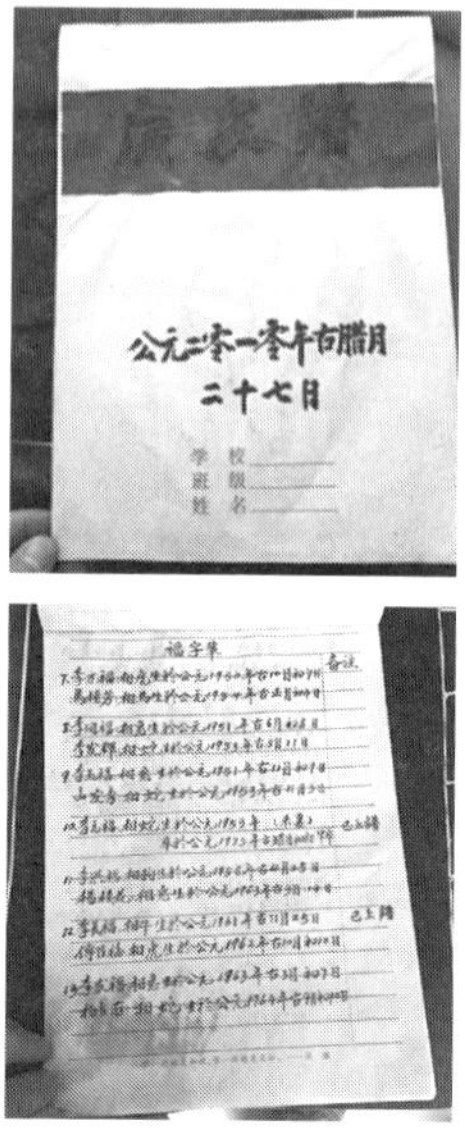

写真⑩⑪　庚族譜

写真⑫⑬　族譜奉納場所

祖墳と族譜にはいずれも死者の記録という役割があるが、族譜には祖先に限らず一族の成員とみなされる死者が記載されるのに対して、祖墳には成員すべてではなく祖先と認められた死者のみが埋葬されるという違いがある。

4　理想的な五段階の葬礼

青海省の漢民族の葬儀には、死者の家族（息子など）、党家（宗族）、親戚（娘など）、庄員（村人）、職能者（宗教的職能者と技能的職能者）が関与する。そうした葬礼の実態についてはすでに詳述したため、ここでは葬礼を五段

図⑫　青海省の漢民族の理想的な五段階の葬礼

階に整理し、簡潔に紹介するに留める。

祝寿（第一段階）　親の六〇歳の誕生日から一〇年ごとにお祝いする。さらに棺材と寿衣を事前に用意する。

臨終期（第二段階）　親が危篤になると、家族は同じ地域に住み、庄員からの人望が厚く、葬儀の経験が豊富な人に「喪主」と呼ばれる葬儀全般の統括役を依頼する。

【送終】家族と喪主は死者の最期を看取る。この最期を見届けることを「送終［sòng zhōng］」と呼ぶ。

【小殮】危篤の報を受けた喪主は家族の協力のもと存命のうちに寿衣を着せる。この時、多くの服を着せることを尊ぶ。寿衣の枚数は、五着、七着、一三着など奇数で、偶数枚は避けられる。こうした死者に寿衣を着せることを「小殮［xiǎo liàn］」と呼ぶ。

祭奠（第三段階）　死亡から埋葬までの間に多くの儀礼を行う。死者やその家族と関わりがある人（党家、親戚、庄員）が喪家に弔問する。

【請東】死亡後、家族が死を党家の人々に知らせる。党家の人々が喪家に集まり、葬礼について話し合う。その後、葬礼を運営する組織である東家が構成される。死者の家族は葬礼に関するすべての業務を喪主と東家に任せる。喪主が総括者として、東家に指示を出し、葬礼の全般業務を担う。

【停殯】喪主と東家が遺体を、屋敷の中央にある神像や祖先祭祀を行う「中堂［zhōng táng］」と呼ばれる家屋に安置する。葬礼ではその場所を「霊堂」と呼び、死者の遺体を安置する行事を「停殯

［tíng bìn］」、「停霊［tíng líng］」と呼ぶ。その後、喪家の希望に沿って喪主が宗教的職能者を招請する。宗教的職能者には道教の陰陽先生、儒教の礼儀先生、チベット仏教の僧侶がおり、喪家の経済力や死者の条件によって、招請する宗教的職能者とその人数が異なる。陰陽先生が死者の生年月日と死亡時間に応じて葬礼の期間を卜占する。

【報喪】喪主は死を知らせるための「訃告」と葬礼招待状である「請帖」を礼儀先生に書いてもらい、死者の親戚の家に連絡にいく。この死を知らせる行為を「報喪［bào sàng］」と呼ぶ。

【掘墳】東家の男子四人が死者の一族の祖墳に墓穴を掘る。

【成孝】死者の家族、党家など喪服を着すべき人々がその所定の喪服を着用する。

【請亡】陰陽先生や礼儀先生などの指示で、死者と一族の祖先である霊魂を家に迎える。

【守孝】死者の子孫と親しい党家の人々が霊堂に安置された死者遺体の両側に正座して喪に服す儀礼を「守孝［shǒu xiào］」という。会話、飲食、就寝を慎む。この期間は、死者の息子は死亡後の一〇〇日まで、親しい親族は一般的に埋葬後の三日までである。

【弔問】党家、親戚、村人が死者の死を悼みながら大いに飲み食いする。

【哭孝】弔問にくる親戚は、死者を安置した霊堂の前で土下座の礼をする。このとき、死者の娘など婚出した女性たちは、霊堂の前に跪いて大声で泣き、死者の死に涙する。この行為を「哭孝［kū xiào］」と呼ぶ。

【験孝】骨主が死者の子孫に対して生前の死者への対応、死因、治療過程などを聞き、また死者の遺体を検分する。その後、埋葬など葬礼の規模についての要求を喪主に伝える。この儀礼では、死者の子孫が親孝行であったかが判断される。

【送亡】死者の霊魂と祖先の霊魂を家から送り出す。

埋葬（**第四段階**） 夜明け前に死者を埋葬する必要があるため、遺体を未明から納棺し、祖墳に埋葬する一連の儀式がある。納棺の前に、礼儀先生が族譜へ死者の情報を記入する。

【納棺】 納棺の儀式は「大殮［dà liàn］」とも呼ぶ。喪主、家族、党家、死者を埋葬に来る庄員が死者の遺体を霊堂から運び出して棺材に納める。

【起霊】 納棺の後、棺材に蓋をして釘を打つ。棺材の頭側に長明灯を点け、陰陽先生が法事を執り行う。その後、死者の長男が棺材の頭側に立ち、陰陽先生の号令で死者を埋葬する人々が死者を喪家から運び出す。この儀式を「起霊［qǐ líng］」及び『出棺［chū guān］」と呼ぶ。

【送殯】 棺材を運び墳地に向かう途中、家族や親戚の女性と村人が死者を見送る。女性は埋葬に立ち会えないため、村の入口で死者の棺材を見送る。同じ村落に居住する村人は各家の門前で火を燃やす。

【埋葬】 棺材が墳地に到着した後、事前に準備した墓穴に棺材を下して、死者の長男が最初に三回土をかける。その後、埋葬にきた党家と村人が速やかに棺材を埋める。

祭祀（**第五段階**） 埋葬後の三日目に、家族、党家、親戚が最初の墓参りをする。また、死亡日から四九日までの七日間ごとに陰陽先生が読経する。死亡後の一〇〇日目まで毎日、死者の息子は墳の前に建造した煉瓦製のミニオンドルに火を焚く[10]。一〇〇日目には、家族、党家、親戚が墓参りをする。死者の息子はこの日に喪服を焼却し、守孝を終える。死亡から一年後には、死者の墳の前に墓碑を建て、二〇周年までの忌日に家族で死者を祀る。大晦日や春節の初三（新年の墓参り）、田社（春分）、農暦の一〇月の初一（寒衣節）には、党家ごとに祖墳で祭祀を執り行う。婚礼、出産、大学合格及び離郷や帰省といった際にも祖墳で祭祀を執り行う。

以上、青海省の漢民族において理想的な死を迎えた人の葬礼の一連の流れについて、生前から進められる準備と、死後の葬礼と埋葬、そして祭祀に至るまでを通覧した。

こうした理想的な死を迎えた人の葬礼では、生前に用意された寿衣と棺材で遺体を包んで納め、一族の祖墳へと埋葬する。葬礼での宗教者による読経、年忌での家族による祭祀、年中行事での党家による祭祀といった、死者の霊魂を慰め祀る行事が執り行われる。族譜に記載されることで一族の成員として家族から、祖墳に埋葬されることで祖先として党家から祭祀を受ける。葬礼における死者の取り扱いを分析するにあたっては、寿衣と棺材、葬地と葬法、族譜への記名、宗教的職能者による読経、家族・党家による祭祀といった点が注目される。

三　死者の条件の違いによる葬礼の諸相

すべての死者が理想的な死を迎えて祖墳や族譜に名を連ねるわけではない。死者の死因や年齢、家族構成といった複数の条件によって、葬礼の軽重や葬法、族譜の記載の可否などが決められるのである。

本節では、様々な要因により理想的な死を迎えられなかった死者に対する葬礼のあり方から、望ましい死の状況、祖先や一族の成員と認められるための条件など、青海省の漢民族における葬礼の基準を検討する。検討に際し、青海省の農村部における漢民族の葬送について、①未成年［11］、②未婚者、③男性の後継者がいない、④親が存命中、⑤不自然死、の五つの条件にそれぞれ当てはまる具体例を取り挙げる。

1　未成年の死者

まずは、未成年の死者について、事例①〜⑨と話者の語りの内容を確認する。

事例①　死者は一九六三年一二月に生まれ、翌一月に病気で死亡した男児である。死後、死者の母は自身の古い服で死者を包み、死者の父が遺体を山奥の崖から投棄した。親戚や党家の人々、宗教的職能者は一切呼ばれなかった。正式に命名されておらず、母による「小名［xiǎo míng］」（愛称）のみがあった。現在は出産のとき新生児の名を病院で登録するが、かつては、新生児の命名は出産後の一〇〇日目に行い、それまでは「小名」を使用していた。当時、文化大革命の影響で本族譜と庚族譜が焼却されていたため、両族譜への記録はない。

事例②　死者は一九八一年に病気で死亡した九歳の男児である。死後、死者の父は陰陽先生一名を招請して家で読経した。死者には、春節のために用意していた新しい洋服を着せた。遺体を胡麻の繊維でつくった麻筵で巻き、死者の父・祖父が山奥に埋葬した。本族譜には記録せず、庚族譜のみに記録した。

事例③　死者は二〇〇七年にダムで溺死した一七歳の男子高校生である。死亡日に遺体を家に運んで庭に安置した。翌日、党家と親戚が家に集まり、彫刻やペンキでの塗装がない素朴な棺を寿材店から購入し、死者に孝衣を着せたうえで納棺し、祖墳の周辺に埋葬した。当日は陰陽先生一名を招請し、家と溺死したダムで読経した。本族譜にも記載した。

事例④　死者は二〇一五年に自宅で死亡した一三歳の女の子である。生まれつき弱い体質の知的障害児であった。死亡日に、村から離れた山奥に埋葬された。当時すでに低年齢の死者に対しては火葬が普及していたが、この事例では死亡時の年齢が比較的高かったため土葬が採用された。死亡後、死者の両親と親しい党家、親戚（両親の兄弟姉妹のみ）が家に集まった。死者の伯父が陰陽先生一名を招請して読経した。党家と親戚の男性が柳の木材で埋葬用の棺として木箱を作った。柳は安価な木材として用いられたものである。党家と親戚の女性は死者の母とともに死者に新しい洋服を着せた。死者の父が党家と親戚の男性の協力で納棺し、夕方頃に山奥に掘った墓穴に埋葬した。死者の母、他の親族と親戚の女性は埋葬に行かずに家で待機した。葬礼には、死者の両親の兄弟など親しい党家・親戚と陰陽先生のみが参加した。本族譜には記録せず、庚族譜のみに記録した。

事例⑤　死者は二〇一六年にダムで溺死した九歳の男の子である。水死したために湟水河への散骨が敬遠され、火葬後に遺骨を村落周辺の山の頂上に散骨した。チベット仏教の僧侶二名と陰陽先生一名を招請し、家で読経した。本族譜には記録せず、庚族譜のみに記録した。

事例⑥〜⑧　死者は二〇一八年に交通事故で死亡した三人の小学生である。死亡時の年齢は、六歳（事例⑥⑦）と八歳（事例⑧）であった。事故の処理後、三人の遺体は火葬場で火葬し、骨灰は黄河に散骨した。その後、チベット仏教の塔爾寺からアカ（僧侶）を家に招請し、輪廻転生のために読経した。本族譜には記録せず、庚族譜のみに記録した。

事例⑨　死者は二〇一九年に病気で死亡した四歳の女の子である。病院で死亡し、火葬場で火葬されたあと、遺骨は黄河に散骨された。党家、死者の母親の実家の親戚が家に集まり、陰陽先生一名を招請して家で読経した。本族譜には記録せず、庚族譜のみに記録した。

子ども・未成年の死者については、話者・李永X〔12〕によると、三歳までに夭折した幼児を「死娃娃〔sǐ wá wá〕」と呼ぶ。一九八〇年代以前の山村生活は貧しかったため、三歳までの幼児の死亡にあたっては、遺体を藁筵や古着などで巻いて山の崖から捨てるか、山奥のどこかに埋めた。「懂事了〔dǒng shì le〕」（世の中の物事がわかる年頃）の子どもは、祖墳に近い場所へ埋めた。一九九〇年代以降から、死亡した未成年者の遺体を火葬場で火葬して遺骨を川に流すというように変化し、現在もそのようにしている。いずれの場合も、経済状況が許す場合は、宗教的職能者を呼んで読経する。しかし、大躍進や文化大革命の時期（一九五八〜一九七六年）は、出生数が多くかつ死亡率が高い、加えて経済力が低いといった状況から、幼児及び青少年の死に際しては遺体の処理方法が粗雑であった。こういった時期には、親戚や党家には死を知らせず、家族で遺体を崖から投棄したり、山奥に埋葬するなどしていたのみで、宗教的職能者を呼んで読経するなど霊魂を救済する法事はできなかった。

以上の事例をふまえ、未成年の死者への対応について次のような特徴が指摘できる。

①疾病による死亡、事故などの外因による死亡のいずれも、成人とみなされない死者は祖墳には埋葬されず、族譜（本族譜）にも記名されない。第二節でみた理想的な死者の葬礼とは異なり、家族、党家、親戚、庄員、職能者の全員が関与する葬礼を行わず、家族と親しい党家や親戚によって速やかに遺体が処理される。宗教や俗信に対して圧力がかけられた文化大革命などの特別な時期を除き、未成年であっても基本的には死者のために宗教的職能者を招請しての読経は行われている。宗教的職能者としては、主に陰陽先生が呼ばれるほか、チベット仏教の僧侶が呼ばれる場合もある。

②未成年の死者の中でも、乳幼児（〇～三歳）、児童、青少年に対してはそれぞれ遺体の処理法が異なる（表②）。一九八〇年代以前は、幼児の遺体を古着や筵で巻いて崖から投棄する、山奥に埋めるなどの処理方法が一般的で、死亡した幼児は「死娃娃」という蔑称で呼ばれた。一方、「懂事了」という年頃以降は、さらに遺体の扱いが分かれる。児童は、遺体に綺麗な服を着せ、簡易な棺に納めて山奥に埋めるのが一般的である。一三～一五歳以上の青少年の男子に限っては、遺体に孝衣を着せ、祖墳の周囲に埋葬するのが一般的である。一九八〇年代以降、乳幼児や児童、未成年の女性の死者は、火葬場で火葬して、川に散骨するのが一般的になった。青少年の男子は依然として祖墳周囲に埋葬されている。

表②　未成年の族譜記名の状況と遺体処理の方法

		1980年代以前		1980年代～現在	
		本族譜	遺体処理	本族譜	遺体処理
死娃娃	乳幼児	×	山に遺棄	×	火葬→散骨
懂事了	児童	×	山に埋める	×	火葬→散骨
	青少年（女）	×	山に埋める	×	火葬→散骨
	青少年（男）	○	祖墳周辺に埋める	○	祖墳周辺に埋める

③未成年の死者の事例を比較すると、一三～一五歳以上の青少年に対する位置付けは、それ以下の乳幼児や児童と異なることがわかる。青少年の男子は一族の一員として認められ、族譜の記名と祖墳周辺の埋葬が承認される。乳幼児と児童、青少年の女子は族譜に記名せず、山に遺棄、埋葬しており、近年では火葬と散骨に変化した。現在の法令上の成人年齢は一八歳だが、青海省の漢民族の葬礼では一八歳未満でも一族の成員として承認される場合がある。これは王朝時代の一三～一五歳を成人とみなした頃の慣習が葬送習俗に継承、伝承されているためであると考えられる。本章では葬礼を扱うため、特別な言及がない限り、これ以降の「未成年」とは葬礼での未成年、つまり一三～一五歳未満の子どもを意味する。

2　成人未婚者の死者

疾病や老衰といった自然死による成人未婚の死者については、老若男女で葬礼のあり方が異なる。しかし、このような条件の死者は少なく、筆者の調査では二〇代男女の一例ずつと七〇代男性の一例のみの情報しか得られなかった。

事例⑩　死者は二〇一三年に疾病で病院で死亡した二二歳の未婚女性である。生前は両親と弟の四人家族で生活していた。死後、遺体は火葬して、遺骨は湟水河に散骨した。葬礼は行わず、陰陽先生を家に招請して死者の霊魂救済のために読経した。その日には親しい党家と親戚だけが実家に集まった。本族譜には記載せず、庚族譜のみに記載した。

事例⑪　死者は二〇一五年に疾病で死亡した二五歳の未婚男性である。死者は二人兄弟の弟で、両親と同居していた。死者の兄は結婚し、死者や両親とは別居している。病院で死亡後、家族はその遺体を家に運んで中堂に安置し、党家と親戚に死を通知した。党家が棺を購入し、葬礼を運営した。死者の両親の意向により、チベット仏教の僧侶と陰陽先生と礼儀先生を一人ずつ招請して葬礼を執り行った。葬礼には党家、親戚、村人が弔問にきた。死者に孝衣を着せて棺に納め、祖墳の周囲に埋葬した。本族譜に記載した。

事例⑫ 死者は二〇二一年に老衰で死亡した七〇歳の男性である。結婚せずに一人で生活していた。生前に死者自身で棺材と寿衣を用意していたため、死後は甥（死者の兄の息子二人）を息子とするかたちで、通常どおりに葬礼を執り行った。葬礼には党家、親戚、村人が参加し、陰陽先生三名と礼儀先生二名を招請した。死者を棺材に納めて祖墳に埋葬し、本族譜に記名した。

話者・王M〔13〕によると、病死など自然死である成年未婚の死者に対しては、年齢、性別を問わずに葬礼を執り行うが、遺体の処理については老若男女で違いがある。年配の男性の場合は、甥が葬礼で息子の役を務めるなど党家の承諾を得られれば祖墳に葬ることができる。しかし、独身女性や壮年以前の未婚男性の場合は、祖墳へ埋葬できないため、別の墳地を選定して埋葬する必要がある。一般的に、壮年以前の男性は祖墳の周辺の「外闕〔wài què〕」に埋められるが、未婚の女性あるいは離婚して実家に戻った女性は、決して祖墳およびその周辺に埋葬されず、山などの別の場所に埋葬される。しかし、一九九〇年代以降は成年女性の遺体を火葬後、散骨することが多くなっている。未婚女性は、祖墳から離れた場所に埋葬される、また近年では火葬されるといった方法が取られるのは、祖墳に埋葬すると墳地の風水を破壊する、未婚女性は「怨」が強いためにその霊が一族に凶事を起こす、と考えられているからである。墳地の鑑定時には方位と規模を厳格に決める。その墳地の範囲内を「内闕〔nèi què〕」と呼び、一族の祖先と認められた死者を埋葬する。一方で、範囲外を「外闕」と呼び、一族の祖先になれなかったが、一族の成員として認められた死者を埋葬する。

このように自然死による成人未婚の死者の場合は、宗教的職能者を招請して葬礼を執り行うものの、遺体への取扱いは性別によって大きく異なる。男性は、祖墳または祖墳の周辺に埋葬されるが、女性は祖墳から隔たった別の場所に埋葬する、あるいは火葬してから散骨されることが多い。未婚の男性には喪服である孝衣を着せ、素朴な棺に納めて埋葬する。

3　既婚無後継者の死者

無後継者とは、男性の後継者、子孫がいないということである。つまり、娘のみを生育したか、子どもを生育していない場合が無後継者とみなされる。

事例⑬　死者は二〇〇三年に死亡した五七歳の女性である。死者は夫との間に三人の娘を生育し、全員が婚出した。死亡当時は舅（夫の父）が存命であり、無後継者かつ親世代が存命であった事例にあたる。後継者がいなかったため、甥（夫の弟の息子）が葬礼での息子の役を担った。死者の舅が存命のため、寿衣を着せて白布で隠した。その他は通常通りに、死者に関わる人々が喪家に集まって葬礼が行われた。葬礼には宗教的職能者（陰陽先生、礼儀先生、チベット仏教の僧侶各一名）が招聘された。死者を祖墳に埋葬し、甥を息子としてその名を族譜に記名した。

事例⑭　死者は二〇〇八年に死亡した八三歳の男性である。死者は妻との間に五人の娘を生育しており、四人が婚出、末子の娘にその夫が婿入婚をした。末子の婿は、婿入先の一族の命名法に従って新しい氏名に改名した。また末子の子どもは、末子の実家の姓氏と命名法で名付けられた。死後、末子の婿が後継者として葬礼での息子の役を担い、通常通りに葬礼を執り行った。婚出した四人の娘は親戚の孝を身に着け、婿夫婦は通常の葬礼で息子夫婦が着用する孝衣を身に着けた。死者を棺材に納めて祖墳に埋葬し、族譜に記名した。

事例⑮　死者は二〇一七年に死亡した六九歳の男性である。死者は妻との間に子どもがおらず、生前から兄の五歳息子と三歳娘を養子として迎え入れた。死後、養子である息子が葬礼でも息子の役割を担い、通常通りに葬礼を執り行った。死者を棺材に納めて祖墳に埋葬し、族譜に記名した。

以上の事例のように、男子の後継者がいない無後継者は、既婚者であれば養子縁組もしくは婿入婚により生前から後継者を確保する。事例⑬で娘が全員婚出したように後継者がいない場合は、娘の夫ではなく、党家である甥が息子役を務める。無後継者は、生前または死後に後継者の確保にあたり、後継者役は死者と同じ党家の男性のみに認められる。

4 親世代存命の死者

成人かつ後継者を持った既婚者であっても親世代が存命の場合には、葬礼を盛大に行うことができない。

事例⑯ 死者は二〇一六年に病気で死亡した四五歳の男性である。妻との間に息子と娘を生育した。死亡当時は、死者の母（七九歳）が存命だったため、葬礼は控えめに執り行われた。死後、党家が寿材店で棺を購入し、喪主を招請して葬礼を執り行い、親戚や庄員などが参加した。参加する宗教的職能者は陰陽先生と礼儀先生が各一人の少人数、弔問客に振舞う料理の品数が少ないといった特徴がある。死者に寿衣を着せて棺材に納めて祖墳に埋葬し、族譜に記入した。

子が親世代より先に死亡することは「不孝」とみなされるが、祖墳に埋葬、族譜へ記名されるといったように、葬礼は大きな変更がなく執り行われる。ただし、宗教的職能者の人数や料理の品数などを調整し、葬礼の規模を抑える。

5　外因死による死者

外因死は、老衰や病気による自然死ではなく、交通事故など不慮の死および自殺、他殺などによる死である。

事例⑰　死者は一九五三年に首吊りで自殺した二二歳の女性である。夫との間に子どもがおらず、姑との喧嘩が原因で自殺した。死後、通常の棺材は使用せずに、安価な木材である柳の木で作った素朴な箱に納棺して、祖墳と離れた場所に埋葬した。族譜に記名しない。死者が既婚者であるにもかかわらず甥が息子役を務めなかったのは、自殺という外因死であったためと考えられる。話者の景香L〔14〕の話では、霊感が強い人は自殺現場で死者の霊魂を見られるという。

事例⑱　死者は二〇一四年に交通事故で死亡した二六歳の男性である。死者には婚出した姉がおり、生前の死者は両親と同居していた。死後、党家の人々が棺材など葬具を寿材店から購入した。葬礼には、陰陽先生と礼儀先生とチベット仏教の僧侶を一人ずつ招請し、親戚と庄員も参加した。死者に孝衣を着せて納棺し、祖墳と離れた場所に墳地を造って埋葬した。族譜に記名した。

事例⑲　死者は二〇一八年に自殺した三五歳の女性である。死亡当時、夫との間に八歳の息子と四歳の娘がおり生育していた。死後、党家が葬礼を運営し、陰陽先生三人を招請したほか、親戚や村人が参加した。験孝の行事では、骨主が死因などを聞き、喪主との激烈な交渉がなされた。死者を納棺し、祖墳と離れた場所に墳地を鑑定して埋葬した。族譜へ記名した。

事例⑳～㉔　二〇二二年一月三一日（旧暦二〇二一年一二月二九日の大晦日）の夜、金銭トラブルにより一家五人が殺害された事件である。被害者一家は祖父母、両親、姉弟の三世代同居の六人家族であり、死者は七三歳と七六歳の祖父母（事例⑳㉑）、四七歳と四三歳の世帯主夫婦（事例㉒㉓）、二一歳の娘（事例㉔）である。一七歳の息子は外出していたために生き残った。党家は五人の死者のために合同の葬礼を執り行った。陰陽先生七人、チベット仏教の僧侶五人、礼儀先生三人を招請し、親戚や村人が参加する大掛かりな葬礼であった。遺体処理は五人の立場によって異なる。祖父母の遺体は納棺し、祖墳と離れた場所に埋葬した。世帯主の夫婦と娘の遺体は火葬して川に散骨した。祖父母と世帯主夫婦は族譜に記名されたが、娘は族譜に記名されなかった。

以上、交通事故、自殺、他殺などの死因にかかわらず外因死による死者は、不幸な死を迎えたために霊魂が不安定であり、生者や祖墳の風水に害を与えると考えられている。死者が老若男女のいずれの場合も、宗教的職能者が招請されて救済の法事を行い、死者と関わる人々が集まって弔う。こうした外因死による死者は、祖墳や外闕への埋葬が党家の成員によって拒絶され、祖墳とは離れた場所へ埋葬される。また男性や後継者を生育した女性は族譜に記名されるが、既婚でも子どもを生育していない女性は族譜に記名されない。

四　葬礼にみる党家と先人

このように青海省の漢民族では葬礼の挙行にあたって、①未成年と成人、②婚姻の有無、③後継者の有無、④親世代の存命状況、⑤自然死と不自然死、といった条件により様々な禁忌と規則が設けられており、死者の条件に応じて異なる規格の儀式が執り行われている。

前節で取り上げた葬礼の事例を参考に、様々な条件に応じた葬礼のあり方から、青海省の漢民族における生前宗族（党家）と死後宗族（先人）の関係性を分析する（表③）。

1　三種類の死者

死者はその年齢、婚姻の有無、後継者の有無、死因といった条件によって、⑴祖先になる死者、⑵祖先にはなれない先人（死後宗族）の成員の死者、⑶成員として認められない死者、という三種類に大別される。ここではそれに加え、⑴祖先になる死者の中に含まれる、⑷最も理想的な死者についても説明する。

⑴祖先になる死者

理想的な死者は、第二節でみたように葬礼の祭奠で寿衣を着せられ、装飾された棺材に納められたうえで一族の祖墳に埋葬される。祖墳に埋葬されることとは、永年、党家の人々から祭祀を受け続け、その一族の祖先の一員として認められるということである。葬礼には、家族以外にも党家や親戚、庄員など死者と関わりのある人々が参加する。中でも、党家は葬礼を主体的に運営する担い手であり、同時に死者を一族の祖先として受け入れる承認者でもあるため、葬礼において重要な位置を占める。誰しもが祖先としての承認を受けられるものではなく、Ⓐ党家の成員である（成人男性、婚入女性）、Ⓑ党家の成員の後継者を有する、Ⓒ自然死する、という三つの条件がすべて求められる。

Ⓑ党家の成員としての後継者を持つには結婚して男児を生育することが基本だが、その他にも様々な方法がある。たとえば、事例⑭⑮では、生前に夫婦が甥や姪を養子として迎え入れる、実娘にその夫が婿入りする、といったかたちで後継者の男性を確保している。一方、事例⑫⑬のように、生前に結婚していない、もしくは養子や婿入婚による後継者がいないといった場合でも、死後に甥が息子の役を務めるかたちで葬礼での後継者を確保する場合がある。この時に後継者としての息子役を務めることができるのは、同じ党家の成員の男性のみである。

表③　死者の条件の違いによる祖墳埋葬・族譜記名の状況

類　型	事例番号	死亡年	性 別	年 齢	婚 姻	後継者	親存命	死　因	埋葬場所	本族譜に記名
未成年	①	1963年	男性	0歳	×	×	○	病気	遺体を遺棄	×
	②	1981年	男性	9歳	×	×	○	病気	祖墳と別所	×
	③	2007年	男性	17歳	×	×	○	溺死	祖墳の周辺	○
	④	2015年	女性	13歳	×	×	○	病気	祖墳と別所	×
	⑤	2016年	男性	9歳	×	×	○	溺死	火葬後散骨	不明
	⑥	2018年	男性	6歳	×	×	○	交通事故	火葬後散骨	不明
	⑦	2018年	男性	6歳	×	×	○	交通事故	火葬後散骨	不明
	⑧	2018年	男性	8歳	×	×	○	交通事故	火葬後散骨	不明
	⑨	2019年	女性	4歳	×	×	○	病気	火葬後散骨	×
未婚	⑩	2013年	女性	22歳	×	×	○	病気	火葬後散骨	×
	⑪	2015年	男性	25歳	×	×	○	病気	祖墳の周辺	○
	⑫	2021年	男性	70歳	×	×（甥）	×	老衰	祖墳	○
無後継者	⑬	2003年	女性	57歳	○	×（甥）	○	病気	祖墳	○
	⑭	2008年	男性	80歳	○	△	×	病気	祖墳	○
	⑮	2017年	男性	69歳	○	△	×	老衰	祖墳	○
親存命	⑯	2016年	男性	45歳	○	○	○	病気	祖墳	○
不自然死	⑰	1953年	女性	22歳	○	×	○	自殺	祖墳と別所	×
	⑱	2015年	男性	26歳	×	×	○	交通事故	祖墳と別所	○
	⑲	2018年	女性	35歳	○	○	○	自殺	祖墳と別所	○
	⑳	2022年	男性	73歳	○	○	×	他殺	祖墳と別所	○
	㉑	2022年	女性	76歳	○	○	×	他殺	祖墳と別所	○
	㉒	2022年	男性	47歳	○	○	×	他殺	火葬後散骨	○
	㉓	2022年	女性	43歳	○	○	×	他殺	火葬後散骨	○
	㉔	2022年	女性	21歳	×	×	×	他殺	火葬後散骨	×

「後継者」欄
○：後継者あり　△：婿入婚と養子縁組で後継者を確保　×：後継者なし　×（甥）：甥が葬礼での後継者役を担う

それは、後継者には死後すぐの葬礼のみでなく、二〇周年までの死者への祭祀、そして大晦日や春節などの折に毎年行われる祖先祭祀の担い手としての責任が求められるためと考えられる。

このようにⒷ後継者を有するという条件については、様々な手段を講じてその確保が試みられるのに対して、Ⓐ党家の成員である、Ⓒ自然死するという二つの条件には、それを代替する手段はない。後者の条件を満たしていない死者は、いかなる条件であっても祖先としてみなされることはない。

⑵祖先にはなれない先人（死後宗族）の成員の死者

先人の成員とは、その一族に生まれて育った人、もしくはその一族の成員との婚姻により加わった人であり、婚出した女性などは含まれない。未婚の女性や未成年者は、生前には党家の成員とみなされるものの、死後には成員とみなされないという違いがある。つまり、先人（死後宗族）の成員と認められる死者は、ⓐ成人、ⓑ男性もしくは後継者のいる女性、といった二つの条件を満たす必要がある。

埋葬の前日、礼儀先生によって族譜へ記名されることで死者は成員としてみなされる。成員の中でも祖先として承認された死者は祖墳へ埋葬されるのに対し、Ⓑ後継者を有する、Ⓒ自然死するといった条件を満たさない死者は祖先とは認められず、祖墳に埋葬されない。Ⓑ後継者を持たない成員の死者は事例③⑪のように祖墳の周囲に埋葬されるが、Ⓒ自然死ではない成員の死者は事例⑱～㉓のように祖墳の周囲への埋葬も許されないため、離れた場所へと埋葬されるか、火葬して散骨される。

⑶成員として認められない死者

成員と認められない死者は、成員に求められる二つの条件を満たせなかった人、つまり未成年者か後継者のいない女性である。これらの死者は、後継者や一族から祭祀を受けられずに「鬼」になると考えられており、族譜への記名や祖墳とその周囲への埋葬も認められない。未成年の死者は霊魂が弱いため、死後に執り行われる礼儀先生の読経により人間に戻る可能性があり、また鬼になったとしても力が弱く、大きな被害を及ぼさないとされる。一方、未婚の成人女性は「怨」が強く、その霊が一族に凶事をもたらすと考えられている。また、既婚で後継者がいない死者は甥が葬礼での後継者を務める場合もあるが、事例⑰のように自殺した無後継者の女性は一族の成員とは認められず、霊魂が現世に残って怨霊となり、人々に祟りと災いを及ぼすとされる。

未成年者や後継者のいない女性は、祖墳の風水へ悪影響を及ぼす懸念のためにいずれも祖墳やその周囲に埋葬されることはなく、遺体は投棄されるか祖墳から離れた場所へ埋葬される。火葬場での火葬が普及してからは、死後宗族（先人）の成員とみなされない死者は火葬して散骨される傾向にある。

⑷最も理想的な死者

このように死後に祖先や先人の成員と認められるには、様々な条件が求められる。そうした条件を満たして祖先と認められる死者の中でも、さらに親世代を扶養して見送った後に死亡することが最も理想的な死のあり方であると考えられている。親世代よりも前に死亡した場合には、成員や祖先としては認められるものの、生前に棺材や寿衣を用意されることがなく、また葬礼の宗教的職能者の人数や振る舞われる料理の品数を減らすなど、祭礼の規模が抑えられる。盛大な葬礼を執り行うといった後継者としての親孝行が果たせないということである。

2　祖墳と族譜――先人と「不幸な死」

祖墳と族譜は、青海省の農村部に生活する漢民族にとって葬礼の根幹をなす重要な要素といえる。死者は一族の祖先になることが望ましいとされ、死にまつわる一連の習俗と儀礼は、葬礼の主体となる党家という一つの組織が基盤となっている。祖墳は祖先になる死者を埋葬する場、族譜は成員の記録であり、いずれも党家共同で建造、編纂される。両者は、祖先であり、死後も党家の成員である先人に対する認識が表出したものといえる。

(1)祖墳

祖墳は風水で良いとされる立地に建造され、一族の祖先として承認された死者のみがここに埋葬される。祖墳の環境の好悪が子孫の禍福と気運を支配するとされるため、祖墳の環境の維持には、その周囲を含めて慎重な判断がなされる。祖墳の周囲への埋葬は成員にしか認められず、成員でも不自然死などにより死者が害を及ぼすと考えられる場合には周囲への埋葬も認められない。前節に、Ⓐ党家の成員、Ⓑ後継者を有する、Ⓒ自然死という祖先になる三条件を挙げたが、代替手段が認められないⒸ自然死の条件を満たせない場合は祖墳への埋葬は禁忌であり、それは厳格である。一方、Ⓑ後継者の条件については、その条件を満たさない死者であっても祖墳の周囲への埋葬を可能にするための代替手段が認められ、祖墳への埋葬の禁忌は寛容であるといえる。

Ⓐ党家の成員とⒷ後継者という二つの条件は、一族の維持継承という点において密接な相関関係にあるが、Ⓒ自然死はそこから外れた条件である。しかし、祖先の条件や祖墳の管理においては、Ⓒ自然死が特別に重視されており、先人に対する認識とは別の「不幸な死」が風水や祖先を通じて一族全体に害をもたらすという認識が、宗族が基本となる葬礼においても強く影響を及ぼしていることが読み取れる。

(2)族譜

族譜は、宗族の歴史と、成員の生前から死後までの情報を記録した文書である。前述したように、死者は条件に応じて祖先や成員になれるか判断される。生前では、その一族に生まれたかどうかや婚入が宗族の成員になる要件であるが、死後は生前とは異なった条件によって成員とみなすか否かが判断される。

これは、宗族は原則的に成人男性と男性を生育した男女によって構成されるという認識に起因するものと考えられる。未成年者や未婚・無後継者の女性は、生前には原則的には成員となる可能性があるものの、死後にはその可能性が失われるために成員としては認められない。ただし、Ⓑ後継者という祖先の条件と同様に、死後に甥が後継者の役を務めることで成員としての承認を得られる。もっともそれは既婚女性に限られており、未成年や未婚女性やⒸ自然死でない自殺などによる死者は、甥という代役を得られずに宗族の成員とは認められない。

このように、青海省の漢民族の葬礼において重要な意味を持つ祖墳と族譜は父系制の宗族を基盤とし、そこに強い影響を及ぼす「不幸な死」は、祖墳と族譜から除外されるということができる。

3　棺材と寿衣――親孝行と生前・死後の宗族成員認識

死者を弔うにあたっては、死者に着せる死装束と埋葬する棺材が必要となる。この死装束と棺材は、死者の条件によって大きな違いがみられる（表④）。

すでに述べたように祖先になる死者の棺と死装束は、後継者が準備するのが一般的である。最も理想的な死者の場合は生前の祝寿の儀礼で用意され、親が存命中の死者には死後に用意される。祖先となる死者の衣装は、寿衣と呼ばれる、高級な布地を使用した全身用の服である。最も理想的な死者の遺体を納める棺は、特別に豪華な三種類の棺材が用意される。一つは死者の遺体のみ納める金匣と呼ばれる内棺で、もう一つは着色と彫刻を施した外棺である。遺体を納めた内棺と副葬品を外棺に納める。内・外の棺材を墓穴に下ろした後、その上に保護用に槨という三つ目の蓋棺を被せる。親が存命である場合は、棺は彫刻を施した外棺と槨を用いる。

表④　死者の種類による棺材と寿衣の比較

死者の種類		棺　材	衣　装	準備者	準備時期
祖先になる死者	理想的	金匣、棺材、椁	寿衣	後継者	生前
	親存命	棺材、椁	寿衣	後継者	死後
祖先にはなれない宗族成員の死者	後継者あり	棺材	寿衣	後継者	死後
	後継者なし	棺材 or 簡易の棺材	孝衣（喪服）	親、兄弟	死後
鬼になる死者	無後継者の不自然死の女性	棺材 or 簡易の棺材	新しい常服	親、夫	死後
	未婚の女性	棺材 or 簡易の棺材	新しい常服	親、兄弟	死後
	未成年	藁筵 or 簡易の棺材	新しい常服	親	死後

※「準備者」欄の「後継者」とは、具体的には息子・娘、甥、婿入の婿、養子をさす

祖先になれない宗族成員の死者の場合は、後継者の有無により死装束と棺材が異なる。後継者がいる死者には、後継者が用意した寿衣を着せ、棺材に納めて埋葬するというように、基本的には祖先と同じ扱いだが、棺材や寿衣の数が減るなど規模が小さくなる。後継者がいない死者には、親か兄弟などの家族が死装束と棺材を用意し、喪服である孝衣を着せて、彫刻していない素朴な棺材に遺体を納める。

鬼になる死者の場合は、遺体を納める葬具として棺材、簡易の棺材または藁筵などを用いる。また、特別の衣装ではなく普段の生活に着用する常服を死装束として着せる。

このように祖先になる最も理想的な死者から鬼になる死者まで、棺材と死装束は死者に応じて数と豪華さが徐々に低減していく。棺材と寿衣を決める基準となるのが、後継者の有無と親の存命状況である。棺材と寿衣などの死装束は基本的に後継者である子が親に用意するものであり、無後継者の死者には棺材と寿衣は贈られないため、親兄弟や配偶者が用意した孝衣や常服などを着せ、素朴な棺材といった葬具に納められる。とくに寿衣の使用は、後継者の有無によって明確に区分されている。また、後継者以外の条件には、年齢や死後宗族の成員か否かがある。ただし、棺材などの遺体を納めるための葬具は、崖から遺棄されることもあった乳幼児には藁筵を用いるなど、死者の年齢が若干関係するのみだが、死装束には死後宗族の成員か鬼になる死者かが強く関係する。

死装束については、後継者を有する死者は寿衣を、後継者のない成員の死者は孝衣を、鬼となる死者は常服を

それぞれ身に着けるといった区別が厳格に存在する。こうした棺材と死装束からは、子が親に尽くすといった「孝」の道徳観の強い影響が読み取れる。

4　死者と祖先祭祀——火葬の受容と土葬の維持

青海省の漢民族では、死者を墳地に埋葬することが理想的かつ一般的な葬法である。表⑤にみるように一九八〇年代以前は、祖先の条件であるⒶ党家の成員、Ⓑ後継者を有する、Ⓒ自然死のうち、すべてを満たした祖先になる死者を①祖墳に埋葬する、Ⓐ党家の成員、Ⓒ自然死を満たした成員を②祖墳の周囲に埋葬する、Ⓐ成員、Ⓑ後継者を満たした不自然死の成員とⒶを満たせず鬼になる死者を③山奥など祖墳から離れた場所に埋葬する、乳幼児を④投棄するか山奥に埋葬する、という四つの処理方法が併存する。

表⑤　死者の種類による火葬の受容差

死者の種類		1980年代以前	1980年代後半～
祖先になる死者		祖墳	祖墳
祖先にはなれない宗族成員の死者	自然死	祖墳周辺	祖墳周辺
	不自然死	祖墳と別所	火葬後散骨
鬼になる死者	無後継者の不自然死の女性	祖墳と別所	火葬後散骨
	未婚の女性	祖墳と別所	火葬後散骨
	未成年	祖墳と別所	火葬後散骨
	乳幼児	遺体遺棄	火葬後散骨

一九八〇年代後半からは、「殯葬改革」の影響を受けて徐々に火葬が受容されるようになったが、その受容状況にも上記の死者の埋葬場所によって大きな差が生じている。①祖墳や②祖墳の周囲に埋葬できる死者については、現在もかつての葬法である土葬が継続されているのに対して、③祖墳と別の場所に埋葬する、また④崖から捨てるといった祖墳と隔絶した場で遺体の処理が求められた死者については、火葬場で火葬してから散骨されるようになってきている。

もともと墳墓とその周囲に埋葬できない死者は、火葬して川に散骨するという処理への移行に抵抗がなく、一方、もともと埋葬できていた死者は依然として祖墳とその周囲への埋葬が望まれるという傾向もある。祖墳とその周囲に埋葬できる死者と、祖墳から離れた場所で遺体処理しなければならない死者という、これまでの土葬習俗にみられた両者の指向性の違いを、新しい火葬の受容がより顕著なかたちで表出させている。そして、こうした遺体処理についての指向性が、当地域において火葬が広く普及しない要因となっていることは想像に難くない。

[1] 青海省の漢民族は、危篤になった病人に寿衣を着せる。また、病人が死に瀕して苦しんでいる場合、家族は宗教者に病人の死亡時間を卜占してもらう。さらに、村落の神様や山の神様などの廟に病人の状況を報告し、死者の魂を死者の世界に迎え入れる神に線香を立て、自分の家の位置を示す。

[2] 二〇一八年の調査当時、JA村の村長の吉徳Fから得た情報である。

[3] 山会Rは一九四八年に生まれた。二〇一七年時点での満年齢（周歳）が六九歳で、数え年（虚歳）が七〇歳であった。祝寿の儀礼で用いるのは周歳ではなく虚歳であり、本事例では山会Rの七〇歳の誕生日に合わせて行われた。

[4] 「輩分」とは年齢と関係なく、党家という一族の祖先となる人を第一世代として何代目かという世代の区分である。親や祖父母、叔父伯母といった上の世代を「長輩」、兄弟や従兄弟といった同じ世代を「同輩」、子や孫、甥姪といった下の世代を「晩輩」とし、三つに大別される。さらに、婚姻関係や日常生活の付き合いにより、この世代の順番が親戚関係者の間や地域社会にまで延長、拡大し、各人がこれらの社会関係の中でどの世代に位置づけられるのかを確定する。党家（宗族）の同世代ごとに、特定の漢字が名に用いられる。そうでない場合も、同一の偏旁を用いる漢字を名に用いる。それによって、長幼尊卑を区別する。

[5] 関沢まゆみ「六十歳をめぐる民俗――日中民俗比較への試み」『帝京史学』一二号、帝京大学文学部史学科、一九九七年。

[6] 話者の馬J宝は一九六九年生まれの青海省西寧市湟中県李家山鎮GJA村の村民であり、李家山鎮で寿材店を経営している木工職人である。販売しているすべての棺材は自らが製造、漆絵したものである。

[7] 「金童」と「玉女」の正体は不明である。男女の童子の人形、絵像である。人形は、死者の遺体を安置後、その霊堂に配置する。棺材の頭部の面には、その絵像が描かれている。

[8] 「花も酒も常に春があり、月も灯りもなくても夜は明るい。五世の繁栄」という意味である。

［9］『周易』によれば、「乾」と「坤」は「天」と「地」を表す。さらに、「乾」が「陽」、「坤」が「陰」とも説明している。そのため、「乾」は男性を、「坤」は女性を表すとされている。また、「元亨利貞」も『周易』の言葉であり、万物の成長と発展の過程を指す。

［10］青海省の漢民族は、埋葬後三日目の「全三」の儀礼の日に、死者の墳前に煉瓦を積んで小さな囲いを作る。これを「炕[kàng]」という。炕はレンガなどの焼き物で作られた防寒寝台である。内部の空洞で藁や石炭などを燃やすことで、寝台や部屋を暖かくすることができる。死者の墳前に炕を設置するのは、死者が埋葬される地下の冷たい環境に適応できないという考えから、炕を設置して温めるという発想である。従来、この行事は死者の長男と長孫が執り行うが、現在は生前の死者と同居していた息子が行うのが一般的となっている。

［11］二〇二一年一月一日から施行された『中華人民共和国民法典』第一七条「成年者の年齢基準」では、「一八歳以上の自然人を成年者とする。一八歳未満の自然人を未成年者とする」と定められた。本書でも、一八歳未満の人を未成年とみなしている。

［12］二〇二一年九月調査における話者の李永X（一九四五年生まれ、男性）は、青海省西寧市湟中区李家山鎮のHW村出身・在住の村民である。転出はせず、現在まで継続して農業に携わってきた。葬礼などに詳しく、村落内の葬礼で喪主の役を務めることが多い。

［13］二〇二二年一月調査における話者の王Mは、青海省西寧市湟中区攔隆口鎮のNM村の村民である。家族で宗教的職能者の陰陽先生を職業としており、周辺地域の葬礼に参加することが多い。

［14］話者の景香Lは死者の夫が後妻と生育した息子の嫁である。死者の夫の家を受け継ぎ、死者が自殺した場所で死者の霊魂をよく見るという。

第四章　葬礼と宗教的職能者

一　問題の所在

文化大革命の時期、青海省の漢民族の葬礼で宗教的職能者を使用することは「跳大神［tiáo dà shén］」〔1〕といわれ、迷信的な信仰であると全面的に禁止された。しかし、一九八〇年代以降の「改革開放」〔2〕による政策の転換と経済の発展に伴い、青海省の農村部の漢民族の葬礼には、宗教的職能者の使用が復活し始めた。

そのため、本章は当地域の葬礼に登場する「陰陽先生」、「礼儀先生」、「アカ」という三種類の宗教的職能者に注目し、各宗教的職能者の葬礼への関与の実態、各宗教的職能者が葬礼において果たす役割、宗教的職能者使用の歴史的変遷、漢民族の霊魂観、の四点を明らかにすることを目的としたい。

二　葬礼と宗教的職能者

1　三種類の死者

第三章では、当地域では年齢や性別、婚姻や後継者の有無、死因といった死者の複数の条件によって、葬礼のあり方や葬法が明確に区分されることを明らかにした。すべての死者に対して丁重な葬礼を行うわけではなく、死者の条件によって遺体の処置方法、葬礼の作法・規模・参加者、および死後の祭祀などが厳格に規定されている。そして、条件によって①祖先、②祖先になれない先人、③鬼になる死者という三種類の死者に大別されることを指摘した。

死者は祖先になるにあたり、Ⓐ党家の成員である、Ⓑ党家の成員の後継者を有する、Ⓒ自然死する、という三つの条件が求められる。これら全ての条件を満たした死者は、寿衣を着せられ、装飾された棺材に納められたうえで一族の祖墳に深く埋葬され、碑が建てられ、族譜に記名された後、永年にわたり一族の人々から祭祀を受け続ける。こうした葬礼は青海省の漢民族にとっては最も理想的な人生の終焉である。

一方で、これらの条件を満たさない死者は、②祖先になれない先人、もしくは③鬼になる死者として葬礼が執り行われる。②祖先になれない先人は、族譜への記名はされるものの祖墳への埋葬は認められず、条件に応じて、祖墳の「外闕」か遠隔地へ埋葬される。③鬼になる死者は、祖墳とその周辺への埋葬は認められず遠隔地へ埋葬するか、火葬後に川へ散骨される。

本節では、青海省では理想的とされている①祖先になる死者の葬礼における宗教的職能者の関与の実態を整理したうえで、死者の条件の違いによる宗教的職能者の関与のあり方の差異を比較分析する。

2 祖先になる死者の葬礼における宗教的職能者

まずは祖先になる死者の葬礼について、宗教的職能者の関与のあり方を確認する。なお、表①に示したように、筆者が調査した三四例の葬礼のうち祖先になる死者の葬礼は一五例である。

祖先になる死者に対する葬礼には、家族、党家、親戚、庄員、職能者（技能的・宗教的）の五者が関与する。これら五者の関与のあり方については、すでに第一章にて詳述しているため、ここでは陰陽先生、礼儀先生、アカと呼ばれる宗教的職能者に注目して、その実態を報告する。

先祖になる死者は祖墳に埋葬され、族譜へと記名されることになるが、祖墳と族譜は党家ごとに用意されており、その準備にあたっても宗教的職能者が関与する。ここでは(A)党家一族の祖墳と族譜、(B)死者の葬礼の二つに

表① 葬礼における宗教的職能者の使用状況

事例番号	死　者	死亡年月日（享年）	性別	死　因	後継者の有無	埋葬場所	陰陽先生	礼儀先生	アカ
①	王○○（名前不明）	1953（22歳）	女性	自殺（首吊）	無	祖墳と別所	×	×	×
②	未命名の乳児	1964.1（0歳）	男性	病気	無	遺棄	×	×	×
③	李G福	1981.2.12（9歳）	男性	病気	無	山奥	×	×	×
④	李養H	1993.1.5（82歳）	男性	老衰	有	祖墳	5	2	×
⑤	李永G	2003.6.16（76歳）	男性	老衰	有	祖墳	5	×	×
⑥	李氏山永G	2003.4.23（57歳）	女性	病気	甥→息子の役	祖墳	1	1	×
⑦	張志H	2007.8.27（17歳）	男性	溺死	無	祖墳周辺	1	×	×
⑧	羅氏夏G蘭	2008.11.28（74歳）	女性	老衰	有	祖墳	5	2	3
⑨	李爾T	2008.3.21（83歳）	男性	老衰	婿→養子	祖墳	3	2	×
⑩	李成M	2013.9.11（22歳）	女性	病気	無	火葬	1	×	×
⑪	李Y林	2014.6.7（26歳）	男性	事故	無	祖墳と別所	1	×	×
⑫	芦氏何海Y	2015.5.13（78歳）	女性	老衰	有	祖墳	3	2	×
⑬	山文J	2015.5.16（13歳）	女性	病気	無	山奥	1	×	×
⑭	楊得L	2015.10.23（25歳）	男性	病気	無	祖墳周辺	1	×	×
⑮	董氏魏彦Y	2016.7.4（76歳）	女性	老衰	有	祖墳	3	×	2
⑯	李興Y	2016.7.4（45歳）	男性	病気	有	祖墳	1	1	×
⑰	李J善	2016.8.21（9歳）	男性	溺死	無	火葬	1	×	2
⑱	李永C	2016.11.22（75歳）	男性	病気	甥→養子	祖墳	3	2	×
⑲	張玉F	2018.12.29（35歳）	男性	自殺	有	祖墳と別所	1	×	×
⑳	李H林	2018.7.3（6歳）	男性	交通事故	無	火葬	×	×	2
㉑	景占Y	2018.7.3（6歳）	男性	交通事故	無	火葬	×	×	2
㉒	張志L	2018.7.3（8歳）	男性	交通事故	無	火葬	×	×	2
㉓	李氏張守Y	2018.9.9（65歳）	女性	病気	有	祖墳	5	1	1
㉔	李爾JUN	2019.11.10（77歳）	男性	老衰	有	祖墳	3	2	×
㉕	李JX	2019.12.24（4歳）	女性	病気	無	火葬	1	×	×
㉖	趙Z福	2021.8.17（70歳）	男性	老衰	無	祖墳	3	2	×
㉗	李永N	2021.1.5（91歳）	男性	老衰	有	祖墳	5	2	3
㉘	李氏景鳳L	2021.7.9（75歳）	女性	老衰	有	祖墳	3	2	×
㉙	李氏景銀G	2021.9.19（83歳）	女性	老衰	有	祖墳	5	2	2
㉚	被害者①（祖母）	2022.1.31（76歳）	女性	他殺	有	祖墳と別所	7	3	5
㉛	被害者②（祖父）	2022.1.31（73歳）	男性	他殺	有	祖墳と別所	7	3	5
㉜	被害者③（父）	2022.1.31（47歳）	男性	他殺	有	火葬	7	3	5
㉝	被害者④（母）	2022.1.31（43歳）	女性	他殺	有	火葬	7	3	5
㉞	被害者⑤（姉）	2022.1.31（21歳）	女性	他殺	無	火葬	7	3	5

※㉚～㉞の被害者の続柄は、事件生存者からみたもの
※「陰陽先生」「礼儀先生」「アカ」の数値は、使用人数

分けて流れを確認する。

(A)党家の祖墳と族譜

すでに何度も述べたように、青海省の漢民族は、一族の祖先になる死者を祖墳へ埋葬し、族譜へ記名する。祖墳の建築と族譜の編纂に際しては、一族の成員から集金し、祖墳の風水の鑑定と族譜の執筆は専門的な職人を招請して行われる。

墳は死者の遺体を葬ったところであり、土を饅頭状の形に盛りつける。墳は死者の住宅であり、その風水の好悪が死者の往生と家族の安定や繁盛に強い影響をもたらすと考えられている。祖墳は一族の歴代の祖先を埋葬する墳地であり、その環境の良し悪しは一族の盛衰と安寧に関わるとされており、祖墳を造る際には風水が最も重視されるのである。

族譜は一族の始祖からはじまり、歴代の祖先の歴史や事績、重要な出来事、あるいは家訓などが記載される書物である。一族の成員として認められた死者の生年月日、死亡年月日、業績、子孫の情報、祖墳の所在などの様々な事柄が詳細に記載される。

祖墳と族譜は青海省の漢民族にとっては重要な意味を持つ。しかし、大躍進と文化大革命の期間に破壊、焼却され、一九八〇年代以降から祖墳の再建築、族譜の再編纂を行った歴史がある。この歴史について、話者の李爾W〔3〕は、「我が村は祖墳を含む全ての墳地を、大躍進のとき全て平らにして農耕地にした。その時の死者はどうしても農耕地にできない貧しい土壌（山の斜面など）に埋葬した。族譜は文化大革命の「反四旧運動」で焼却したことが多い。現在使用している祖墳と族譜は近年になって新たに建造、編纂したものである」と述べた。

(A)―1　風水先生による祖墳の鑑定

祖墳の立地は、風水先生が風水の良い場所を鑑定する。その際に、陰陽五行、周易八卦などの理論に基づいて墳地の規模（定員数）、方角（墳地の境界と方向）、後土神［4］の方位（墳地中軸）を決める（写真①）。つまり、風水先生は立地だけ鑑定するのではなく、墳地に埋葬できる人数とその向きや男女区域の境界などの詳細も決めるのである。また風水先生は、死者の墳地のみならず、生者の住宅を建てる際にその立地の風水の鑑定も担う。そのほか地鎮祭、上棟式、および葬礼などの儀式に関与してくる風水先生は「陰陽先生」と呼ばれる［5］。

写真①　死者の葬礼にあたり羅盤を使用して墳地の境と方向を鑑定する風水先生（左より、風水先生、死者の甥、死者の長男）（表①事例㉔）

(A)―2　知識人による族譜の編纂

族譜の執筆は、当地の歴史に詳しく人望のある知識人に依頼する。前述したように族譜は一族の始祖から歴代の祖先の歴史や事績、重要な事件、あるいは家訓などが記載され、一族の成員と認められた死者に限り、その生年月日、死亡年月日、事業、子孫情報、墳地の所在地などさまざまな事柄が詳細に記載された文書である。族譜は一族の成員ではなく、地域の著名な知識人によって記録される。知識人は教師、書画家などの一定の知識、教養を持つ人物であり、当地の歴史などを熟知しており、宗族の成員から提供された情報をもとに族譜の執筆と編纂をする。こうした知識人の中でも、より儒教の教典に対して理解が深い人物が「礼儀先生」と呼ばれる。

このように祖墳の鑑定と族譜の編纂は、求める技能によって風水の知識を有する職能者と、文化的教養を有する職能者に役割が分担される。さらにその風水や教養といった知識、技能の範囲によって、陰陽先生や礼儀先生などと呼び分けられる。

(B)死者の葬礼

第三章で確認したように、葬礼は祝寿、臨終期、祭奠、埋葬、祭祀という五段階で行われるため、その流れに沿って宗教的職能者の関与について説明する。

(B)—1 祝寿

前述のように、祝寿とは、生前から息子と娘が親のために葬礼で用いる葬具を贈る儀礼である。息子は棺材と呼ばれる棺を、娘は寿衣と呼ばれる死装束をそれぞれ用意する。この儀礼には宗教的職能者は関与しない。

(B)—2 臨終期の対応——陰陽先生による死亡時間の卜占

病人が人生の最期を迎える際には、家族と喪主が病人の身体を清め、生きているうちに寿衣などを着せ、最期を見届ける。通常はこの段階では宗教的職能者は関与しない。しかし、危篤にあたって苦痛を感じているように見える場合には、家族は陰陽先生に病人の死亡時間を卜占してもらう。陰陽先生は危篤の病人の死亡時間を卜占で予知できるとされているのである。さらに、天命を迎える病人を死の苦痛からのがれさせるため、道路で冥紙などを焼却し、その煙で病人の魂を迎えにくる神に具体的な場所を指示する。

表①の事例㉘では危篤時に呼吸をすると痰が絡んだようなコロコロと音が鳴る「死前喘鳴」が起きた。その様子を見た家族は、死者が苦しんでいると捉えて、陰陽先生に電話で卜占を依頼した。病人の状態と生年月日などを聞いた陰陽先生は、死亡時間を卜占し、病人の家族に村落の廟や山神廟への参拝、村口の道路での冥紙の焼却を指示した。

(B)―3 死後の祭奠――宗教的職能者による喪家設営と諸儀礼

死後、家族や喪主、党家の男性らは、喪家にて葬礼の規模や祖墳への埋葬の是非について話し合う。死者の条件と喪家の経済力により、招請する宗教者の種類と人数、遺体を納める棺材の規格といった葬礼の規模が決まる。以後、葬礼に関する業務は「東家」に任せられる。

屋敷の中央に位置する、神様と祖先の祭祀をする「中堂」という家屋へ遺体を安置する。葬礼では中堂を「霊堂」と呼ぶ。中堂に飾り付ける神像を裏返しにするか、赤色の布で隠す（写真②）。宗教的職能者の多くの儀礼はこの場所で行う。

この段階で、喪家の希望に沿って喪主が宗教的職能者を招請する。宗教的職能者には道教の陰陽先生、儒教の礼儀先生、チベット仏教のアカがおり、死者の条件や喪家の経済力によって、招請する宗教的職能者の種類と人数が異なる。祖先の条件を満たしていても親世代が存命の場合には、葬礼を盛大に行うことができず、宗教的職能者の人数や料理の品数を減らすなどして葬礼の規模を抑える。

写真② 遺体を安置する霊堂。神像や祖先の位牌を裏返している（表①事例㉘）

青海省の漢民族の葬礼にかかる日数は平均で三日から五日であるが、その期間に行われる葬礼において三種類の宗教的職能者がどのような役割を果たしているのかを時間順に追跡する。

写真③　アカによるツァンパの法像・宝具。灯や線香などを点けて読経する（表①事例⑮）

死亡直後

喪主から連絡を受けた陰陽先生が死者の生年月日と死亡時間に応じて葬礼の期間を卜占する。葬礼期間や遺体の埋葬時間などは陰陽先生の占いで決める。アカは喪主から連絡を受け次第、死者の家に向かう。アカは「ツァンパ」〔6〕で法像や宝具（写真③）を作り、チベット仏教の経典「亡人経」〔7〕を読経する。

死亡翌日

陰陽先生と礼儀先生が喪家に着き、東家がそれぞれに用意した部屋に自分の宗教の作法で喪家の設営と多くの儀礼を行う。喪主は死を知らせるための「訃告」と葬礼招待状である「請帖」を礼儀先生に書いてもらい、死者の親戚の家に連絡にいく。東家の男子四人が祖墳に墓穴を掘りに行くが、その墓穴の方位は陰陽先生が「羅盤［luó pán］」〔8〕で鑑定して指示する。

【法壇】陰陽先生による喪家の設営は、内壇、中壇、外壇の三つの法壇で構成されている。それぞれ説明していく。

内壇は死者の遺体を安置した部屋の霊堂と陰陽先生が読経や法事を行う部屋の「経堂［jīng táng］」に設置する。陰陽先生の王M〔9〕は「内壇は城隍や土地神などの神様に文書を送り、死者に「滅罪消災」の法事を行う場所である」と述べている。霊堂と経堂の壁には陰陽先生が書いた「牒文［dié wén］」（写真④）と「文書盒［wén shū hé］」（写真⑤）などを吊るして飾る。経堂に「法事卓［fǎ shì zhuō］」という机を設置し、その上に「霊宝天尊」、「元始天尊」、「道徳天尊」などの神像を配置する。さらに、蠟燭、香炉、経書、宝印、呪符、剣、弓、鼓、鈴、木魚などの道具類を置く（写真⑥）。

中壇は喪家の庭に設置する。長い棒の先端に松の枝を挿し、その下に「太乙天尊幡」と「王霊官」の神絵をか

写真④　陰陽先生が霊堂、経堂に吊る牒文（写真④～⑭はすべて表①事例㉓）

写真⑤　陰陽先生が霊堂、経堂に吊る文書盒

写真⑧　喪家の入口に貼られた陰陽先生の大紙（中央の彩紙）と礼儀先生の対聯（両脇の白紙）

写真⑥　神像、法具、経書などが置かれた陰陽先生の法事卓

写真⑦　喪家の庭の中央に立てる「太乙天尊幡」「王霊官」の神絵（左、陰陽先生の設営、黄色）と銘旌（右、礼儀先生の設営、赤色）

けて庭の中央に立てる（写真⑦）。同じく庭の中央部にテーブルなどで高い台を作る。死者を埋葬する前日の夕方に陰陽先生はこの台で「転経」という儀礼を行う。さらに、部屋の壁の外側に「十王幡」という十殿閻羅の絵像が描かれた幡を飾りつける。

外壇は家の入口にあり、家の大門など各所に「大紙」という鮮やかな色の紙を貼る。「大紙」には「天西闡教」、「資蒞冥府」、「北極超昇」など空間や方位を示す文字が書かれる（写真⑧）。

【対聯と銘旌】 礼儀先生は「挽聯」という対聯を書き、喪家の大門など各所に貼る（写真⑧）。さらに、死者の所属情報と功績などを書いた「銘旌」を柱にかけて庭の中央に立てる（写真⑦）。表①の事例⑩の「挽聯」と「銘旌」の内容を例として挙げる。

挽聯① 上聯：欲聞教誨杳無音、下聯：想見音容雪萬里、横批：痛哉悲哉（生者と死者の死別の悲しみを表現）

挽聯② 上聯：英霊永垂宇宙間、下聯：伝神常与天地存、横批：魂帰心郷（死者の美徳を讃える）

挽聯③ 上聯：寿近七旬昔日艱苦撫兒育女名著千秋、下聯：樹高千尺根基深遠枝繁葉茂花開萬朶、横批：寿終正寝（死者の功績を賛美している）

銘旌 恭挽 中華人民共和国公民是故李母張守Y太君寿近古稀相龍享年六旬晋七、右：撫儿育女勳德圓滿、中：賢妻良母懿徳淑范、左：終前務農礼儀治家、中：跨鶴帰真之銘旌（死者の生前の肩書き、職業、功績、美徳などが書かれる）

【位牌と引魂幡】 遺体を安置した霊堂に置く位牌は、死者の生年月日、死亡年月日などを記して、礼儀先生が用意する。陰陽先生は死者の魂を導くと言われる引魂幡を用意する。

【請亡】 葬礼参加者は、喪服を着用した後、陰陽先生や礼儀先生などの指示により、行列を組んで村境まで行き、死者と一族の祖先である霊魂を家に迎える儀礼を行う。

第一章第二節の図③「請亡の行列」で示したように、請亡列の先頭には喪主がおり、請亡行列を指定の場所へ先導する。その後に嗩吶を演奏する嗩吶匠、駕籠を担ぐ東家の男性二人、冥幣や花輪などを持つ東家数人、頭上に一本の白布を揚げる死者の家族、党家の人々、娘などの親戚の順に続く。死者の長男は引魂幡を、次男は死者の位牌が置いてある御盆を持つ。その後ろが宗教者の陰陽先生と礼儀先生である。陰陽先生は鑔（ツァ［chā］）と鈸（バッ［bó］）、木魚、鼓、鎮壇木と笏を持つ。最後は粥が入った釜と礼儀先生が使う祭品を持つ党家が続く。

請亡の指定場所に着いたら、喪主と東家の人が麦藁に火をつけ、冥幣を燃やす。火の後方にテーブルを置き、その上に死者の位牌、礼儀先生が使う祭品、麵灯（小麦粉で作られた灯、灯油はキャノーラ油）、綿灯（乾燥した木の枝に綿を巻き、キャノーラ油を浸透させたもの）などを置く。テーブルの右側では礼儀先生が「招魂文」を詠唱し、左側に礼儀先生の手伝いをする東家が立つ。テーブルの後ろの方に死者の息子や孫などの後継者が一例に並び、長男が引魂幡を持ち跪く。死者の後継者の後ろには、女性の家族と党家の人々が一列に並んで跪く。請亡行列の最後尾にはテーブルセットを置き、陰陽先生が読経する。

写真⑨　礼儀先生が請亡で使用する祭品

【招魂文と祭品】礼儀先生は村境の指定場所に祭品（供え物）を供え、「招魂文」を読み上げる。祭品は、香（線香）、酒、紙帛（紙を巻いて作った帛の代用品で、帛を象徴するもの）、冥資（冥幣）、饃饈（饅頭）、塊肉、炙肝、果盒、水果、糖、茶、椒塩（写真⑨）である。

二〇一九年一〇月一六日に調査した李爾JUNの葬礼（表①事例㉔）において礼儀先生が書いた「招魂文」を引用する。

招魂文

維

公元二〇一八年歳次己亥十月十六日
孝男　李DE霖
　　李DA霖
謹記／香酒紙帛冥資庶羞塊肉果品之儀／招魂於父親老大人之灵位前／曰／月儿弯弯照天涯／青山緑水是汝家／有之一日阳寿尽／你想停留万不能／生离逝別遅早到／却是活人泪不干／不肖男／家門不幸／命运不順／父親身患悪疾医治无效／騎鯨帰真／与世長辞／欲報大德／昊天罔极／音容永絶／欲睹実難／昏梦不接／杳隔云山／至今而后／肝腸通断／嗚呼／哀哉／血泪不干／痛哉／吾父不幸灵亡／遺体停堂／魂游四方／挙目无親／到処乱撞／或高或低／不曉家郷／亡魂／帰来／帰来／孝男率孝眷／頭頂橋布／一字排行／沿巷途中／緩緩而行／花圏引路／喇叭斉鳴／茶湯飯食／洒在两旁／将冥資満満焚焼／香酒供品双手敬上／父魂／帰来／帰来／家設灵緯／子孫跪旁／家有酒宴／虔誠敬献／謹倶酒礼／鑑此寸丹／楽請父親大人／亡魂不知何処去／冥途風塵那里尋／天地遼闊／大地蒼茫／虔誠尋親／天蒼海渺茫／往而多難／帰来安詳／明灯指引／照耀輝煌／何苦迷离／飽尽風寒／父魂／帰来／帰来／今邀李氏塋中列祖列宗／先遠三代考妣宗親／再請父親大人之英魂／至家受祀／异郷域地不可久留／東西南北不可常往／挙目无親无人照顧／飢則无食／寒則无衣／天気寒冷／无処安身／東躲西藏／枉受孽障／魂兮／帰来／帰来／吾父聞儿輩之招請／直达高堂受家眷之奉祀／聊表哀腸／接親友之悼奠／惟福寿享／嗚呼／哀哉／伏惟尚／饗食

「招魂文」は礼儀先生が死者の二人の息子の名義で書いた文書である。第一章第二節で述べたように、招魂文では死者への哀悼の気持ちを表現している。また、請亡の供え物や参加者などの様子が書かれている。さらに、死者の肉体から脱離した霊魂の行先の情景についても記されている。ここでは、死者の魂が肉体から脱離した後、厳しい環境の場所に行ってしまうことから、請亡の儀礼で魂を喪家に呼び戻し、その後の祭祀を受けて再び天界に送り返すという手順について述べている。

【召摂科儀】村境の指定場所に到着後、陰陽先生は最後尾で「摂召科儀」という招魂の儀礼を行う。先頭の礼儀先生の行事が終わるまで、陰陽先生が経典を唱える。陰陽先生は経典を唱えた後、黄色の紙に書いた「摂召文書」という死者の魂を呼び戻す文章を読み上げる。

李爾ＪＵＮの葬礼（表①事例㉔）に使用した「摂召文書」を引用する。

> 霊宝大法司／令据／青海省西寧湟中県李家山鎮ＨＷ村住居／奉／道資冥送終修斎荐摂報恩／孝男李ＤＥ霖・李ＤＡ霖／即一家孝眷人等／是日哀千／滋造下情／伏念亡過／李公諱爾ＪＵＮ／形魂承仗經功早判生方為此仗／道於家志心啓建／元皇昇度報恩冥程経筵一供投誠／三界霊司里域追魂摂魄／神吏御承／太上符命即速追尋正薦亡過李爾ＪＵＮ形魂／火急追取／令宵前来／元壇受度不得拘留／速領往生／乗此真符／超昇道境一如／誥命風火驛傳／天運／乙亥年十月十六日告下／太上三五都功祭酒経符籙奉行摂召亡魂事／臣李明Ｈ（陰陽先生の名）承誥奉行／祖師南昌主練隨應妙行真人

「摂召文書」は、死者の霊魂を管理すると言われている「三界霊司」という道教の死霊の管理機関に向けて陰陽先生が自身の名義で書いた文書である。その機関に滞在している死者の魂を招魂儀礼が行われる喪家まで召喚させるための公文書という扱いである。

「摂召文書」の詠唱後は、陰陽先生は死者の長男から引魂幡を受け取る。陰陽先生は引魂幡を振りながら「大聖救苦天尊、礼奉請亡〇〇（死者の名）之亡霊回府」という呪語を唱え、「召摂文書」を行列先頭の火で焼く。その後、陰陽先生が「請亡行列が家に戻る」と発令し、請亡列は喪主、嗩吶匠、礼儀先生、白布を頭の上に揚げる家族と党家の人々と婚出した娘、陰陽先生、死者の駕籠を持つ東家の順で喪家に戻る。行列の最後の東家は一三本の木の枝の灯に火を点け、喪家までの道の両端に挿しながら帰る。死者の魂は一三本の灯に導かれて家に帰る。別の二人の東家が鍋のお粥を道に投げ捨てる。このお粥は無縁仏の「野鬼」に与える食物である。

行列が家に入ると、死者の遺影などを入れた駕籠を霊堂の前に置き、陰陽先生が経典を唱えながら、歯磨き、クシなどを持ち、死者の遺影に化粧を施す真似をする。陰陽先生の儀礼の後、東家の人が駕籠などを下げ、死者の位牌を霊堂に置き、礼儀先生が死者の後継者を呼び、供物を霊堂に供える。その後、礼儀先生の号令で家族と党家の人々が三回の跪礼をする。そして、家族と党家の人々は男女別（男は左、女は右）で死者の遺体の両側に跪く。家族と党家の人々はこの時に泣き叫ぶ。

死後三日目

親戚や庄員が続々と弔問に来る。陰陽先生は経堂で読経する。礼儀先生は弔問客が持ってきた花輪に貼る挽聯を書く。弔問に来た骨主の「験孝」の儀礼が終了した後、「大祭」、「転経」、「送盤纏」、「送亡」、「族譜・棺材への記名」などの宗教的職能者による儀礼を行う。

【大祭】 骨主、喪主、死者の家族、党家（死者の夫の兄弟とその配偶者）、婚出した死者の娘や姪とその関係者などが霊堂の前に跪く。礼儀先生は、事前に喪主をはじめとする参加者それぞれの視点に立ち複数作成しておいた死者を哀悼する祭文を霊堂の前で読み上げる（写真⑩）。その後、死者の家族、党家の成員、娘、姪の順で一列に跪いて並び、死者に供える料理を厨房から霊堂まで順々に手渡しで運ぶ。そのあと、礼儀先生の指示で喪主は大きな布で霊堂の前のドアを隠す。礼儀先生の号令で技能的職能者の嗩吶匠（チャルメラ演奏者）が曲を演奏する。嗩

写真⑪　死者の霊前に供えた供物を分食する参加者たち

写真⑫　陰陽先生が転経の儀礼に準備した供物

写真⑬　陰陽先生が転経の儀礼に準備した花を挿した饅頭

写真⑩　死者の甥の視点から哀悼の意を表す祭文を読み上げる礼儀先生（左上）

吶匠の演奏終了後、家族などの霊前で跪いている人がわざと咳をする。その後、霊前の布を外し、料理を霊堂から厨房まで下げる。跪いている人々が手で少しずつ取り食べる（写真⑪）。

【転経】陰陽先生が霊堂の前で経を唱え、庭の真ん中に用意した中壇（高いテーブル）に登って再び経典を唱える。その間に家族と血縁関係が近い党家の人々が一本ずつ線香を持ち、庭に隊列を組んで周回する。この際に陰陽先生が使う供物は、香料、花、饅頭、茶、布、果物、水、宝珠、蠟燭、米、金銭（写真⑫）と、底にナッツなどを敷きつめ、その上に花を挿した饅頭を六個いれた大きな容器（写真⑬）である。儀礼の最後に、饅頭やナッツなどの供物を礼儀先生が庭に隊列を組んで周回する家族や党家の人々に投げ込む。家族や党家の人々は饅頭やナッツを奪い合い、それを受け取った人には幸運が訪れると考えられている。

【送盤纏】死者があの世で使う「盤纏（旅費）」を婚出した娘と姪が紙で剪る。そして、準備した「盤纏」をダンボールに入れ、紙で二つの鬼人形を剪る。この人形に対して陰陽先生が呪文を唱えたあと（写真⑭）、死者の婿と姪婿がダンボールを持って家の中を走って回る。

【送亡】家に迎えた死者の霊魂を送る儀礼である。嗩吶匠を先頭に、礼儀先生、陰陽先生、家族と党家の列順で家の外に出る。村境の三箇所で火を燃やし、「送盤纏」のダンボールを焼却する。その際に陰陽先生が読経し、礼儀先生は「送亡文」を詠唱する。

【族譜・棺材への記名】礼儀先生は、死者の埋葬の前日に喪主の依頼をうけて死者の名を族譜と棺材に記す。

(B)―4　遺体の埋葬――陰陽先生の呪文と礼儀先生の祭文

祖先になれる死者の遺体は家族、党家、村人の男性で一族の祖墳まで運んで埋葬する。

埋葬当日の夜明け前、喪主の指示で家族と党家が遺体を霊堂から運び出して棺材の中に納め、長明灯を棺頭に置く。陰陽先生は起霊の呪文を唱え、棺頭を包丁で三回叩いた後に大声で「起［qǐ］」と発令し、この号令で党家と村人が棺材を家から運び出す。

二〇一五年九月一九日に調査した李氏景銀Gの葬礼（表①事例㉙）において、陰陽先生が起霊の際に唱えた呪文を引用する。

写真⑭　死者の娘と姪、その配偶者が準備した盤纏に対して読経する陰陽先生

天圓地方／律令九章／頭頂八卦／脚踏魁罡／青龍宝刀／两手斎揚／金刀一挙／万鬼伏藏／门神護衛／閃在两旁／強神悪鬼／速去他方／金童玉女／送往西方／吉日吉時／起霊永昌／吾奉太上老君急急如律令

家族、党家、村人の男性が棺材を祖墳まで運び、礼儀先生は祖墳の神様「後土神」に祭文を読みあげる。喪主の指示で村人が棺材を墓穴に降ろし、その上に礼儀先生が書いた銘旌を被せる。陰陽先生が引魂幡を持ちながら呪文を唱えたあと、ショベルで土を三杯墓穴にかける[10]。その後、村人が速やかに棺材を埋葬する。そして、墓穴の上に土饅頭を盛る。

死者を埋葬したあと、全員が喪家に帰る。喪家で食事してから、喪主は宗教職能者に謝金を渡す。その後宗教的職能者たちは解散する。

(B)―5 祭祀供養――陰陽先生による読経

家族は死者の埋葬から三日目と死後一〇〇日目に墓参りを行う。そして、死後一周年に死者の墳前に墓碑を建てる。これらのとき、陰陽先生を招請して家で読経する。

以上、理想的な死を迎えた人（祖先になれる死者）の葬礼における、生前から進められる死の準備と、葬礼と埋葬、そして祭祀に至るまでの流れについて、宗教的職能者の役割を中心に報告した。こうした理想的な死を迎えた死者の葬礼では、道教を象徴する陰陽先生、儒教を象徴する礼儀先生、チベット仏教の僧侶アカの三種類の宗教的職能者が関与する。この三種類の宗教的職能者は、それぞれの宗教の作法で喪家を設営し、諸儀礼の挙行により死者の魂をあの世に送る。

3　「不幸な死」の死者の葬礼と宗教的職能者

すべての死者が祖先になる条件を満たすわけではない。未成年、未婚の若い男女、そして交通事故など不慮の死および自殺・他殺などによる不自然死の死者への葬礼は、祖先になる死者への葬礼と大きく異なる。こうした「不幸な死」を迎えた死者の葬礼についてはすでに第三章の第四節にて報告したため、ここでは宗教的職能者の関与を中心に簡潔に紹介するに留める。

〈未成年の死者〉　前述した祖先になれる死者の葬礼とは異なり、未成年の葬礼には家族、党家、親戚、庄員、職能者という五者全員は関与せず、家族と親しい党家と親戚などの限られた人々によって速やかに遺体が処理される。宗教的職能者は、主に陰陽先生が呼ばれるほか、アカが呼ばれる場合もある。多くの場合は一名の陰陽先生とアカが喪家で読経する。死者が悲惨な死を遂げた場合は宗教的職能者を多く招請する。

〈未婚の死者〉　疾病や老衰といった自然死による成人未婚の死者については、老若男女で葬礼のあり方が異なる。自然死による成人未婚の死者の葬礼には家族、党家、親戚、庄員、職能者という五者全員が関与するが、宗教的職能者の種類と人数はしぼられる。一般的には、陰陽先生とアカのいずれかの一人ないし二人を招請して読経する。

〈不自然死の死者〉　交通事故、自殺、他殺など死因にかかわらず外因死による死者は、不幸な死を迎えたために不安定であり、生者や祖墳の風水に害を与えると考えられている。死者が老若男女のいずれの場合も、陰陽先生とアカが招請されて救済のための法事を行う。また、他殺など悲惨な死を遂げた場合は、多めに陰陽先生とアカを招請して読経と法事を行う。

以上、「不幸な死」を迎えた死者の葬礼での宗教的職能者の関与を簡潔に説明した。宗教や俗信といったものに対して圧力がかけられた文化大革命などの特別な時期を除き、基本的にはすべての死者のために陰陽先生とアカを招請して読経する。ただし、「不幸な死」を迎えた死者の葬礼の多くでは礼儀先生は招請されない。しかし、「不幸な死」を迎えた場合でも、祖先になれる資格を持つ死者には陰陽先生とアカのほかに礼儀先生が招請される。

4　宗教的職能者の役割分担

前述したように、青海省の漢民族の葬礼には複数の宗教の宗教的職能者が関与する。道教の陰陽先生、儒教の礼儀先生、チベット仏教のアカという三種類の宗教者が各宗教の作法で儀礼を行う。ここでは、三種類の宗教的職能者が行う葬礼での作業内容からそれぞれの役割を整理する。

(1)関与の期間

祖先になる死者の葬礼に関与する期間をみると、アカは死亡直後のみ、礼儀先生と陰陽先生は死亡直前から関与するが、礼儀先生は死者の埋葬後は一切関与しない。一方で、陰陽先生は埋葬後に行われる死者祭祀にも関与する。「不幸な死」による遺体は速やかに処理されるので、陰陽先生とアカが関与する期間は、遺体を処理する当日のみになる。

(2)作業の場所

祖先になる死者の葬礼において、喪家は三種類の宗教的職能者にそれぞれの部屋を用意する。アカは死者の遺体を安置する「霊堂」の隣室で読経する。陰陽先生は読経と法事を行う場所の「経堂」と「霊堂」を中心に、喪家の空間を内・中・外の法壇として設定する。こうした法事を行う領域を作ることで、陰陽先生は「城隍［chéng huáng]」、「土地神［tǔ dì shén］」、「冥司［míng sī］」など死者の霊魂を管理する神明や死霊との交信が可能となり、死者の霊魂を他界に送ることができる。

礼儀先生の作業場所は「経堂」とは別の部屋である。その部屋で葬礼に関する書類と道具類を用意する。そこで用意した文章を「霊堂」、「村落の境」、「祖墳」などの場所で読み上げる。

三種類の宗教的職能者は各自の部屋でそれぞれの宗教の作法にしたがった儀礼を行う。その儀礼は宗教ごとにそれぞれ完全に独立して行われる。

(3)儀礼の内容

三種類の宗教的職能者が葬礼で行う儀礼の内容を見ると、アカと陰陽先生は、喪家に各自の法壇を設営し、それぞれチベット仏教と道教の経典を唱える。アカは「亡人経」という死者を済度する経典を唱える。陰陽先生は数多くの経典を唱えるが、「指路経」という経典は「幽冥境界、却有三條路。一曰黃泉路。二曰無常路。三曰逍遙路（冥界へ行くには、黄泉路、無常路、逍遙路という三つの道がある）」などの文言を含んでいる。これは死者の霊魂が冥界へ至るまでの道順を示している。

アカと陰陽先生の唱える経典は、生前の罪を清め、霊魂の行方を示すなど死者霊魂への救いを主たる目的とする内容となっている。

一方、礼儀先生は儒教的な教えに基づいて、挽聯、銘旌、祭文などを用意する。その内容には、死者の功績、美徳などを褒め讃えて、子孫の視点から死者の死に対する悲しみ、親孝行などを表現する言葉が多い。

以上のように、三種類の宗教的職能者の葬礼における関与期間、作業場所、儀礼内容などを見てきた。アカと陰陽先生が経典を唱えて、加えてが諸儀礼を行うのは、神明と死霊との交信による慰霊と、死者の霊魂を他界に送ることを目的としていると解釈できる。一方、礼儀先生は死者の生前の功績に対する讃美、死者遺族の悲しみと孝行を表現することを目的としていると考えられる。

三　死者と宗教的職能者の関係性

宗教や俗信といったものに対して圧力がかけられた文化大革命などの特別な時期を除き、本章の第二節の表①で示したように、基本的にはすべての死者のために宗教的職能者を招請して読経してもらう。しかし、葬礼に招請する宗教的職能者の種類と人数は、死者の状況に応じて異なる。そこで、ここでは関与する宗教的職能者の種類や人数といった葬礼の規模と死者との関係性を分析する。

⑴文化大革命と宗教的職能者

青海省の農村部における漢民族の葬礼について、筆者は合計三四事例を収集した（表①参照）。一九八〇年代以前の事例①②③以外の三一事例には、少なくとも一人以上の宗教的職能者が登場する。現在はいずれかの宗教者の関与が一般的となっているが、文化大革命の影響下では葬礼に宗教的職能者を招請することが「封建迷信」と定義され、陰陽先生などの民間宗教者に対する批判闘争が激化したため、事例①②③には宗教者の関与はない。陰陽先生を職業としている話者の王M（一九六七年生まれ）は「文革のとき、私はまだ幼いから出来事をあまり覚えていない。しかし、大勢の人が我が家に殺到し、祖父が隠した経書を探していたような記憶がある」と述べた。王Mは一九八一年に中学を中退した後、家で農業に従事しながら、祖父と父から陰陽先生の仕事を密かに習得した。「当時、テレビなどはなく、陰陽先生の仕事が面白いから覚えた。陰陽先生が葬礼へ本格的に参加するようになったのは一九九〇年代前後である」という（青海省西寧市湟中県攔隆口鎮XK村の董氏魏彦Yの葬礼時、二〇一六年七月五日の調査の情報）。

一九八〇年代後半から陰陽先生などに対する批判闘争が緩和し、一九九〇年代から陰陽先生は再び葬礼へ参加するようになった。しかし、話者の李爾W（一九三九年生まれ）は「父が一九九三年に死亡し、五人の陰陽先生を葬礼に招請した。弔問客の中に数人の警察官がおり、読経している陰陽先生らは弔問に来た警察官が自分たちを捕まえにきたと誤解して、葬礼から逃げようとした」と語った。

前述のように、「陰陽先生は迷信分子である」と文化大革命の時に定義されたが、一九八〇年代の後半からの政策の緩和に伴い、陰陽先生の活動が復活した。しかし、一九九〇年代前半までは、陰陽先生が公的機関に対して恐怖を感じていたということを話者の語りから確認できた。また、礼儀先生の多くは、教師や書画家など教養があるとされた人物が務めるものであった。陰陽先生が家伝の専業であったのに対して、礼儀先生は文化人が任意で務めるものであったため、文化大革命では礼儀先生の行為は批判対象となったが、礼儀先生自体は批判されることはなかった。

⑵死者と宗教的職能者の招聘

青海省では、後継者の育成と親世代の扶養という義務を果たし、子孫をたくさんもった人が長寿で自然な死を迎えることが尊ばれている。このような死者の葬礼は「喜喪」とも呼ばれ、その子孫たちの経済状況に応じて極力華やかに葬礼が執り行われる。こうした死者の葬礼には三種類の宗教的職能者すべてが登場する。筆者が調査した三四の調査事例の中で、三種類の宗教的職能者全てが登場する事例は事例㉚〜㉞を除き、五事例のみである。

この五事例の中でも宗教的職能者の人数がそれぞれ異なる。ここでは、葬礼において宗教的職能者を招請する基準を分析する。事例㉚～㉞は一家殺害の被害者であり、合同の葬礼が執り行われた特殊な事例のため、別に分析を試みる。

三種類の宗教的職能者が全部登場した事例には、六〇歳を超えた自然死の死者、死者の親世代が死亡しており子孫が多い、経済力のある家という三つの共通点がある。

しかし、祖先になれる一五事例では、事例⑤⑮を除く葬礼にはいずれも陰陽先生と礼儀先生が招請されている。経済力がある家ではアカも招請する。その人数をみると、祖先になれる死者の親世代が存命している場合では、三種類の宗教的職能者すべてを招請できるが、人数を少なくしている。祖先になれる死者の葬礼での宗教的職能者参加の特徴は、三種類の宗教的職能者が全員招請できる、礼儀先生は必ず登場する、宗教的職能者の人数は死者の親世代の存命状況で異なる、という三つが挙げられる。

祖先になれない死者の葬礼をみると、他殺により合同の葬儀が行われた事例㉚～㉞以外には、礼儀先生は一切参加しない。陰陽先生は全ての事例に、またアカはいくつかの事例に参加した。事例㉚～㉞に礼儀先生が参加したのは、四名の死者のうち二名の年配者は異常死のため祖墳に埋葬できないものの、年齢や子孫の状況といった点を鑑みて、葬礼に大勢の宗教的職能者を招請したものと考えられる。

青海省の漢民族の葬礼に参加する宗教的職能者についてあらためて整理すると、次のようになる。文化大革命など特殊な時代を除き、基本的にはいずれの葬礼にも宗教的職能者を招請する。しかし、死者の条件によって宗教的職能者の種類と人数が異なる。そして、陰陽先生を招請するのが基本である、祖先になれる死者の葬礼には三種類の職能者を全て招聘できる、死者の親世代と子孫の状況によって宗教的職能者の人数が異なる、といった特徴がみられる。つまり、葬礼に招聘される宗教的職能者のあり方は、死者の死因、年齢、親世代の存命状況、後継者の経済力によって決定されるのである。

［1］「跳大神」とは、もともとシャーマンが踊りながら鈴や太鼓などの楽器を演奏することで神霊を自身に宿らせる儀式を指す。しかし、文化大革命の時期からは、唯物主義に反する宗教者とその信仰者を「跳大神」という言葉で差別的に扱った。現在でも「跳大神」という表現は宗教者とその信仰者に対する差別的な用語として使用されている。

［2］中国で一九七八年から開始された経済政策。鄧小平の主導により市場経済への移行が図られた。当初は「改革開放」という表現が明確に用いられたわけではなく、一九七九年の人民公社の解体に始まる農村の体制「改革」、対外「開放」政策として、それぞれ用いられるようになった。

［3］二〇一九年一一月の調査における話者の李爾W（一九三九年生まれ、男性）は、青海省湟中県李家山鎮HW村の村民である。一九九四年までは教員として長年教壇に立ち、現地では知識人として多くの人々から尊敬されている。定年後は族譜の執筆と葬礼での礼儀先生として活躍している。

［4］青海省の漢民族の祖墳の中央部には「供奉　本營皇天後土福徳尊神位」の石碑がある。この石碑を「後土神」と呼ぶ。「後土神」の石碑を中軸として年齢順に男性を左側、女性を右側に埋める。

［5］青海省の漢民族の中では、一般的に風水先生には、風水鑑定のみを行う職能者、葬礼で法事や読経を行う陰陽先生、神霊の憑依をして風水を鑑定する職能者の三種類があるとされている。このうち、憑依による鑑定を行う風水先生については調査できていない。これは今後の課題としたい。

［6］ツァンパは中国語で「糌粑［zān bā］」であり、主にオオムギの変種であるハダカムギ（青稞［qīng kē］）の種子を脱穀し、乾煎りしてから粉にした食品である。チベット族の主食で、バターミルク茶にしたり、湯とバターを加えて練り、ペースト状にしたりして食べる。

［7］「亡人経」はチベット仏教の経典である。アカはチベット語で詠唱しているので、詳細な内容は不明である。二〇二一年七月三日に行った西寧市湟中区に位置する塔爾寺（タール寺［tǎ ěr sì］）での調査では、その寺の僧侶が「死者を済度するお

経である」と説明した。

［8］「羅盤」は方位磁針（コンパス）のことである。航海、地理測量、風水などの目的で使用されている。風水に使う羅盤は「風水羅盤」と呼ばれ、風水と陰陽五行などの思想と結び付いている。羅盤は魔除けとして使うこともある。

［9］二〇二二年一月の調査における話者の王Mは、青海省西寧市湟中区攔隆口鎮NM村の村民である。家族で宗教的職能者の陰陽先生を職業としており、周辺地域の葬礼に参加することが多い。自らのことは龍虎山・正一派の道士と主張している。龍虎山は中国の江西省貴渓県にある山であり、道教の正一派の本山の所在地である。

［10］死者の棺材に最初に三回の土を掛ける役割を担う人物は、事例によって異なる。死者の後継者（長男、長孫の順）、陰陽先生、骨主、喪主が行う例がある。

第五章　青海省の漢民族の婚礼

一　問題の所在

結婚と死亡は人の一生における重要な節目であり、漢民族にとって古くから最も重要な人生儀礼は婚礼（婚姻儀礼）と葬礼（葬送儀礼）であると言える。これまでも複数の研究者によって、歴史文献、地方誌などの資料に基づいた古代帝王、官僚士族などの上流階級の婚礼と葬礼についての研究が盛んに行われた。こうした研究の対象は婚礼と葬礼の「制度」や儀式の「作法」と「手順」などが大半である。一方で、こうした儀礼は現代の一般民衆の婚礼や葬礼にもみられるものであるが、一般民衆の婚礼と葬礼の実態に注目し、そこに含まれる儀礼の歴史的な伝承性を扱った研究は、ほとんどなされていない。

中国は二一世紀に入って急速な経済発展を遂げて全国的に都市化が進み、それが各地域の社会や人々の生活スタイルに大きな影響を与えてきた。中国各地における社会・生活変化の背景として、こうした外部の要因の他、一人っ子政策の実施と高等教育の普及を経て若者が農村部から流出していったという内部の要因がある。このような内的・外的な要因の影響を受けて、従来から農村社会で継承されてきた婚礼や葬礼といった人生儀礼や、祭祀などの儀礼が伝承されなくなっていく可能性がある。

本章では、青海省西寧市周辺の農村部における漢民族の婚礼の実態を追跡し、婚礼と葬礼の担い手と社会関係の特徴を確認することを目的とする。

二　漢民族の婚礼

中国の歴史をみると、先秦時代から清末までは、「父母之命、媒酌之言」という「包辦婚姻［bāo bàn hūn yīn］（見合い婚）」［1］が正当な婚姻のかたちとされてきた。こうした父母が取り決める結婚形態に対して、一九五一年五月一日に公布施行された『中華人民共和国婚姻法』には「婚姻自由」という原則が規定された。これによって、父母が取り決める「包辦婚姻」が廃止され、現在は一定の恋愛期間を経た後にその相手と平等、自由に結婚するという「恋愛結婚」が一般な婚姻形態として受け入れられている。

しかし、一九八〇年代に至っても、従来の「包辦婚姻（見合い婚）」は継承されていた。「恋愛結婚」が中国社会で定着するのは改革開放政策が進んだ後の二〇〇〇年頃からと一般的に認識されている。

青海省の漢民族が居住している農村部でも、現在は「恋愛結婚」が一般的な婚姻形態である。二〇二一年一〇月の調査で、当時八〇歳の話者景香L［2］は「今の若者は恋愛して結婚をしているが、私たちの時代にはあえて考えもしなかった」と述べている。

ところが、青海省の漢民族の中では「恋愛結婚」が主流の婚姻形態になった現在も、婚礼という婚姻関係を結ぶ儀式に従来の「包辦婚姻」のあり方が伝承されている。

青海省の漢民族における婚礼は、婚前、結婚式、婚後といった各段階の諸儀礼で構成されている。諸儀礼の概要は次のとおりである。

1　婚前儀礼――結婚相手の探求と婚約の締結

かつて青海省の漢民族の中では、未婚の男女が私的に会うことは固く禁じられていた。故に、子が結婚適齢期になると早々に、親が「媒人［méi rén］」という結婚の仲立ちをする人に子の結婚相手探しを依頼する。

青海省の漢民族の方言では「媒人」を「月老［yuè lǎo］」、「氷公大人［bīng gōng dà rén］」（月下老人）とも呼ぶ。青海省に「天上無雲不下雨、地上無媒不成親」（空に雲がなければ、雨は降らない。世の中に媒人がいなければ、婚姻はなり立たない）という諺があるように、婚姻の成立において媒人は重要な役割を果たしており、父母と媒人が介在しない婚姻は社会からの承認を得られない。一般的に、結婚適齢期の男性の親が媒人に依頼することが多い。依頼を受けた媒人は、依頼者の家柄と経済力、社会的地位に見合った結婚相手を探して紹介する。媒人の紹介で男女の親が対面してから結婚の相談を行う。相談がまとまると、様々な儀礼を経て婚約をする。そのため、結婚するまでは当事者の男女は互いのことを全く知らない場合が一般的である。

ここでは、二〇二一年に調査した事例と話者の話から、青海省の漢民族の結婚適齢期の男女の結婚相手探しから婚約までの過程を紹介する。

【啓媒】 息子が結婚適齢期になると、親が媒人のところに息子の結婚相手を探す依頼をしに行く。この媒人への依頼を「啓媒［qǐ méi］」という。啓媒の際に男性の親は、自家の経済状況や息子の生年月日などを媒人に伝える。結婚相手については、男性の親に意中の結婚相手がいる場合といない場合がある。意中の結婚相手がいる場合は、媒人は直接その家に男性の親の意思を伝える。意中の結婚相手がいない場合は、媒人のネットワークの中で依頼者の条件に適する結婚相手を探す。

【説媒】 依頼を受けた媒人は、依頼者の意中の結婚相手、あるいは依頼者の家の条件に適した結婚適齢期の女性がいる家に結婚の仲立ちをしにいく。この媒人が結婚の仲立ちをする儀礼を「説媒［shuō méi］」という。媒人は依頼者の家庭状況や息子の人柄と生年月日などの情報を女性の親に伝え、縁談に対する意向を確認する。女性の親に縁談を受ける意向が確認されると、媒人が女性の干支と「八字［bā zì］（生年月日と出生時間）」を女性の親の意向とともに依頼者へ伝える。男性と女性の親は媒人からもらった相手の干支と八字を陰陽先生に占ってもらい、自分の子のそれと相克していないかを確認する。さらに、双方は媒人とは別の人に頼み、相手とその家庭状況（成員の構成、経済力、家柄、評判、犯罪履歴の有無）について問い合わせる。女性側は男性の母親の実家の兄弟の状況まで問い合わせる。

【提親】 男女双方の干支と八字が相克しておらず、相手の家の状況について双方の親に不満がなければ、媒人は男性側の父母を連れて女性側の家に縁談を申し入れる。男性側は男性の親、男性の父の兄弟、男性の母の兄弟が女性側の家に向かう。男性の父母が女性の父母に結婚の話を正式に提示する。この縁談の儀礼を「提親［tí qīn］」という。提親の儀礼は、媒人と結婚当事者の双方の父母のほか、その結婚当事者の父母の兄弟などの親戚の前で行われる。この時に女性側は男性側の現状が十分に把握できていないという理由で男性側の縁談に明確な答えを示さないが、実際には説媒の時点で男性側の状況を把握しているので、これは形式的なものである。そして、男性の父母は女性の父母と親戚を自宅に招待する。

【浪家】 女性の父母・親戚たちが招待を受け、男性の家を実際に訪れて状況を判断する儀礼を「浪家［làng jiā］」という。男性の父母は自宅を綺麗に装飾し、豪華な食事を用意する。女性側は、男性の家族状況と居住環境などから男性側の経済状況を判断する。女性側は男性の家庭状況について、不満がなければ男性側の縁談に肯定的な返答をする。

【自願】 男女双方の父母が婚姻を決定し、当事者の男女を対面させる。媒人は男性を連れて女性の家を訪れて男女当事者が顔を合わせ、贈り物を交換する。この儀礼を「自願［zì yuàn］」という。男性はブレスレット（腕輪）などのアクセサリーとお金を用意して女性に贈る。女性の贈り物は靴の中敷き（「鞋墊［xié diàn］」）［3］や枕カバーなどの刺繍品である。

なお、一九五〇年代以前は、このような儀礼はなかったと話者の景香Lは述べている。つまり、それ以前の時代には婚姻当日まで男女は会うことができなかったということである。前述の『婚姻法』の公布と実施によって恋愛結婚が奨励されたが、農村では依然として包辦婚姻が行われており、その折衷策として恋愛結婚的な「自願」の儀式が一九五〇年代以降に行われるようになったと考えられる。

【定婚】男性側が陰陽先生に縁起の良い日を占ってもらい、その日に女性側の家に婚約の締結に行くことを「定婚［dìng hūn］」という。当日は男女双方の当事者、当事者の父母、双方の血縁の近い親族が参加する。男性側は、ナツメ（棗）、酒、茶、氷砂糖、羊・豚肉などの贈り物を準備する。当日は女性の父母は男性の父母に「彩礼［cǎi lǐ］」という結納金を要求する。この彩礼は礼金［4］、三金（金指輪、金首輪、金腕輪）、衣装などで構成される。男女の双方が彩礼の内容について議論し、双方が納得した後に婚約を締結する。

【送彩礼】男性の父母が「彩礼」を用意し、媒人や近い親戚と一緒に女性の家まで持参する儀礼を「送彩礼［sòng cǎi lǐ］」という。女性の父母は近い親戚を集め彩礼を検収する。女性の父母が彩礼をもらい、娘の「嫁妝［jià zhuāng］」を用意し始める。嫁妝は自分の娘のために用意する持参金や嫁入り道具のことである。

【討婚】男性の父が陰陽先生に結婚の日を占ってもらい、媒人と一緒にその期日を女性の家に通知することを「討婚［tǎo hūn］」と呼ぶ。結婚の期日が決まると男女の双方側が結婚式の準備を行う。それぞれの一族の人々に情報を伝え、「東家」という婚礼を運営する組織の構成を依頼する。

2 結婚式——娘を嫁に出す生家と花嫁を娶る婚家

結婚式は、娘を嫁に出す生家での儀礼と花嫁を娶る婚家での儀礼がある。双方の自宅では多くの儀礼が行われる。簡潔にいうと、花嫁の生家では宗族と親戚、村人のお祝いをもらい、娘を婚家まで送る準備を行う。婚家は花嫁の生家がお祝いの儀礼を行った夜に花嫁を迎えに行き、翌日に婚家でお祝い儀礼を行う。ここでは、筆者が調査した二〇二一年一〇月三日の婚礼の事例を取り上げる。

本事例の新郎は一九八八年四月一四日に生まれた李生H、新婦は一九九三年八月二八日に生まれた星海Lである。二〇二〇年に知人の甘燕Lの紹介で二人は恋愛関係を確立し、二〇二一年九月に婚約を結締した。結婚式は二〇二一年一〇月三日（農暦八月二七）に新郎の自宅で執り行った。

【添箱】 結婚式の前日に女性側の宗族（党家）、親戚と村落の人々が贈物を用意し、女性の家で祝う儀礼を行う。お祝いに来る親戚が用意した贈り物は女性の「嫁妝」を入れている箱に添付するため、この儀礼を「添箱［tiān xiāng］」という。この日の前から、女性の父母は宗族（党家）と親戚の人々に男性側の家で行う結婚式へ赴くように依頼している。さらに宗族、親戚の中から六人あるいは八人を依頼し「送親隊伍」を組む。

「送親隊伍［sòng qīn duì wǔ］」は花嫁の父母に代わって花嫁を連れて安全に婚家まで送る人々である。送親隊伍は一名の男性が担う「送親爺爺［sòng qīn yé yé］」と一名の女性が担う「送親奶奶［sòng qīn nǎi nǎi］」に加え、四人あるいは六人のサポート役の合計六人あるいは八人のメンバーで構成されている。送親隊伍は花嫁を安全に婚家まで送ることが主たる使命とされており、メンバーには女性側の身内の人か、親しい関係の人を選ぶ。そして、送親爺爺と送親奶奶は花嫁の生家の権威と面目を象徴しているため、顔立ちが端整であることが要求され、さらに、夫婦生活が円満で、子孫が繁栄しており、言葉遣いが丁寧で、円滑に問題などを解決する能力までもが要求される。送親爺爺と送親奶奶は夫婦である場合が多い。

【娶親】 花嫁を生家から婚家まで迎え入れる儀礼を「娶親［qǔ qīn］」という。「添箱」を行った日の夜に、婚家は「娶親隊伍［qǔ qīn duì wǔ］」を組んで花嫁の生家に花嫁を娶りに行く。この娶親隊伍も前述の送親隊伍と同じく、主たる役割を担う一名の男性の「娶親爺爺［qǔ qīn yé yé］」と一名の女性の「娶親奶奶［qǔ qīn nǎi nǎi］」、四人あるい

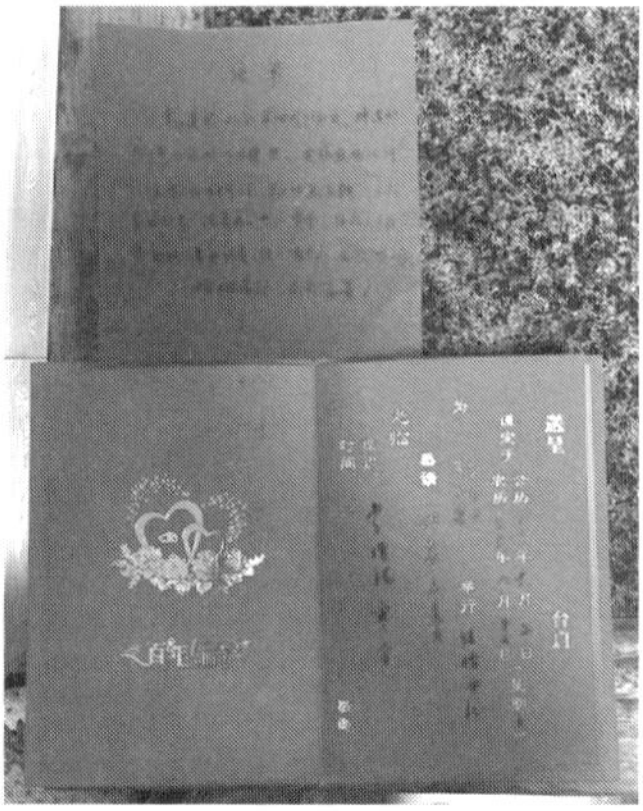

写真①　信単（上）と酒貼（下）

写真②　花嫁の生家への贈り物を用意する花婿の父

は六人のサポート役の合計六人あるいは八人で構成されている。娶親隊伍のメンバーが選ばれる条件も送親隊伍と同じである。婚家の娶親隊伍と生家の送親隊伍の成員には、花嫁の干支と相克する人、離婚した経験がある人などは絶対に編入しない。娶親隊伍が持っていくものは、陰陽先生に卜占してもらった「信単［xìn dān］」と、花嫁の党家への婚礼の招待状である「酒貼［jiǔ tiě］」という二通の書類（写真①）、花嫁の衣装と化粧品などが入った箱、花嫁の生家への贈り物を入れた箱（写真②）である。婚家から生家への贈り物は、肉塊、酒、茶、紅棗《ナツメ》、くるみ、一二個の饅頭である。信単という書類には、新郎新婦の生年月日、花嫁が生家から出発する時間、結婚儀礼を行う場所の情報、禁忌事項などが記入されている。信単の内容を引用する。

信単　乾造於八八年四月十四日、坤造於九三年八月二十八日健生。定於農暦八月二十七日、陽暦十月二日、早上四点上轎。上下轎車頭向東、洞房床上坐北望南。防忌三相、虎馬狗、要迎送人貴相、豬兎羊、龍鼠猴六相。婚姻選擇、長命富貴。

（花婿は一九八八年四月一四日に、花嫁は一九九三年八月二八日に生まれた。結婚式は農暦の八月二七日、すなわち陽暦の一〇月二日に行われる。新郎新婦は当日朝の四時に車に乗り、生家から出発する。乗降の際には車の頭を東の方向に向けるようにする。新郎新婦は婚家に到着後、ベッドに南を向いて座るべきである。虎、馬、犬の三つの干支に生まれた人とは相性が合わないため、生家出発から婚家到着の間、会ってはならない。花嫁を迎送する人は、猪、兎、羊、龍、鼠、猴の六つの干支に生まれた人がいい。婚姻の選択は長命と富貴をもたらす）

娶親隊伍が花嫁の生家に到着する時間と生家から花嫁を連れて出発する時間は、陰陽先生の占いで厳格に決められている。一般的に到着する時間は午後一一時から一二時の間とされている。

娶親隊伍が花嫁の生家に到着し、時間になったら爆竹と花火などを鳴らす。そして、生家の親戚が中から錠をかけた戸を開けるよう外から声をかける。生家の人々が娶親隊伍に「深夜なのに何故にこちらのドアをノックするのか」と問い、娶親隊伍は門の中に一つずつ「紅包［hóng bāo］」［5］を入れ、「遠くから美しい花を移しにきた」と答える。こうした問答を行い、生家は娶親隊伍を家の中に迎え入れる（写真③）。娶親隊伍は花嫁衣装と化粧品などを花嫁に渡す。花嫁衣装は赤い色で作り、花嫁が最も内側に着る下着から最も外側に着用するコートやアクセサリーまでをセットにしている。

【下酒貼】 花嫁の父母に娶親隊伍が酒貼という女性側の関係者を婚家まで招待する招待状を差し上げることを「下酒貼［xià jiǔ tiē］」という。花嫁の父母がこれを受け取ると、花嫁は生家の服を全て脱ぎ、婚家が用意した花嫁衣装に着替え、化粧をする。娶親隊伍と送親隊伍は食事をし、規定の出発時間を待つ。

写真③　花嫁の生家と娶親隊伍との問答

【出門】 時間になると、花嫁の父母は別の部屋にこもり、花婿と花嫁は生家の中堂［6］に祀ってある神と祖先に告別の儀礼を行う。その後、花婿が花嫁を車の中まで背負って運ぶ。これは、花嫁の足に生家の土がつくのを防ぐためで、何物も生家のものを婚家に持ち出さないという意味で行われるとされる。花嫁は中堂から出る際、生家で使っていた箸の束を後ろに投げる。これは、これから生家で食事をしないという絶縁の儀礼だと考えられる。花婿と花嫁が乗る車には、「圧轎娃［yā jiào wá］」という花嫁と干支の相性がいい児童を乗せる。この子どもは男児（一〇歳前後）で、花嫁をあらゆる災いから守る役割があるとされる。「轎［jiào］」は花嫁を運ぶ「駕籠」、「圧［yā］」は「鎮座する」という意味である。この花嫁が生家から出る儀礼を「出門［chū mén］」という。

【迎親】 夜明けごろ、娶親隊伍と送親隊伍が花嫁を連れて家に到着する。婚家で花嫁を待っている人々は松の薪の上に塩を撒いて、薪を燃やす。さらに爆竹と花火を鳴らす。婚家に到着した花嫁と圧橋娃は降車せず、婚家の人々が紅包を渡して家に入るように懇願するまで車の中にいる。花嫁と圧橋娃に一定程度の紅包を与えると、圧橋娃が自動車の扉を開け、花嫁が降車する。花嫁は燃やしている松の薪の上を跨ぐ。この一連の儀礼を「迎親［yíng qīn］」という。

【拝天地】 娶親隊伍は花婿と花嫁を婚家の中堂まで案内し、進行役の指示でまず天地に向けて、次に花婿の両親に向けて、そして夫妻の間でお辞儀をする。この「拝天地［bài tiān dì］」の儀礼によって、花婿と花嫁が夫婦になり、進行役によって新郎新婦の部屋に案内される。

【禳床】 新郎新婦が自分の部屋に到着したら、オンドルあるいはベッドの中央に座る。オンドルやベッドの上には落花生、紅棗、飴などが散らされている。婚家は、宗族、親戚、村人の中から徳望があり、円満な家庭を持つ人に依頼して、「禳床［ráng chuáng］」の儀礼を行う。「禳」は「災いをはらう」という意味である。禳床という儀礼には、災いを払うほか、出産、長寿、幸運などの祝福の意味がある。依頼された人は、両手に饅頭と落花生などの食べ物を入れた容器を持ち、まじないを唱える（写真④）。その言葉を引用する。

禳床、禳床、金玉満堂。一対新人歓歓喜喜入洞房。双双胡桃単棗儿、明年养哈个尕宝儿。双双棗儿単核桃、养哈女儿繡荷包。左脚踏上白虎頭、七対騾子八対牛。右脚踏上白虎尾、七担谷子八担米。禳床、禳床、一禳、禳了个青龍床。二攘、攘了个龍鳳床。三禳、禳了个白虎不占床。四禳、禳了个状元郎。五禳、禳了个棒元郎。六禳、禳了个六儿郎。七禳、禳了个疼新娘、小两口的日子就像是十五的月亮。八禳、禳了个八福長寿。九禳、禳了个九子連登。十禳、禳了个幸福大満堂。胡桃棗儿的撒一把。圧了天煞圧地煞、圧了七十二大煞。叫新人向前来、一対元宝滚進来、我勧親朋好友出新房、新郎下来了把門頂上。

（はらえ、はらえ、黄金や宝玉などの財宝が家中に満ち溢れる。新郎新婦は喜んで洞房に入る。新郎新婦はクルミ二つとナツメ一つを食べよう、そうすれば来年は可愛らしい男の子が生まれる。新郎新婦はナツメ二つとクルミ一つを食べよう、そうすれば刺繍ができる女の子が生まれる。私の左足は白虎の頭に踏み上げられ、新郎新婦は驢と牛などの畜力が多く手に入る。私の右足は白虎の尾に踏み上げられ、新郎新婦はたくさんの農産物を収穫できる。はらえ、はらえ、一祓は、青龍（新郎）のベッドを祓い清める。二祓は、龍鳳（新郎）のベッドを祓い清める。三祓は、白虎（新婦）が独り占めしないように祓い清める。四祓は、新郎が状元郎（科挙の主席及第者）になる。五祓は、新郎が武状元（武挙での成績第一位）になる。六祓は、新郎新婦が多くの子孫を生育できる。七祓は、新郎は新婦を大切にし、夫婦の生活が十五夜の月のように円満になる。八祓は、新郎新婦が多くの幸福と

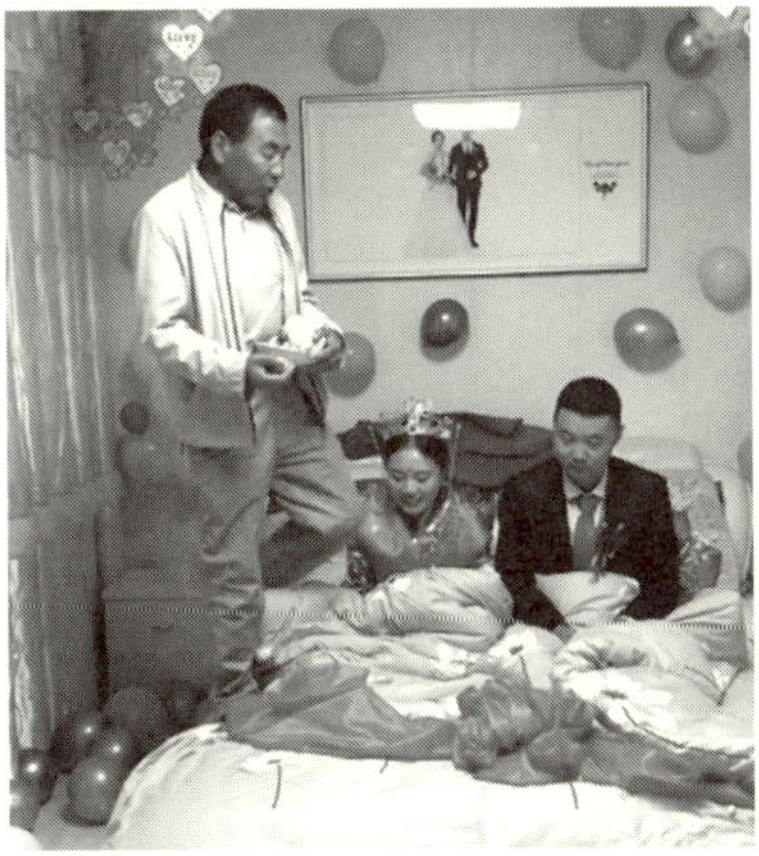

写真④　禳床の儀礼

長寿を得る。九祓は、子孫の全員が人材になる。九祓は、新郎新婦の生活には幸せが満ち溢れる。また、クルミとナツメの実をばらまこう、そうすれば天煞と地煞（風水において凶作用を起こす要素）を抑え、七二の大凶を抑える。新郎新婦よ、私の近くに来いよ。この一対の元宝を二人に渡す（両手に持った饅頭を新郎新婦に渡す）。親戚と友人の皆さん、新郎新婦の部屋から退去しよう、新郎はベッドから降りてドアを閉めよう）

【棗茶】 禳床の儀礼が終わると、関係者の全員が新郎新婦の部屋から出る。そして、婚家は娶親隊伍と送親隊伍の全員に紅棗で作った甘い「棗茶［zǎo chá］」を入れる。その後、東家は全員に宴会料理を提供する。棗茶を飲んだ後の朝に、新郎と新郎の父が一族の祖墳に参り、祖先に結婚の報告をする。

【邀請娘家人】 墓参りの後、新郎は酒などの礼品（贈り物）を持ち、花嫁が安全に婚家に到着していることを花嫁の生家の人々（以下「娘家人」とする。娘家人とは、嫁の父母と兄弟を含める生家の一族のこと）に報告し、当日の婚礼への参加の案内をする。婚家の東家がドアのところに「接卓［jiē zhuō］」という娘家人を迎えるテーブルを用意する。娘家人たちが婚家に入る最初からお酒で歓待するという意味である。

写真⑤　娘家人による擺針線

【擺針線】 娘家人が婚家に入ると、まずは甘い棗茶を飲ませる。その後は嫁妝などを婚家の庭の中央に置く。花嫁の嫁妝を婚礼に参加しに来る親戚と村人に見せ、特に刺繍品（靴の中敷きや枕カバーなど）を展示し、花嫁の縫い物の技術を披露する儀礼を「擺針線［bǎi zhēn xiàn］」という（写真⑤）。

【冠帯と抬針線】 花嫁の縫い物の技術を披露した後、娘家人は花婿に用意した靴や服などを着せる。この花婿に新しい服を着せる儀礼を「冠帯［guān dài］」という。この儀礼は、新郎の出世に期待していることを意味している。

また、娘家人は花嫁の嫁妝から舅姑や花婿の兄弟姉妹などの親族に刺繡品を渡す。この儀礼は「抬針線［tái zhēn xiàn］」という。

【謝媒】男女双方の親が謝礼（金銭）と衣装などを用意し、媒人に渡す。この媒人に婚姻の成立の役を果たした礼をする儀礼を「謝媒［xiè méi］」という。

【宴席】一連の儀礼を行った後で、婚家は婚礼に参加する人に食事を提供する。新郎新婦は酒器と酒を持ち、参加者全員に酒を勧める。

【上馬三杯酒と送娘家人】食事をした後、娘家人は婚家を出る。婚家の人は酒と酒器を持って娘家人について行き、乗り物（バスなど）に乗る前に娘家人に三杯の酒を振る舞う。酒を飲ませた後、娘家人は乗り物に乗り、新郎新婦と婚家の人はそれを見送る。この三杯の酒を「上馬三杯酒［shàng mǎ sān bēi jiǔ］」といい、この娘家人を送別することを「送娘家人［sòng niáng jiā rén］」という。かつては馬が移動手段であったため「上馬」という。

【謝東】結婚式の運営や食事などを支度するのが、婚家の一族の人々で構成した「東家」という組織である。娘家人が帰宅した後、婚家の人は東家の人への感謝の印として、枕カバーなどを贈り、食事を振舞う。このように、東家に感謝する儀礼を「謝東［xiè dōng］」という。そして、東家の人々は新郎の父母と父の兄弟、その配偶者たちに対して無礼講を行う（写真⑥）。たとえば、顔にいたずら書きをし、扮装させるなどして面白おかしく踊らせる。新郎の父親の身体のどこかに「火爺［huǒ yé］」（性欲を意味する言葉）と書く。これは、この儀礼の終了後は父親と嫁の関係を持つべきであると戒める意味があるとされる。

写真⑥　新郎の父母に対する無礼講

【鬧洞房】婚礼に関与した宗族、親戚、村人は新郎新婦の部屋に行って、ちょっかいを出すなどして騒ぐ。この宗族や親戚、村人が新郎新婦の部屋で騒ぐ儀礼を「鬧洞房［nào dòng fáng］」と言う。たとえば、二人の間に食べ物を吊るし、いきなり引き上げることで二人に口づけさせるなど、一見ふざけた行為に見えるが、二人の仲を取り持つ目的もある。

【下厨房】結婚式の翌日は、新郎新婦は一族の人々に棗茶を献呈する。新婦は姑と他の一族の女性と共に初めて厨房に入り、料理を作る。料理は餃子と決まっており、新婦を中心とした女性が作った餃子を集まった一族の全員に振舞う。この新婦が初めて婚家で料理をする儀礼を「下厨房［xià chú fáng］」と言う。これは、厨房で料理をする役割を姑から嫁に分配するという意味がある。

3　結婚後の儀礼——姻戚の確認と花嫁の身分転換

【認門】結婚式の三日後、新郎新婦は新郎の父母の指示で、まずは、花嫁の実家に向かう。そして、新郎新婦両方の血縁関係の近い親戚の家を廻る。特に新郎新婦の母親の兄弟の家、新郎新婦の従兄弟などを訪れることが多い。こうした新郎新婦が親戚の家を訪問することを「認門［rèn mén］」と言い、この認門の儀礼によって、姻戚関係が社会的に承認される。

【回娘家】新郎の母親と新婦の母親が相談して日取りを決め、新婦が実家に帰省する。新婦が実家に帰省する儀礼を「回娘家［huí niáng jiā］」と言う。一般的には、結婚の一週間後に新郎が新婦を実家に連れて行き、新郎は泊まらずに帰る。新婦は七日間実家に滞在する。この新婦が結婚後に初めて帰省する行為は、婚出した娘は実家の一員から親戚になったという身分の転換を示している。

以上は話者の景香Lの話と筆者が二〇二一年に調査した事例の内容を整理したものである。こうした婚礼の多くの儀礼は、現在の青海省の漢民族の婚礼において伝承されている。

三　婚礼と葬礼の関与者と担い手

前節では、青海省の漢民族の婚礼のプロセスをみてきた。ここでは、婚礼と葬礼に関与した人々と各儀礼の担い手を見てみる。

1　婚礼と葬礼における五種類の関与者

第一章に示したように、青海省の漢民族の日常の生産労働と祭祀儀礼には、関与者として血縁、姻戚、地縁、雇用などの関係性から、大別してⒶ家族、Ⓑ党家（宗族）、Ⓒ親戚、Ⓓ庄員（村人）、Ⓔ職能者の五者が関与している。この五者が婚礼と葬礼にはそれぞれの役割を分担し、儀式を進行させる。ここでは、この五者が婚礼と葬礼において具体的にどのような役割を分担しているのかを見てみる。婚礼では次のようになる。

Ⓐ家族　結婚適齢期の男性の親が息子の結婚相手を媒人に依頼して探す。媒人の紹介で結婚適齢期の男女の親が婚約を締結し、婚礼が執り行われる。家族である親が婚礼を進行させる主要な担い手である。結婚相手の選定、婚約の締結、婚礼の執行には、親が主な経費の提供者となる。

Ⓑ党家　男女双方の伯父（父の兄）、叔父（父の弟）は、媒人が結婚相手を紹介した後、その親とともに、結婚相手とその家族の状況を確認する。一族の成員になる花嫁、一族の成員の女性を嫁にする花婿をはじめ、それぞれの家族の人柄、経済状況などを検分する。また、「添箱」と「結婚式」という男女双方の家で行われるお祝いの儀

礼を運営するのは、党家の成員で構成した「東家」である。「東家」のリーダーである「大東」が婚礼の責任者として、儀礼の運営と客の対応を行う。
Ⓒ**親戚**　男女双方の舅父（母の兄弟）は「骨主」として、媒人が結婚相手を紹介した後、その親とともに、結婚相手とその家族の状況を検分する。
Ⓓ**庄員**　婚礼において庄員は結婚のお祝いをする。
Ⓔ**職能者**　結婚相手を探す職能者である媒人は男性の親が招請する。婚姻は媒人が紹介し、双方の間に入って取り持つことで成立する。また、男女の干支と「八字」によって宗教的職能者である陰陽先生が双方の結婚の相性を卜占する。

この五者の青海省の漢民族の葬礼での役割はすでに第一章で述べたが、改めて簡単に整理する。
Ⓐ**家族**　家族である息子とその配偶者が親を扶養し、親が六〇歳を超えると死後用の葬具の棺材を準備する。また、病気になると息子とその配偶者が看病し、危篤をむかえると地域社会から喪主という葬礼の全般を統括する喪主を探す。死亡後、家族が死者の遺体を霊堂に安置し、葬礼のすべてを庄員の喪主と党家の東家に任せる。葬礼を行う期間、家族は喪主の指示で多くの儀礼に参加するが、葬礼の進行に関する仕事は一切しない。
Ⓑ**党家**　死者の死亡後、家族はその死を速やかに党家（一族の人々）に通知する。党家が死者の死亡を受け、喪家に集まり、葬礼の規模などについて相談する。さらに、葬礼の実行組織としての「東家」を構成し、喪主の指示で葬礼（葬礼の準備から死者の埋葬まで）を立ち上げる。党家が構成した東家は葬礼の重要な労働力で、葬礼を実行する人々である。
Ⓒ**親戚**　葬礼での地位が一番高いのが上位親戚である。上位親戚に死者の死を通知する際には、喪主自らが「訃

告」と「請帖」を持ち出かけていく。また、弔問の際、上位親戚のため迎え用の「接卓」が用意され、験孝の儀礼までは孝を着用せず、家の中の一番尊い席に座る。上位親戚の葬礼での一番重要な役割は「骨主」として、「験孝」の儀礼を行うことである。つまり、上位親戚は喪家にとって一番重要な葬礼の関与者である。平等親戚にも死者の死亡が通知され、葬礼に誘われる。弔問の際には、観衆として上位親戚と共に葬礼の正当性を判断する。下位親戚である婚出した娘は、生前には親に寿衣を用意する。また、死亡の通知を受けると速やかに弔問に訪れ、最も高額の香典を渡す。さらに、死者の家族と同様に棺材の両側に跪き、様々な儀礼に家族と同様に関与する。

Ⓓ庄員　庄員は同じ村落に生活する人々であり、葬礼の統括者として死者家族の代わりに葬礼を運営するので、喪家が庄員の中から葬儀経験が豊富で、品徳を評価された人を選択し、喪主として葬礼の全てを任せる。その後、喪主は喪家の意思を受け、その意思に従って葬礼を立ち上げる。また、験孝の儀礼では死者の責任者である骨主に対して、喪主は死者家族の生者の代表者となる。喪主は骨主の死者に関する疑問に回答し、骨主と死者家族の関係を潤滑にする役割がある。また埋葬の際、喪主は党家と庄員を指揮して、棺材を墳地に埋める。一方、喪主は二名であるのに対して、数多くの庄員が葬礼に関わる。葬礼の弔問者の七割が庄員である。庄員は弔問後、験孝の儀礼の様子を見る。また、死者を埋葬する際、庄員の青壮年が主要な労働力となる。つまり、庄員から選ばれた喪主は葬礼の最高統括者であり、葬礼の進展を把握し、喪家の利益の代表者となる。また、喪主以外の庄員は葬礼の弔問や埋葬の主な関与者であり、上位親戚の骨主の験孝の儀礼に立ち合い、平等親戚とともに葬礼の正当性を判断する役割を担う。

Ⓔ職能者　葬礼には、道教を象徴する陰陽先生、儒教を象徴する礼儀先生、チベット仏教の僧侶アカ、哨吶演奏者、料理人などを招請する。職能者個人は喪家とは特別な関係にはないが、宗教的職能者の各作法が葬礼の重要な儀礼となる。無償で労働を提供する党家と喪主に対して、職能者は喪家とは金銭が発生する雇用関係となる。

2　東家と党家と骨主

青海省の漢民族の婚礼と葬礼の運営の実務を担うのが、党家の成員で構成する「東家」である。東家は婚礼と葬礼を運営する執行役で、無償で労働力を提供する。東家のリーダーとしての「大東」は、東家の人々に役割を割り振る。婚礼では、大東が責任者として儀礼を運営する。葬礼は村落の人々から選ばれた「喪主」が最高の統括者として運営し、大東は喪主の補助役になる。大東は婚礼と葬礼では役割が異なるのである。

婚礼では、親とともに血縁関係の近い党家が、結婚相手とその家族の状況を検分する。葬礼では、死者の年齢、婚姻状況、後継者の有無、死因などの条件で死者の身分を検分する。検分の結果は、党家が「東家」として儀礼を行うかどうかに影響する。つまり、当事者が一族の成員として認められた場合のみ、党家が「東家」を構成して儀礼を行うのである。

具体的に、儀礼における党家による検分の内容を見てみる。

婚礼において、結婚相手を探す段階では、男性側の党家（花婿父の兄弟）は花嫁の人柄、見た目の良さ、性格、孝行などを検分する。女性側の党家（花嫁父の兄弟）は花婿の人柄、経済力、犯罪履歴の有無などを検分する。この党家による検分の結果が婚姻の成立に多大な影響を与える。

また、葬礼でも党家が死者に対して検分を行う。死者が死亡後、家族はその死を速やかに党家の人々に通知し、葬礼の運営を要請する。党家は喪家に集まり、死者の死に至る経過などの状況を検分し、その身分に相応しい葬礼の規格を判断する。それは、青海省の漢民族は、死者を「祖先」、「先人（死後宗族）」、「鬼」という三種類に区分しているからである。この三種類の死者はその身分によって、埋葬地、族譜への記名、祭祀などの状況がそれぞれに異なる。この死者の身分を検分するのが党家である。

儀礼での検分は党家だけではなく、骨主も行う。骨主は、死者が男性の場合は母の実家の父や兄弟である。女性の場合は実家の兄弟がなるが、その女性が婚家で生んだ子どもの骨主にもなる。婚礼時の骨主は嫁となる女性の母の実家ということになる。骨主は、婚礼では、党家と同様に結婚相手とその家族の状況を検分し、その結果も婚姻の成立に多大な影響を与える。逆に、婚礼で男女双方が相手の状況を検分する際には、骨主まで検分対象となる。

葬礼で、埋葬の前日に行われる「験孝」では骨主が死者の遺体と死因を検分し、死者の息子が親孝行であるかどうかを判断する。この儀礼によって、骨主の検分を党家が確認、承認する。

以上のように、青海省の漢民族の婚礼と葬礼は党家で構成する「東家」という組織が運営するのであり、父方親戚の党家が重要な役割を担っている。しかし、それだけでなく、その一族の成員であるかどうかの検分には党家に加えて母方親戚の骨主も深く関与する。つまり、青海省の漢民族の葬礼と婚礼においては、父方の党家と母方の骨主が検分を行い、当事者の身分の確定には両者の承認が必要である。党家は父方の「家筋」であるのに対し、骨主となる母方親戚は、検分対象であるその当人の「血筋」にあたる。日常の生活、相続、祭祀などは家筋のみで継承されているのに対し、婚礼や葬礼などの人生儀礼の検分には家筋と血筋が対等に関係していると予測される。

四　婚礼と葬礼の歴史的変遷

前節では、青海省の漢民族の婚礼と葬礼のプロセスをみてきた。ここでは、一九五〇年代以降の婚礼と葬礼の歴史的な変遷についてみておく。

表① 西寧市湟中区李家山鎮HW村・李氏の婚礼の変遷

	結婚相手			合計事例数	結婚式の場所		儀礼での媒人の使用	婚慶業者の介入
	知人の紹介	媒人の紹介	恋愛		自宅	ホテルで披露宴		
1950年代	2	4		6	6	×	○	×
1960年代		5		5	5	×	○	×
1970年代	2	7	1	10	10	×	○	×
1980年代	5	8	3	16	16	×	○	×
1990年代	9	5	3	20	20	×	○	×
2000年代	4		2	6	5	1	○	○
2010年代	1		4	5	4	1	○	○
2020年代			3	3	2	1	○	○

一九五〇年五月一日に公布、実施された『婚姻法』により、「一夫一妻」という婚姻制度が規定された。最後に青海省の農村部である西寧市湟中区李家山鎮HW村・李氏一族の事例を通して、一九五〇年代以降、青海省の漢民族の婚礼がどのように変遷してきたのかを追跡してみる。

第二章で述べたように、李氏一族はHW村では最も人数が多い一族である。一九五〇年以降、四三名の花嫁を迎えいれ、二八名を嫁に出し、合計七一例の婚礼を行った。この七一事例を結婚相手の選択方法、結婚式の場所、媒人の使用、婚慶業者の関与の四項目から表①にまとめた。

李氏一族では一九五〇年代から一九六〇年代のベビーブームに生まれた子が、一九七〇年代から一九九〇年代の二〇年間に結婚期を迎え、婚礼数のピークがおとずれた。その後、一人子政策の影響で、二〇〇〇年代から結婚適齢者の人数が減少した。さらに、経済発展と高等教育の普及によって若者が農村から離れて都市部に移住し、考え方の変化や経済重視などによって結婚年齢が以前と比べて高くなった。

表①にみるように、婚姻仲介を職業としている媒人に依頼し結婚相手を探すという方法は、一九九〇年代までは主流である。しかし、二〇〇〇年代には媒人による仲介はみられなくなる。若い男女が恋愛を経て結婚に至るというケースは一九七〇年代から始まり、二〇二〇年代には主流となっている。しかし、すべての人が恋愛結婚できるというわけではないため、親戚や上司といった知人による結婚相手の紹介が現在でも残っている。

また、結婚式の場所については、現在でも村落の自宅が一般的である。しかし、一九九〇年代から花嫁を迎える当日の披露宴は、酒店（ホテル）で行うというケースが出てきた。李氏一族では自宅で行う婚礼の場合には「婚慶業者」は使用してない。ところが、酒店で披露宴を行う際には「婚慶業者」を使用する。李氏一族には見当たらないが、農村の自宅で婚礼を行う際にも、「婚慶業者」を使用して、西洋式か中華式の結婚典礼を行うケースがある。

二〇〇〇年代以降は、専門の媒人を介して結婚相手を探すという事例が見当らず、恋愛結婚という方式が主流になったと言えるが、相手を紹介してくれた知人や、恋愛結婚の場合には互いに知っている人などに婚礼での媒人の役を依頼することは続いている。

［1］「包辦婚姻」（見合い婚）とは、本人の意思とは関係なく、家族（父母）が家柄などで結婚の相手を選んで結婚させる婚姻形態である。包辦婚姻は「父母之命、媒酌之言」と言われ、父母の取り決めに従い、媒妁を立てることで成立するものと考えられている。

［2］話者の景香Lは一九四一年九月九日に生まれ、一九五六年に夫の李永Fと結婚した。夫との間に四人の息子と二人の娘をもうけ生育した。

［3］「鞋墊」はかつて布靴を履いていた頃の名残といえる。刺繍を入れた中敷きは布靴の中に敷き、普段履きとした。

［4］青海省の現在の「彩礼」の礼金は一〇万元（約六〇万円）前後である。

［5］「紅包」はご祝儀やお年玉のことである。中国の旧正月、誕生日、結婚式などお祝い事があった際、良い願いを送る方法として使われる。

［6］中堂は家の母屋の中心に位置する部屋で、神像や祖先の位牌などが祀られている。

第六章　葬礼と喪服

一　問題の所在

清時代（一六四四～一九一二年）の雷鐏（一七四〇年～不明）は、『古経服緯』の「開宗明義」において「地位の尊卑、親族の内外、血縁の濃淡を区別することにおいて服制より詳細なものはない」と、服制の意義について述べている〔1〕。中国における重要な服制のひとつとして喪服があり、その形式は死者とその服を着た当人との人間関係を明示するのはいうまでもない。

儒教の経典である『礼記』と『儀礼』の内容に基づき、古代の中国は葬礼に着用される喪服のことを、「斬衰[zhǎn shuāi]」、「斉衰[qí shuāi]」、「大功[dà gōng]」、「小功[xiǎo gōng]」、「緦麻[sī má]」の五つに分類し、これを「五服[wǔ fú]」と呼ぶ。「五服」は、布地の精粗、裁縫の様式、着用期間の長短などに厳密な規定があり、こうした喪服の差異によって「五等服制」という親族関係が明示される。さらに「五服」では、死者の親族に対する服喪期間、役割分担、着用期間の禁忌（生活規範と禁忌）などを定め、どのような衣装を着用しているかで死者との関係の濃淡（親等）を表わしている。

こうした「五服」についての研究には、谷田孝之『中国古代喪服の基礎的研究』（風間書房、一九七〇年）、広池千九郎『東洋法制史研究』（内田智雄校訂、創文社、一九八三年）、丁凌華『中国喪服制度史』（上海人民出版社、二〇〇〇年）などがあり、「五服」の服制に関する文献をもとに、この制度による社会秩序の構築、法律の制定〔2〕への影響、喪服の制度史について論じられている。しかし、これらの研究は文献に依拠して中国の喪服制度を述べるに留まり、多様な地域社会の実情、喪服制度が一般民衆の葬礼にどのように受容されているかといった漢民族の葬礼における実態は捉えられていない。

たとえば、石奕龍『中国民俗通誌・喪葬誌』（斉涛主編、山東教育出版社、二〇〇五年）では、「明清時代になると、綿布の普及により、喪服を制作する材料も麻布から麻混み布や綿布などが使われるようになった」（筆者訳、一七九頁）と、技術的な変化に伴う喪服の変遷について言及されている。明清時代に青海省へ移住したとされる漢民族［3］の間では、後述のように麻布と綿布の両方を喪服に用いており、実際に喪服の素材が変化した様子がみられる。こうした変遷について、同書では「古典には漢民族の間で統一された「五服制度」が存在している一方、実際には各地の喪服は異なる。喪服は喪家の経済力や地域的な解釈、そして時代影響などにより、各地で多種多様な特徴を持っている」（一八五頁）と述べている。現在も中国における喪服は、従来の「五服制度」に基づく規定・原則に沿っているが、その伝承実態は地域による特色があり、多様性が認められる。

また以上の論考では、各地域で喪服を着用する目的については十分に論じられていない。制度で示された意義だけでなく、各地域で伝承される目的があると考えられる。

そこで、本章では、青海省の省都・西寧市周辺の農村部に伝承される喪服の「孝［xiao］」（調査地では喪服を「孝」と呼び、本章ではその発音をカタカナで「シャオ」と表記する）の実態を把握するとともに、諸様式の比較から当地域におけるシャオの意味を検討する。その上で、調査地の社会秩序や人間関係がどのようにシャオで示されているのかを指摘したい。

二　葬礼と喪服

青海省の漢民族では、生前から死の準備が進められ、死者は華やかな葬礼をもって送り出されて墳地に埋葬され、毎年の忌日や年中行事などでは祭祀が執り行われるなどして丁重に弔われる、という葬送習俗が伝承されて

表① 青海省の漢民族の葬礼のプロセス

段階	行事名称	時間	内容	参加者
生前の準備	祝寿	親の60歳の誕生日から10年ごとに行う	• 誕生日のお祝い • (子→親)棺材と寿衣の献呈	家族、党家、親戚、荘員
臨終	送終	親が危篤	• (息子)荘員から喪主を探す • 喪主は病人に寿衣を着せる • 家族、親縁の党家、喪主は、死者の最期を看取る	家族、党家、喪主
祭奠	請東	死亡直後	• 党家に死の通報 • 東家の成立 • 宗教的職能者を探す	家族、党家、喪主
	停殯	死亡直後	• 遺体を霊堂に安置	家族、党家、喪主
	報喪	死亡翌日	• 親戚に死の通報	喪主、東家
	掘墳	死亡翌日～埋葬前日	• 東家が墳地に墓穴を掘る	東家の男性
	成孝	死亡翌日の午後	• 喪服(シャオ)の着用	家族、党家、喪主
	請亡	死後翌日の午後	• 死者、祖先の霊を喪家に迎え入れる	家族、党家、喪主、宗教的職能者
	弔問	死後3日目	• 関係者による追悼祭祀	家族、党家、親戚、荘員、宗教的職能者
	哭孝	弔問に来る際	• 娘が霊前で泣く	下位親戚
	験孝	埋葬前日の午後	• 骨主による遺体、子孫の孝行の検分	家族、党家、親戚
	送亡	埋葬前日の午後	• 家に迎え入れた霊を送り出す	家族、党家、親戚、喪主、宗教的職能者
埋葬	納棺	埋葬当日の夜明け前	• 遺体の納棺	家族・党家・親戚・荘員の男性、男性喪主、宗教的職能者
	起霊	埋葬当日の夜明け前	• 柩を喪家から墳地まで運ぶ	家族・党家・親戚・荘員の男性、男性喪主、宗教的職能者
	送殯	埋葬当日の夜明け前	• 死者の見送り	家族・党家・親戚の女性、荘員
	埋葬	埋葬当日の夜明け前	• 柩を墳地に埋葬	家族・党家・親戚・荘員の男性、男性喪主、宗教的職能者
祭祀	全三	埋葬後3日目	• 初墓参り	家族、党家、親戚、喪主
	做七	死亡から49日までの7日間ごと祭祀	• 宗教的職能者による読経	家族、党家、親戚、宗教的職能者
	百日	死後100日目	• 墓参り • 宗教的職能者による読経	家族、党家、親戚、喪主、宗教的職能者
	周年	死後1周年	• 墓石を建てる	家族、党家、親戚

きた。葬礼には、死者の家族、党家（宗族）、親戚（姻戚）、庄員（村人）、職能者（宗教的職能者と技能的職能者）が関与し、死者との関係性によって役割を分担する。こうした葬礼の実態と葬礼関与者の詳細については、すでに第一章と第二章にて詳報したため、表①に概略のみを示しておく。

表①にみるように、家族と党家、および喪主らがシャオ（喪服）を着用するのは、死者の遺体を安置した後の「成孝」の儀礼の際である。骨主などの上位親戚は験孝の儀礼の後に、その他の親戚と庄員は弔問の際に喪主からシャオを配られ、遺体を安置する霊堂の前で着用する。

葬礼で着用するすべてのシャオは、死者が亡くなった後、喪主と党家の女性の年配者たちが喪家を訪れて手縫いする。シャオは、粗織の麻布、白と赤の綿布に麻糸、白い綿糸などの材料を組み合わせた「孝帽［xiào mào］」（帽子）、「孝衣［xiào yī］」（着物）、腕と腰に巻く「孝布［xiào bù］」などである。

女性が担うシャオの作成について、簡潔に説明しておく。

幅が一四〇センチメートル位の麻布と綿布をハサミなどの刃物を使わず、手で半分に裂いて縫製する。孝帽の長さは男女、親疎遠近によって異なるが、男性の孝帽に使う布の長さはすべて二・三尺［4］である。死者の近親である女性の孝帽に使う布の長さは七尺、疎遠な女性の孝帽の布は三・五尺である。孝衣は横が一四〇センチメートル、縦が七尺の綿布を用意し、縦半分に折って前面の真ん中を裂いてつくる。着用の際は、裂けた部分を首に掛け、左側の布を上にして交差させて、麻糸を帯として腰に巻く。孝衣には袖を縫い付ける事例もある。また喪主の男性は、死者の後継者がシャオの着用の際に必ず持つ「喪棒［sàng bàng］」を用意する。喪棒は四〇～五〇センチメートルの竹や木の枝に白い切り紙を貼り付けたものである。さらに、死者の家族、党家及び下位親戚の既婚女性は、自前の「青布衫［qīng bù shān］」［5］という青い衣裳を着用する。これらのシャオと持ち物の差異で、死者と着用者との関係性を可視化する。

1　家族のシャオ

家族とは、肉親の親子関係において、死者の親（婚入した女性の場合は舅姑）、配偶者、息子や孫など男性の子孫とその配偶者、未婚の娘・孫娘がその範疇に入る。養子や迎えた婿（婿養子）も家族の成員である。これらのうち、養子、婿養子を含めた息子、孫は、死者の子孫として、葬礼で「孝子」または「孝孫」と呼ばれ、死者の後継者とみなされる。

ここでは、(1)父母（死者が女性の場合は舅姑）、(2)配偶者、(3)後継者、(4)後継者の妻、(5)長孫以外の孫たち、(6)曾孫、(7)長孫以外の孫や曾孫の妻、(8)未婚の女性子孫（娘、孫娘）の順に家族のシャオについて紹介する。前述のように、家族は死者の遺体を安置した後の「成孝」という儀礼においてシャオを着用する。着用期間は立場によって異なるため、脱衣する時期については後述する。また家族全員、死者の死後一年間は、祭りや神事、その他の娯楽行事に参加せず、他人宅や寺廟などに訪れることも固く禁じられる。

(1)父母（舅姑）のシャオ（図①）

死者の父母（舅姑）のシャオは三・五尺の白い綿布であり、父（舅）は左腕に、母（姑）は右腕にシャオを巻く。シャオは弔問式のみに参加する場合は死者を安置した霊堂の前で焼却する。埋葬まで参加する場合は埋葬後三日目の「全三」の儀礼で、死者の墳前で焼却する。

(2)配偶者のシャオ（図②③）

配偶者のシャオについては男女別に記す。

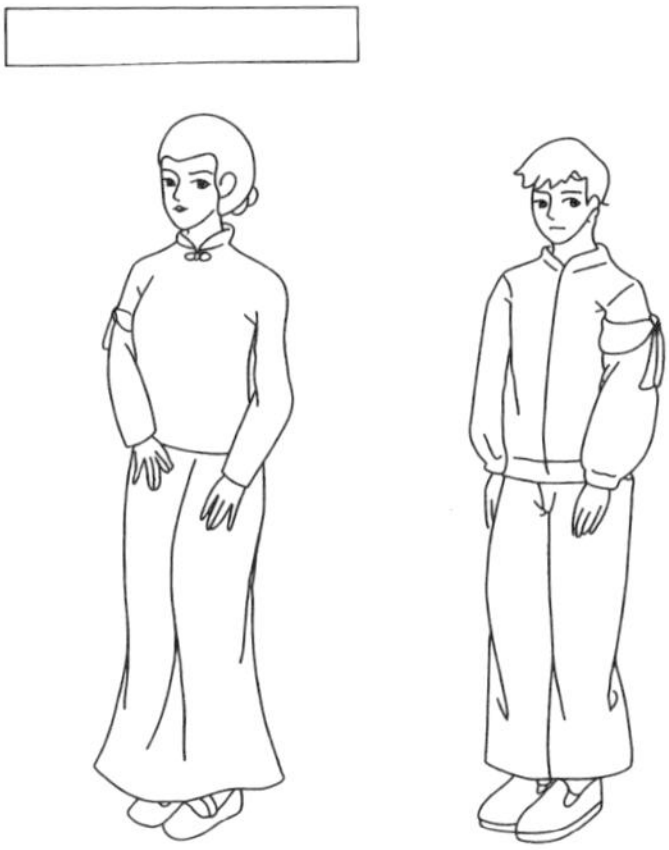

図① 父母（舅姑）のシャオ

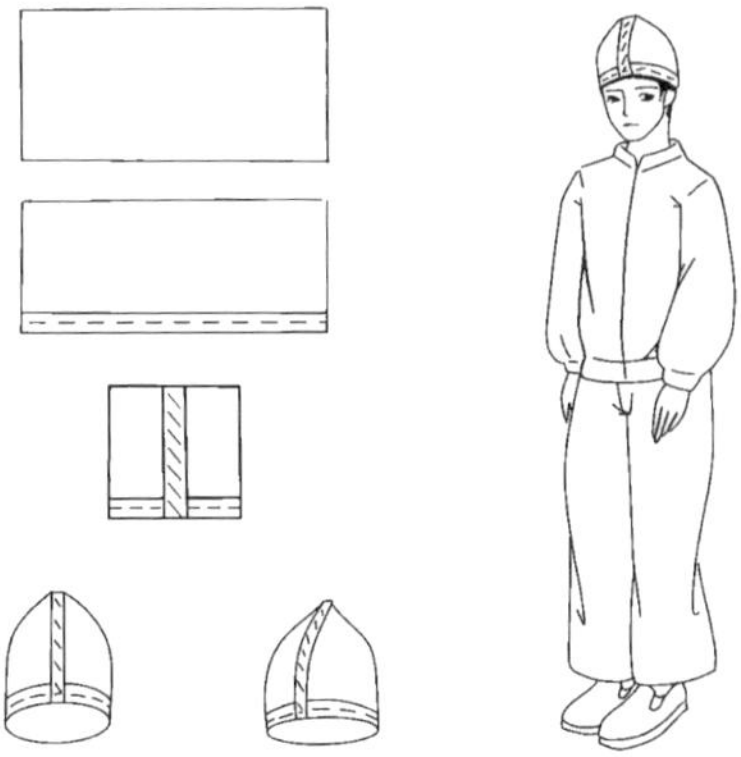

図③ 夫、兄弟、男性親戚のシャオ

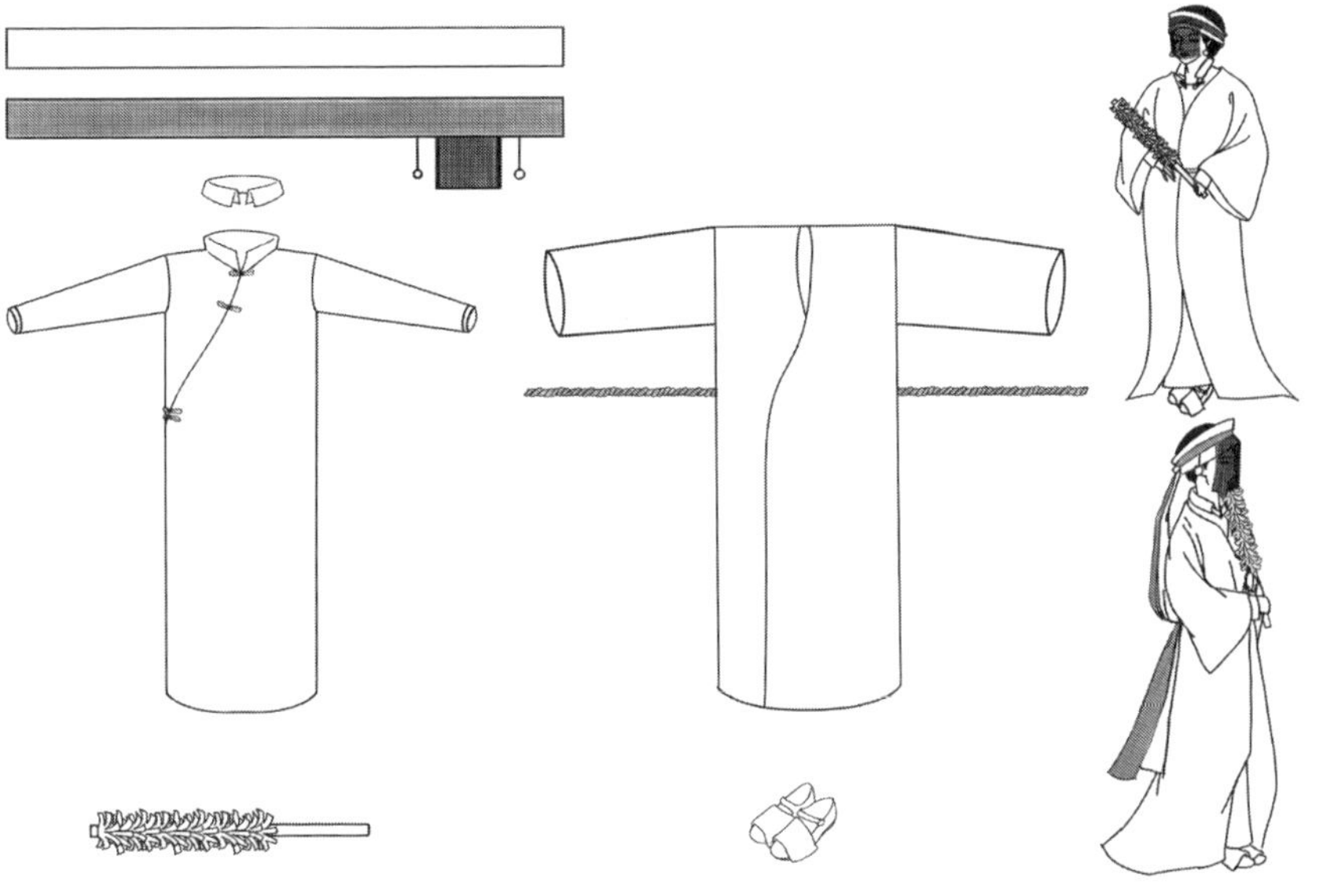

図② 妻、後継者・孫・曾孫の妻のシャオ

〈妻〉 夫が死亡した場合、妻のシャオは孝帽、衣裳（青布衫と孝衣）、持物の三つで構成されている。長髪の場合は、麻紐で髪を頭の後ろに軽く纏める。孝帽は、白い綿布と麻布の二層である。一層目は七尺の白い綿布を頭に巻き、その上に二層目として七尺の麻布を重ねて巻く。巻いた麻布の正面には、顔全体を隠すほどの大きさの麻布を縫い付ける。また、白い糸を麻布に縫い付け、両耳にかかるように綿の玉を垂らす。衣裳、青布衫の上に白綿布で縫製した「孝衣」を着用し、麻紐を腰に巻く。青布衫の襟と布靴に白綿布を縫い付け、「喪棒［sàng bàng］」を持つ。妻のシャオは後継者とその配偶者と同様に最も重いとされる。死者祭祀の際に、妻は死後一〇〇日目までシャオを着用し、焼却する。

〈夫〉 妻が死亡した場合、夫のシャオは孝帽のみである。孝帽は、白い綿布のみで縫製した帽子である。帽子は二・三尺の白綿布を下から上に二センチメートルほど折り上げて縫い付け、白綿布の左右の端を縫い合わせる。そして、帽子の上部の両側を内側に折り込み、先を尖らせた形に整える。夫のシャオは、妻の埋葬後三日目の初墓参りの「全三」の儀礼まで着用し、そのまま焼却する。

(3) 後継者のシャオ（図④）

後継者とは死者の息子たちと長孫（最も年長の孫）のことであり、こうした男性の子孫がいない場合は婿養子や養子たちを指す。なお、婿や養子を含めた後継者がいない場合は、死者の親縁の甥（死者の兄弟の息子、死者が女性の場合は夫の兄弟の息子）が後継者を務める。

遺体の安置後、後継者は速やかに髭や髪を剃り、坊主頭にする。後継者のシャオは、孝帽、孝衣、持物（喪棒）の三つで構成される。孝帽は麻布と麻糸で縫製し、正面は顔全体が隠れるように麻布を縫い付け、両耳のところに糸で綿玉を垂らす。無地の服に着替え、布靴を履く。この無地の服の襟と布靴には白綿布を縫い付ける。その

図④　後継者のシャオ

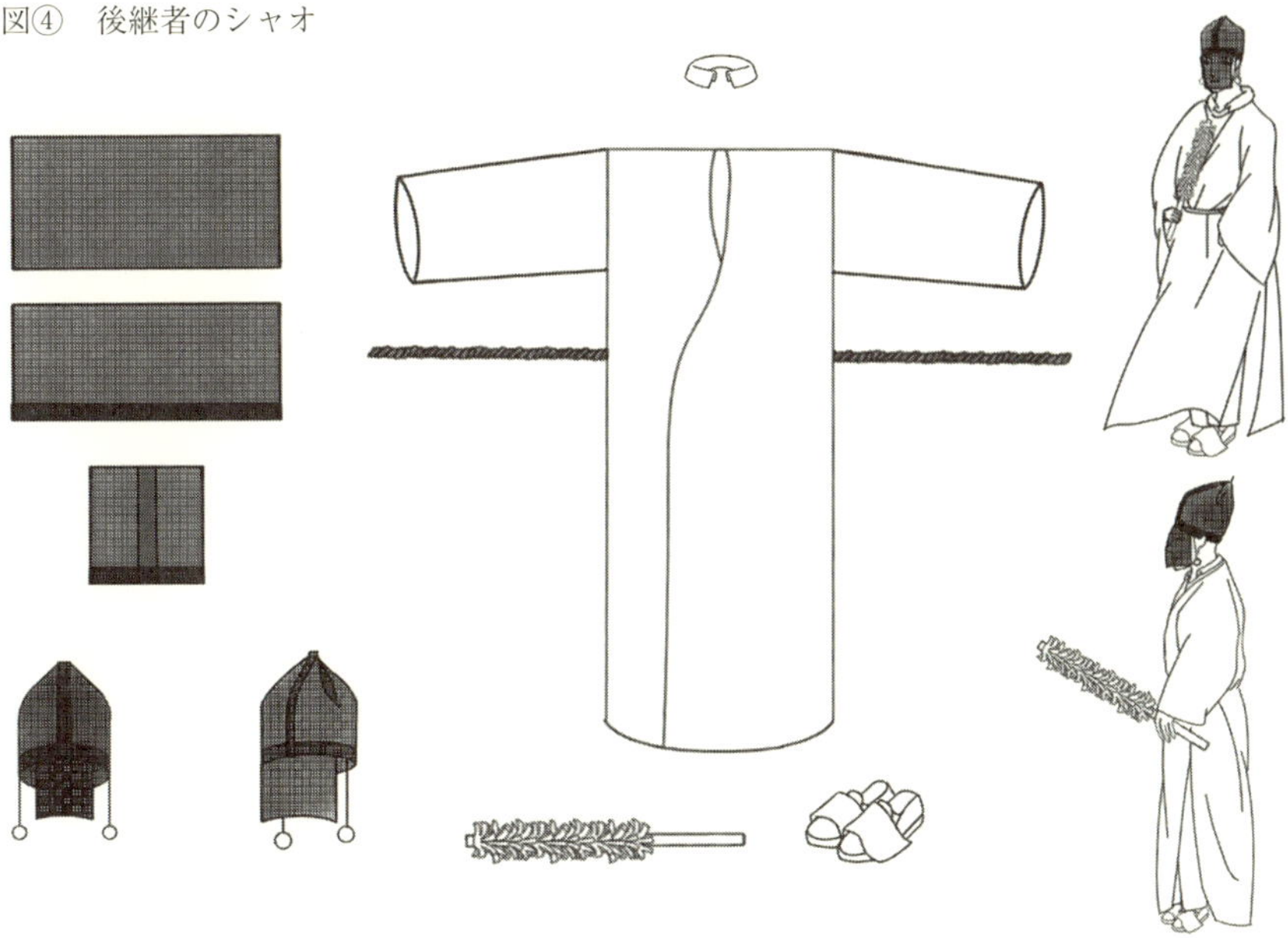

上に白い綿布で作った孝衣を着用し、麻紐を腰に巻く、手には喪棒を持つ。この後継者のシャオは、前述したように、死者の配偶者、後継者の妻と同じく最も重いとされる。後継者のシャオは「成孝」の儀式で着用し、死後一〇〇日目の墓参りまで着用し、そのまま焼却する。

青海省の漢民族は、埋葬後三日目の「全三」の儀礼の日に、死者の墳前に煉瓦を積んで小さな「炕［kang］」（オンドル）［6］を作る。後継者たちは、「全三」から一〇〇日目までの期間、毎夕にシャオを着用して、炕で火を焚く。小麦の藁などの燃料を背負い、死者の魂を導く「引魂幡［yǐn hún fān］」を持って行き、炕にその燃料を入れて火を燃やすことで死者の墳を暖める。この往復路では、他人と話してはならないとされる。一〇〇日目には、家族や親戚が墓参りをして墓碑を建てる（死後一年で建てる場合もある）。この時に炕を撤去し、後継者のシャオを墳前で焼却する。一〇〇日目までの期間、後継者は原則シャオを脱いではいけないとされた。

(4)後継者の妻のシャオ（図②）

後継者の妻は、死者の配偶者、後継者と同じく葬礼での最も重いシャオを着用する。シャオの形式、着用期間は死者の配偶者（妻）と同じである。

(5)長孫以外の孫たちのシャオ（図⑤）

前述のように、長孫は死者の後継者に含まれるため、ここでは除外する。長孫以外の孫（以下、孫）のシャオは三つで構成され、死者の後継者のシャオとは若干異なる。頭髪や髭を剃り、白綿布の孝衣を着用するのは後継者と共通する。ただし、孝帽は麻布ではなく白綿布を素材とし、先端に麻糸を縫い付けるという差異がある。

孫は一〇〇日目までシャオを着用するのが基本だが、埋葬後の「全三」や「五七」（死後三五日目）に焼却することもある。後継者のシャオは必ず一〇〇日目に焼却するのに対し、孫のシャオはそれ以前の忌日に焼却する場合があることから、後継者に比べて弔意が軽いといえる。

(6)曾孫のシャオ（図⑥）

曾孫のシャオの形式は、長孫以外の孫とほぼ同じだが、孝帽と孝衣は白い綿布ではなく、赤い綿布で作られる。また、孝帽の先端には麻糸ではなく、細長い赤い布切れを縫い付ける。曾孫のシャオは、一〇〇日目まで着用するのが基本だが、埋葬後の「全三」や「五七」の日に焼却することもある。

(7)長孫以外の孫や曾孫の妻のシャオ（図②）

長孫以外の孫や曾孫の配偶者のシャオは、死者の配偶者と同様の形式である。しかし、「曾孫の妻のシャオも赤

図⑤　長孫以外の孫のシャオ

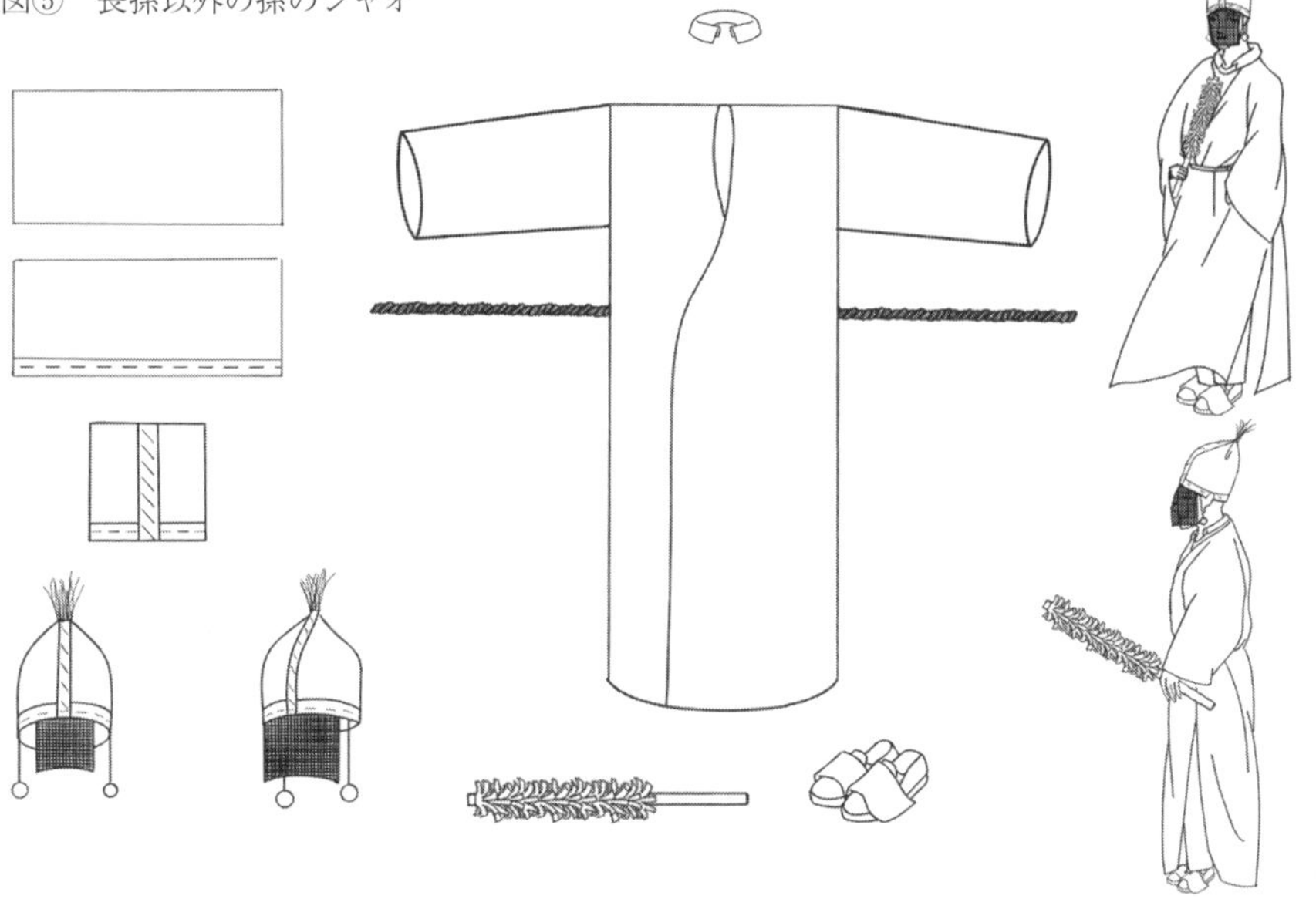

図⑥　曾孫のシャオ

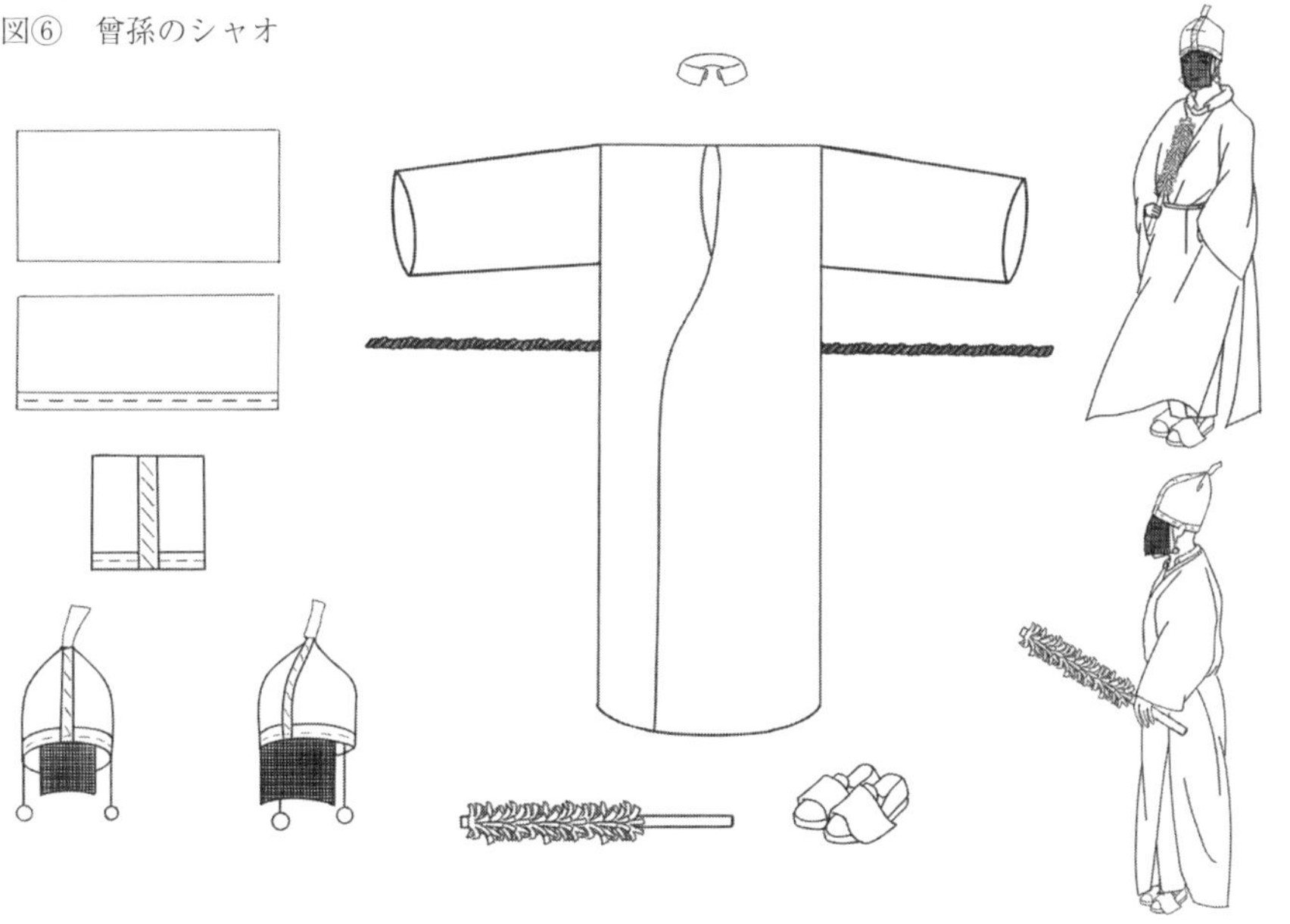

い綿布で縫製する」〔7〕といい、曾孫世代のシャオには赤い綿布を用いるという特徴がある。着用時期は、いずれも長孫以外の孫や曾孫と同じである。

図⑦　未婚の女性子孫のシャオ
（左：成年、中：未成年、右：未成年曾孫）

⑻未婚の女性子孫（娘、孫娘）のシャオ（図⑦）

未婚の娘は私服の上に白い綿布の孝衣を着用し、私服の襟と布靴に白綿布を縫い付ける。布を折って作る花を付けた「輪孝」を頭に被り、手に「喪棒」を持つ。未成年の女性は、輪孝のみを頭に被る。曾孫娘は、花の上側に細長い赤い布切れを縫い付けた輪孝を被る。ここでも曾孫世代を示すものとして赤い綿布を用いる。これらのシャオは墓参りの際に一〇〇日目まで着用するのが基本だが、「全三」や「五七」に焼却することもある。

2　党家のシャオ

共通の祖先を持つ父系集団の党家（宗族）は、日常生活、生産労働、人生儀礼の運営などでは相互扶助することが多い。しかし、党家の成員が少ない場合は、村落のほかの党家と党家関係を結盟することもある。これには、血縁党家と結盟党家があることは第二章で述べた。

党家の関係性は年齢ではなく、祖先となる人を第一世代として何代目かという世代によって区分される。図⑧に見るように、この「輩分［bèi fèn］」は、親や祖父母や叔父伯母といった上の世代を「長輩」、兄弟や従兄弟といった同じ世代を「同輩」、子や孫、甥姪といった下の世代を「晩輩」というように、三つに大別する区分である。

図⑧　輩分の区分け図

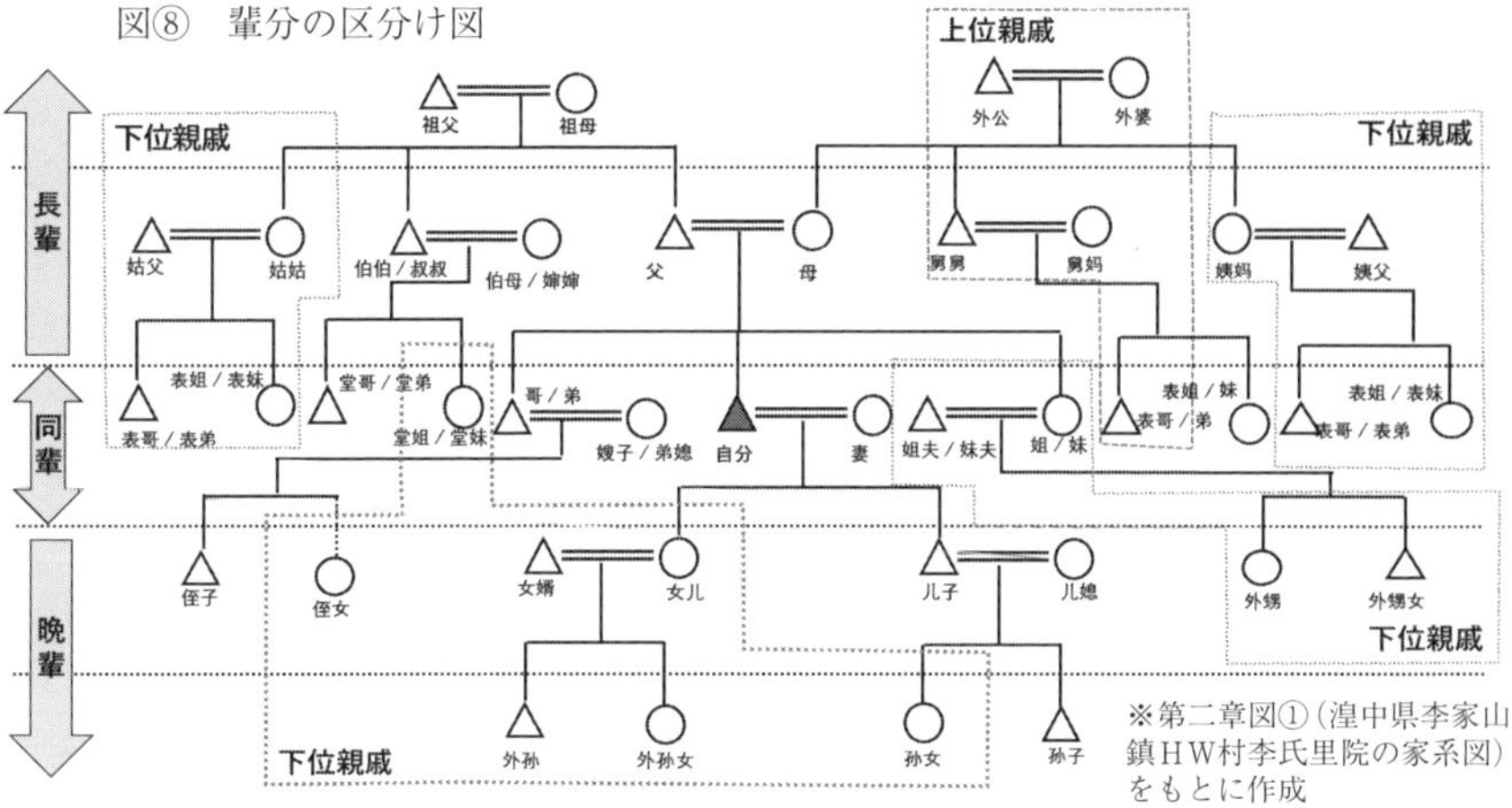

※第二章図①（湟中県李家山鎮ＨＷ村李氏里院の家系図）をもとに作成

さらに、婚姻関係や日常生活の付き合いにより、この世代の順番が親戚関係者の間や地域社会にまで延長、拡大し、各人がこれらの社会関係の中でどの世代に位置づけられるのかが確定する。

当事者の家は、婚礼や葬礼などの運営を党家に依頼し、党家は当事者の家に集まり、「東家」という運営組織を立ち上げる。党家は全員「成孝」の儀礼でシャオを着用する。血縁党家と結盟党家は、平等な関係で葬礼の運営と業務を担うが、喪服には大きな違いがある。

血縁党家として、(1)死者の兄弟（死者が女性の場合は夫の兄弟）、(2)兄弟の妻、(3)親甥子・「甥」、(4)親甥子・「甥」の妻、(5)党家の孫世代、(6)結盟党家の男女のシャオを順に詳報する。

(1)兄弟のシャオ（図③）

兄弟は結婚すると親の家を離れ、新たに一家を構える。このように、婚姻によって兄弟がそれぞれ家を分けることで、家族の関係が「党家」というかたちに変化する。兄弟は死者の同輩として白い綿布で縫製した孝帽のみを着用する。孝帽は葬礼に関わるときのみに着用し、帰宅時は自宅に入る前にはずす。「全三」の儀礼での墓参りまで着用し、焼却する。

(2)兄弟の妻のシャオ（図⑨）

死者の兄弟の配偶者のシャオは衣裳と孝帽の二つである。衣裳は、自宅から着用して来る青布衫である。また、「成孝」の儀礼には七尺の白綿布の孝帽を頭に巻く。シャオは死者の埋葬後の「全三」の儀礼に、死者の墳前で焼却する。死者の兄弟と同様に自宅に入る前に孝帽をはずす。

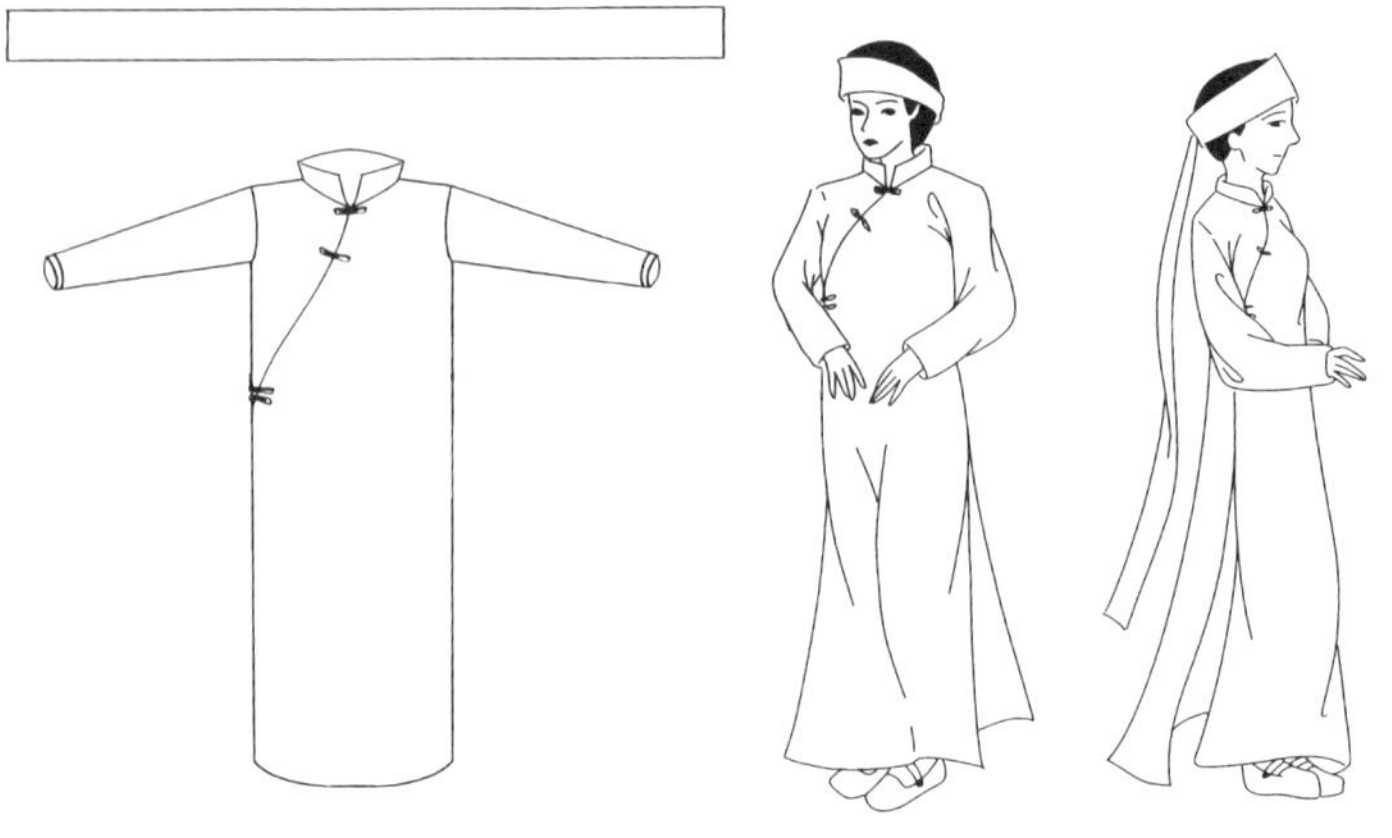

図⑨　兄弟の妻、結盟党家女性、下位親戚女性のシャオ

(3)親甥子・「甥」のシャオ

青海省では、死者の兄弟の後継者など血縁関係の近い甥を「親甥子［qīn zhí zi］」と呼び、親甥子は後継者とともに様々な儀礼に関与する。後継者が未成年者の場合や後継者が少人数の場合には、親甥子は孫と同様の喪服を着用する（図⑤）。死者に後継者がいない場合、親甥子は葬礼で後継者の役割を担うことがあり、後継者の喪服を「全三」の儀礼まで着用する（図④）。また青海省では、党家のうち親甥子と同世代の人々を「甥」（日本の従甥）と呼ぶ。「甥」は孫と同じ孝帽を着用し、素朴な私服の襟と布靴に白綿布を縫い付け、喪棒を持つ（図⑩）。着用期間と禁忌は孫と同じである。

(4)親甥子・「甥」の妻のシャオ

親甥子の妻のシャオは、夫が後継者の役にあたるか否かにかかわらず、後継者の配偶者と同様のシャオを着用する（図②）。「甥」の

図⑩　「甥」（従甥）のシャオ

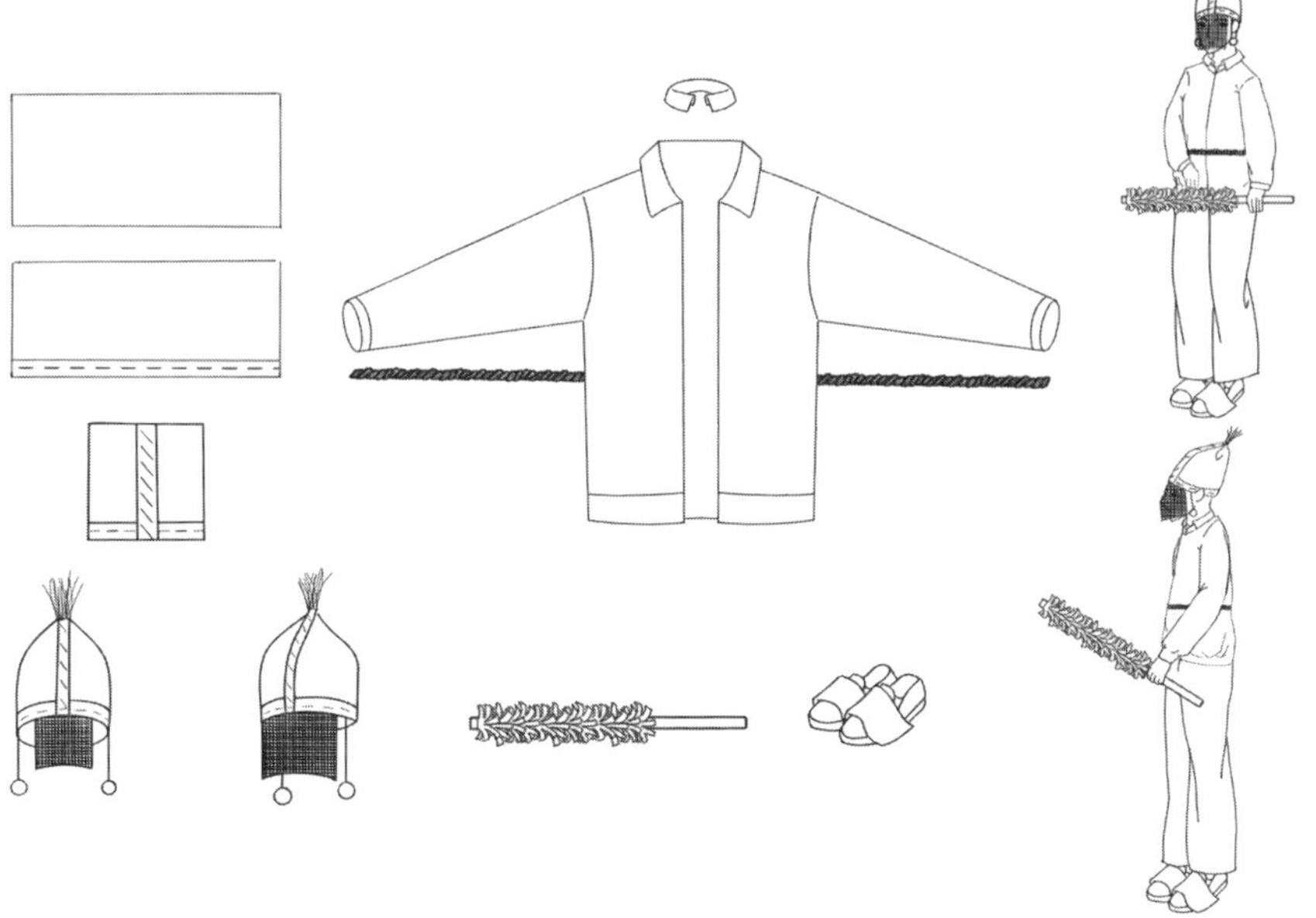

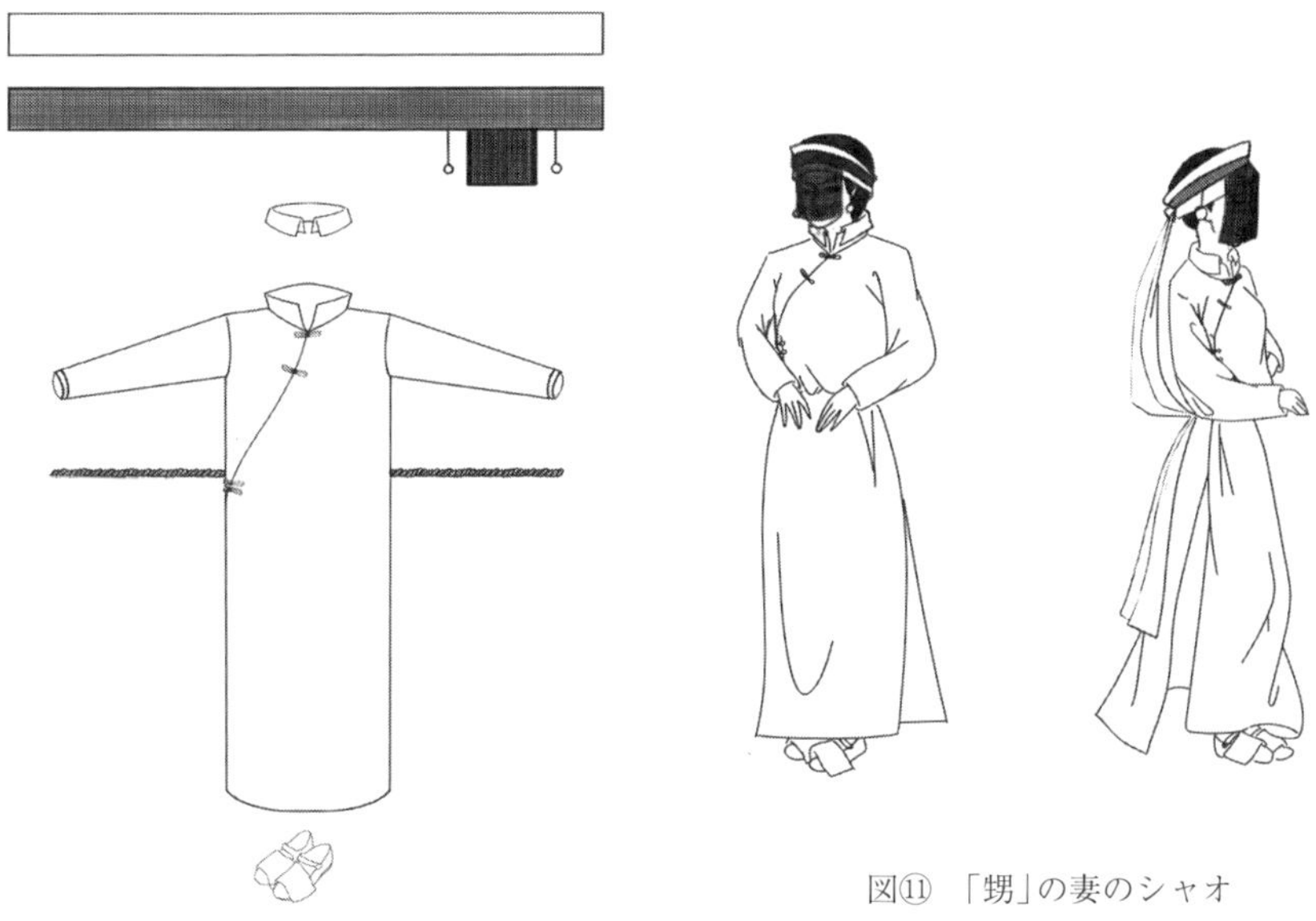

図⑪　「甥」の妻のシャオ

配偶者のシャオは、白い綿布と麻布で縫製した二層の孝帽、青布衫を着用して、腰に麻紐を巻き、襟と布靴に白綿布を縫い付ける（図⑪）。それぞれの着用期間はその夫と同じである。

(5)党家の孫世代のシャオ

死者の直系ではない党家の孫世代のシャオは、先端に麻糸を縫い付けた白い綿布の孝帽を被る。その配偶者は青布衫を着用し、頭に七尺の白綿布を孝帽として巻く。孝帽正面の先端に麻糸を縫い付ける。党家の孫世代夫婦は「全三」の墓参までシャオを着用する。

(6)結盟党家の男女のシャオ

死者と血縁関係がない結盟党家は、葬礼で血縁党家と同様の役割を分担するが、シャオは白い綿布の孝帽のみを着用する（図③）。結盟党家の女性のシャオは、兄弟の配偶者と同じである（図⑨）。着用期間は血縁党家と同様に「全三」の墓参までである。

3　親戚のシャオ

青海省では、女性の婚出と婚入による姻戚関係者を「親戚」と呼び、上位・平等・下位の三つに区分する。上位親戚は嫁いできた女性の実家であり、女性と嫁ぎ先で生まれた子どもの責任者として、その葬礼では「骨主」として「験孝」を行う。平等親戚は、嫁いだ女性の姉妹が別の家に嫁いで形成された親戚同士を指す。下位親戚は、婚出した女性の実家（上位親戚）に対して、党家から婚出した女性（姉妹、娘、孫娘、姪など）の嫁ぎ先との関係を指す。(1)上位親戚、(2)平等親戚、(3)下位親戚のシャオについて、男女別に詳報する。

⑴上位親戚のシャオ

葬礼の弔問客は、まず霊前で拝跪礼（土下座）をし、喪主から配られたシャオを着用するが、上位親戚のみは「験孝」を終えた後にシャオを着用する。上位親戚は弔問日に喪家を訪問すると、ほかの弔問客とは異なり、霊前での拝跪礼後に、喪主によって休憩部屋へ案内される。同日午後に行う「験孝」は、上位親戚の男性が務める「骨主」が遺体を検分し、死者の家族に対して生前の扶養や疾患の治療などを質問する儀礼である。具体的には、死者が家庭内暴力などの虐待行為を受けていたか否か、遺体が着る寿衣の枚数、棺材や墓石の状況を確認し、さらに死装束と葬具について豪華にするようにといった要望を伝える。「験孝」の儀式で、上位親戚は、後継者を主とする家族が死者に対して親孝行か否かを判断する。この儀礼を経て、上位親戚はようやく喪服を着用する。

上位親戚の男性のシャオは白い綿布で縫製された孝帽のみである（図③）。女性のシャオは七尺の白綿布の孝帽を巻く（図⑫）。上位親戚は、弔問日のみ、または弔問と「全三」の儀礼に参加する。弔問日のみ参加する場合は霊前で、「全三」の儀礼にも参加する場合は死者の墳前で、それぞれシャオを焼却する。

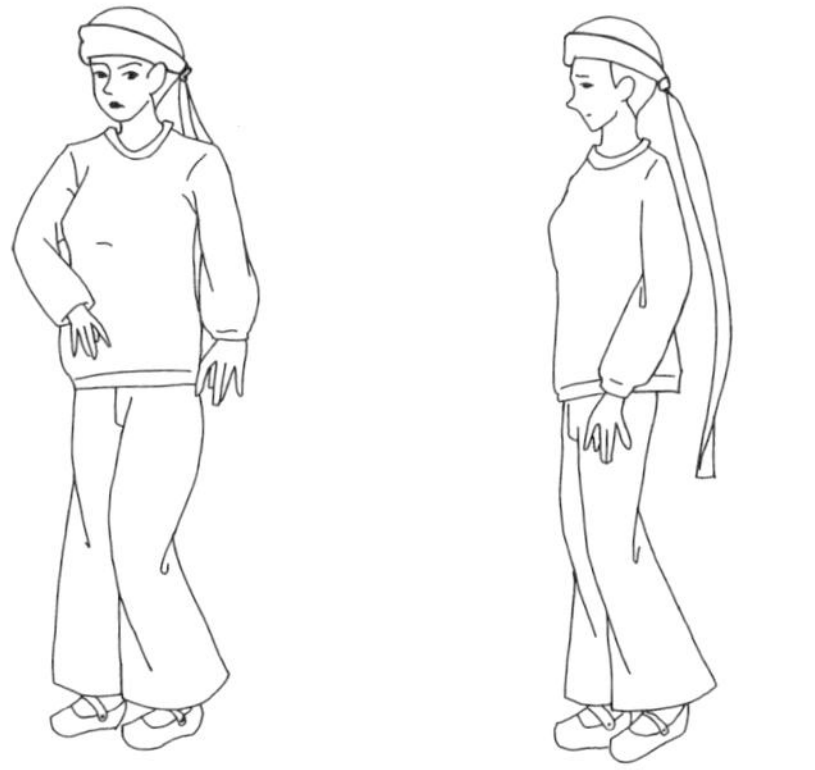
図⑫　上位・平等親戚女性のシャオ

⑵平等親戚のシャオ

平等親戚は弔問日のみ喪家を訪問する。霊前で拝跪礼した後、喪主からシャオを受け取る。男性は白綿布で縫製した孝帽のみを（図③）、女性は七尺の白綿布を孝帽として着用する（図⑫）。着用期間は上位親戚と同じである。

⑶下位親戚のシャオ

下位親戚は死亡の翌日か弔問日に喪家を訪問する。死亡の翌日に参加する場合は「成孝」の儀礼で、弔問日のみの場合は霊前で拝跪礼した後に、喪主から受け取ったシャオを着用する。姉妹、娘、孫娘、姪などのうち党家から婚出した女性のシャオは、衣裳と孝帽の二つである。衣裳は自宅から着用して来る青布衫で、孝帽は七尺の白い綿布を頭に巻いたものである（図⑨）。夫である男性のシャオは白綿布の孝帽のみである（図③）。

4　庄員のシャオ

庄員は地縁関係にある村人を指す。庄員が務める喪主は、葬礼での最高の統括者であり、家族の依頼により葬礼の運営の全般を担う。喪主には、徳望が高く、村人から尊敬を集めている、葬儀経験の豊富な庄員が選ばれる。喪主は死者と全く血縁関係がない人に限定される。庄員は死者との付き合いの如何にかかわらず、可能な限り葬礼に出席する。最も重要な庄員の役割は、遺体を墳地に運び、埋葬することである。葬礼で重要な役割を果たす庄員が着用するシャオについて、詳報する。

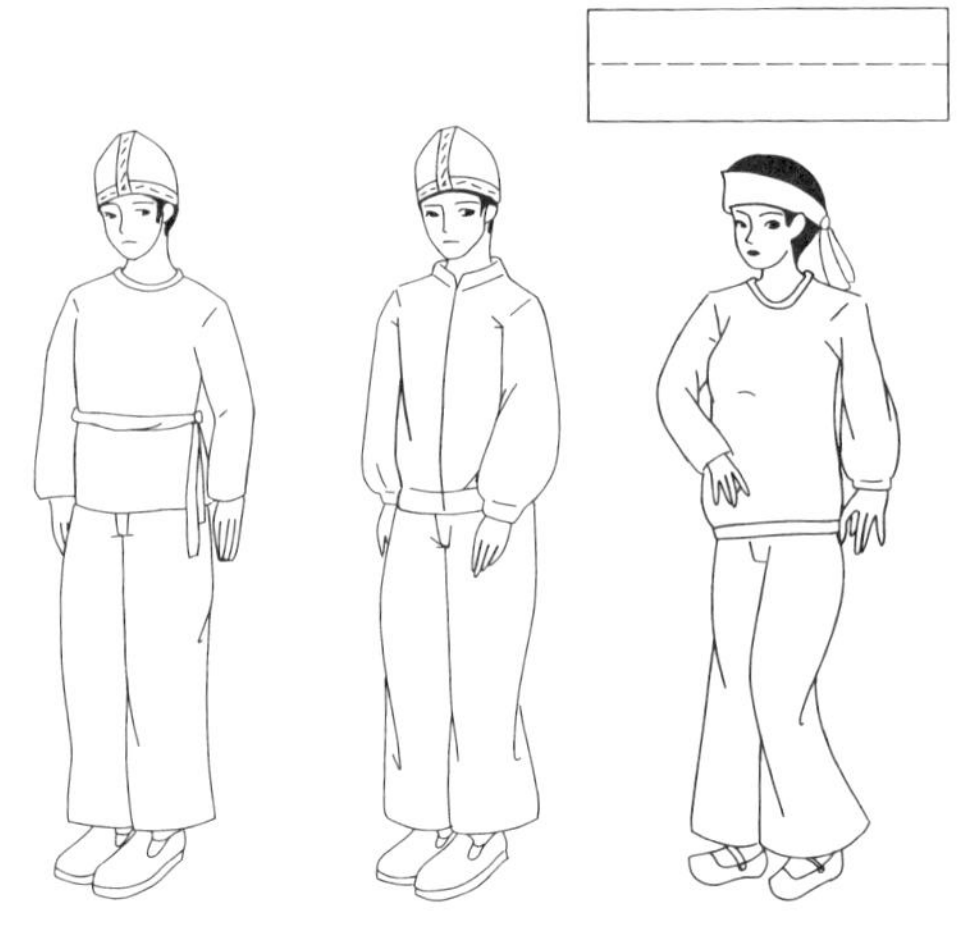

図⑬　庄員のシャオ（左：喪主男性、中：庄員男性、右：庄員女性）

　まず、喪主のみは「成孝」の儀礼でシャオを着用する。他の庄員は弔問日に喪家を訪問し、死者の霊前に拝跪礼をした後、喪主からシャオを受け取って着用する。喪主の男性のシャオは白い綿布の孝帽と七尺の白綿布を腰帯として巻き（図

⑬左）、他の弔問客の庄員男性は白綿布の孝帽のみを着用する（図⑬中）。庄員女性のシャオは三・五尺の白綿布を頭に巻いて孝帽とする（図⑬右）。喪主は「全三」の儀礼までシャオを着用し、死者の墳前で焼却する。他の庄員は弔問後の帰宅時に霊前でシャオを焼却する。

三　喪服の様式にみる意味と関係性

前節では、青海省の漢民族の葬礼で着用される喪服（シャオ）について、その形態と着用する期間を中心に報告してきた。そこでは、家族、党家、親族、庄員という所属や、性別、世代といった様々な立場によって多様なシャオの実態が確認された。本節では、こうしたシャオの伝承実態から、布地と縫製の様式、シャオの着用期間について整理し、シャオの意味やそこにみられる死者との関係性を分析する。

1　布地や縫製にみるシャオの様式

表②は葬礼で着用するシャオの様式を男女別にまとめたものである。シャオは、基本的に孝帽（帽子）、孝衣（衣裳）、喪棒（持ち物）の三つで構成され、これは前述した通りであるが、これらの組み合わせによって親族関係が可視化され、同時に葬礼での立場と役割が表される。組み合わせに基づくシャオの様式には、男性用の六種類、女性用の九種類、長輩の男女共用の一種類がある。これらのシャオの様式を比較しつつ、親族関係によるシャオの着用の内外・親疎の傾向を検討する。

これらのシャオの様式は、孝帽・孝衣・喪棒の三つが基本となるが、孝帽と孝衣については着用する周辺部を含めた体裁が細分化されている。まずは各様式における、⑴孝帽・孝衣・喪棒の基本構成、⑵布地と縫製の様式、

表② シャオの様式と着用者

		頭部					手元	衣裳				死者との関係性	
		髪・髭	孝帽	孝帽への縫い付け			喪棒	腰帯	襟・靴への縫い付け	孝衣	腕		
				吊り玉	顔隠し	先端							
男性	様式1	髭・髪剃り	麻布	綿	麻布	×	○	麻紐	白綿布	白綿布	×	息子、長孫、養子、婿養子、後継者としての親甥子	家族
男性	様式2	髭・髪剃り	白綿布	綿	麻布	麻糸	○	麻紐	白綿布	白綿布	×	長孫以外の孫、親甥子	家族
男性	様式3	髭・髪剃り	白綿布	綿	麻布	赤綿布	○	麻紐	白綿布	赤綿布	×	曾孫	家族
男性	様式4	×	白綿布	綿	麻布	麻糸	○	麻紐	白綿布	×	×	党家の甥世代	党家
男性	様式5	×	白綿布	×	×	麻糸	×	×	×	×	×	党家の孫世代	党家
男性	様式6	×	白綿布	×	×	×	×	×	×	×	×	死者の夫、党家の兄弟、結盟党家の男性、上位・平等・下位親戚の男性、荘員の男性	家族、党家親戚、荘員
女性	様式1	麻糸で纏髪	麻布と白綿布の2層巻き物(7尺)	綿	麻布	×	○	麻紐	白綿布	白綿布(青布衫)	×	死者の妻、息子の妻、養子の妻、婿養子の妻、孫の妻、親甥子の妻	家族・党家
女性	様式2	麻糸で纏髪	麻布と赤綿布の2層巻き物(7尺)	綿	麻布	×	○	麻紐	白綿布	赤綿布(青布衫)	×	曾孫の妻	家族
女性	様式3	麻糸で纏髪	花形付きの白綿布の輪孝	×	×	×	○	麻紐	白綿布	白綿布	×	未婚の娘・孫娘	家族
女性	様式4	×	花形付きの白綿布の輪孝	×	×	×	×	×	×	×	×	未成年の孫娘	家族
女性	様式5	麻糸で纏髪	麻布と白綿布の2層巻き物(7尺)	綿	麻布	×	○	麻紐	白綿布	(青布衫)	×	党家の甥世代の妻	党家
女性	様式6	×	白綿布(7尺)	×	×	麻糸	×	×	×	(青布衫)	×	党家の孫世代の妻	党家
女性	様式6	×	白綿布(7尺)	×	×	麻布	×	×	×	(青布衫)	×	党家の孫世代の妻	党家
女性	様式7	×	白綿布(7尺)	×	×	×	×	×	×	(青布衫)	×	党家の兄弟の妻、結盟党家の女性、下位親戚の女性(婚出した女性)	党家、親戚
女性	様式8	×	白綿布(7尺)	×	×	×	×	×	×	×	×	上位・平等親戚の女性、女性喪主	親戚
女性	様式9	×	白綿布(3.5尺)	×	×	×	×	×	×	×	×	荘員の女性	荘員
男女共通		×	×	×	×	×	×	×	×	×	(3.5尺)白綿布	親・舅姑、党家、親戚、荘員などの目上世代(=上輩)	家族、党家親戚、荘員

について整理する。

(1)シャオにおける基本の構成要素(孝帽・孝衣・喪棒)

シャオの基本構成要素である孝帽・孝衣・喪棒のうち、もっとも広範囲で用いられているのは孝帽である。孝帽は大半の関係者が着用するが、党家や親戚、庄員などいずれの所属でも、死者より上の世代にあたる「長輩」だけは孝帽を用いずに白い綿布を腕に巻くのみである。男性の孝衣は、死者の子孫と親甥子が身に着ける。女性の孝衣は死者の配偶者、子孫の配偶者や未成年を除いた子孫という、死者より下の世代の「晩輩」である宗族の成員[8]が着用する。喪棒は、孝衣を着用する関係者、死者より下の世代にあたる「晩輩」のうち甥世代の男性とその配偶者が持つ。このようにシャオにおける三つの基本構成要素は、孝帽↓喪棒↓孝衣という順に使用者が限定的になっていく。

(2)布地と縫製の様式

孝帽は、素材、布の巻き方や長さを含めた形状、縫い付ける飾り、といった体裁に差異がみられる。明清時代における綿布の普及を経て、麻布から綿布へと喪服の材料が変化したとされ、現在の葬礼においても孝帽には麻と綿の二種類を用いる。

男性の孝帽は帽子の形に縫製されており、息子、長孫、養子などを含めた後継者である男性の子孫のみが麻布、それ以外は綿布を用いる。また孝帽に、綿の吊り玉や麻布の顔隠し、先端部に麻糸や赤い綿布をつける場合がある。綿の吊り玉と麻布の顔隠しを付けるのは、子孫、党家の甥世代である。孝帽の先端部に麻糸をつけるのは、麻布を用いる後継者を除く子孫と党家の晩輩である。曾孫のシャオの様式に慶事に用いる赤色を含むのは、死者が子孫繁栄を実現させたという功績を讃える意味からであり、その配偶者を含めて孝帽と孝衣に赤い綿布を取り入れる。

女性の孝帽は、男性のものと大きく異なり、縫製していない布をそのまま頭に巻いて着用する。綿布はすべての様式で用い、死者と子孫の配偶者、党家の甥世代の配偶者はさらに麻布を重ねる。その他に、未婚の子孫（娘と孫娘など）は花形付の輪孝を用いる、庄員とその他の女性で布の長さが異なるといった違いがみられる。飾りは、綿の吊り玉や麻布の顔隠しを麻布の孝帽へ縫い付けるのみである。

孝衣はいずれも綿布を素材とし、死者の子孫や親甥子とその配偶者、死者の妻、成人した未婚の娘が着用する。さらに「同輩」以下の党家の既婚女性、下位親戚の女性は、全員、既婚者の礼服である青布衫を着用する。また喪棒を持つ人は、麻紐の腰帯を身に着け、襟や靴に白の綿布を縫い付ける。

(3)小括

布地や縫製にみるシャオの様式は、表③④のように着用者ごとに整理され、そこから以下の特徴が指摘できる。

①シャオの体裁からは、実親・舅姑、党家、親戚、庄員といった所属に影響をうけない長輩、配偶者である女性のみに関係性が影響する同輩、加えて子孫・血縁党家のみ世代が影響する晩輩という「輩分」のあり方が浮かび上がる。長輩はシャオの基本構成要素である孝帽、喪棒、孝衣のいずれも身に着けずに、腕に綿布を巻くのみである。血縁党家の同輩は、基本的に綿の孝帽のみを身に着ける。ただし、死者が男性の場合、その配偶者である妻だけは子孫と同じ様式のシャオを身に着ける。晩輩である子孫と党家のシャオの様式は、長輩と同輩に比して複雑で、直系の子孫か血縁党家かや、世代、男女による細かな差異がみられる。

②長輩や同輩、親戚、庄員は、白綿布を用いる簡素なシャオである（表②の男性のシャオの様式6、女性のシャオの

表③　輩分にみるシャオの軽重

		子孫			血縁党家		結盟党家	親戚			荘員	
		（子）	（孫）	（曾孫）	（甥世代）	（孫世代）	——	下位	平等	上位	喪主	ほか
長輩	男性				腕に白綿布のみ							
	女性											
同輩	男性				綿							
	同輩男性の配偶者	←長孫		←親甥子	綿（7尺）[青]				綿（7尺）			綿（3.5尺）
晩輩	男性	重孝	重孝（麻）	重孝（赤）	重孝（麻）	（麻）	綿					
	晩輩男性の配偶者	重孝[青]	重孝[青]	重孝[青]	重孝[青]	麻[青]	綿（7尺）[青]		綿（7尺）			綿（3.5尺）

※小字の「青」は、青布衫の着用を意味する（表④も同じ）

表④　党家のシャオ

死者との関係		男性：孝帽	男性：孝帽の飾り	男性：喪棒	男性：腰帯／襟靴	男性：孝衣	女性（配偶者）：孝帽	女性（配偶者）：孝帽の飾り	女性（配偶者）：喪棒	女性（配偶者）：腰帯／襟靴	女性（配偶者）：孝衣
長輩		×	×	×	×	×	×	×	×	×	×
同輩	死者の配偶者	綿	×	×	×	×	麻綿	○	○	○	○[青]
	兄弟世代	綿	×	×	×	×	綿	×	×	×	×[青]
晩輩	子（養子、婿等を含）	麻	○	○	○	○	麻綿	○	○	○	○[青]
	長孫	麻	○	○	○	○	麻綿	○	○	○	○[青]
	孫	（麻）	○	○	○	○	麻綿	○	○	○	○[青]
	曾孫	（綿）	○	○	○	○	麻綿	○	○	○	○[青]
	親甥子	（麻）	○	○	○	○	麻綿	○	○	○	○[青]
	党家の甥世代	（麻）	○	○	○	×	麻綿	○	○	○	×[青]
	党家の孫世代	（麻）	×	×	×	×	（麻）	×	×	×	×[青]
	未婚の娘						綿	×	○	○	○
	未成年の娘						綿	×	×	×	×

様式6～9）。対して、死者の妻、晩輩である子孫と甥世代のシャオは、孝帽の飾りや腰帯に麻を含む複雑で重い様式であり、「重孝［zhòng xiào］」と呼ばれる（表②の男性のシャオの様式1～4、女性のシャオの様式1～3、5）。重孝には、ⓐ麻布・綿玉を飾り付けた孝帽、ⓑ喪棒と腰帯と襟・靴の綿布、ⓒ孝衣という三つの特徴がある。未婚の実娘はⓐ飾り付きの孝帽を、党家の甥世代はⓒ孝衣を用いないというように、立場によって重孝の組み合わせが異なるが、ⓑ喪棒と腰帯等はいずれの立場にも共通する。

③こうした差異の意味合いを見ると、ⓐ飾り付けた孝帽の着用者は、死者の男性子孫とその配偶者、党家の甥世代とその配偶者である。彼らは共通の祖先を持ち、党家の成員と見なされ、共同で祖先祭祀を担う人である。つまり、ⓐ飾り付けた孝帽を着用する人は、葬礼から死者の祭祀を担う人たちである。それに対し、未成年や未婚の娘や孫娘などの女性は婚出の可能性があり、祖先祭祀を担当する立場にはないため、その孝帽は白綿布のみで作られる。共通のⓑ喪棒と腰帯は死者の直系の子孫、男性子孫の配偶者、また党家の甥世代とその配偶者が使用する。つまり、死者と同じ党家という社会関係に所属していることを示している。ⓒ孝衣の着用者は死者直系の男性子孫とその配偶者、成年未婚の娘・孫娘である。また、親甥子が死者の後継者の立場にある場合にも孝衣を着用する。つまり、孝衣は死者の直系であり、着用者が死者から血のつながりがあることや財産を相続していることを象徴している。まとめると、ⓐ飾り付けた孝帽は葬礼における死者祭祀者としての象徴、ⓑ喪棒と腰帯は死者と同じ所属の象徴、ⓒ孝衣は死者からの血縁と財産の継承の象徴となっている。

④晩輩の中でも長孫と親甥子、党家の甥・孫世代の関係性が注目される。甥世代は重孝、孫世代は簡素なシャオであり、同じ党家の晩輩であっても一世代の差によって両者の様式は大きく異なる。また甥世代の中でも親甥子だけは孫と同様の様式、孫の中でも長孫だけは息子と同様の様式となる。基本的には、党家の成員となる息子を生育することが、死後、祖先になる資格を得る条件の一つである。息子が既に死亡している場合、男孫が

健在であればその孫が息子の役を務める。息子がいない場合、生前に養子や婿養子をとるか、死後に親甥子が息子の役を務めるか、などのかたちで後継者を確保する。つまり、後継者である息子が欠けた場合には男孫が子の役を務め、男孫も含めて後継者が欠ける場合には親甥子がその役を務めるという葬礼のかたちがある。それゆえに親甥子のシャオは孫と同列の立場としての様式であると考えられる。

⑤死者の配偶者を除き、いずれの輩分でも男性とそこに嫁いだ女性は同程度に複雑なシャオを身に着けており、基本的に女性は嫁ぎ相手の立場に準ずる。その特徴は下位親戚に顕著にみられ、実娘を含めて血縁党家から婚出した女性は、党家の一員とはみなされずに、同輩や他の親戚と同じ簡素なシャオを身に着ける。これらの女性のシャオには、女性が嫁に行くまでは父親に従い、嫁に行ったら夫に従い、夫が死んだら息子に従う「三従［sān cóng］」［9］という儒教の論理の強い影響が窺える。また息子や孫を含む男性のシャオは婚姻の有無が影響しないのに対し、未婚の娘や孫娘であってもそのシャオはⓐ飾り付の孝帽ではなく、同世代である息子・孫の配偶者よりも軽いものとなる。これは男性は成人すると党家の成員としてみなされるのに対し、女性は婚姻と息子の生育を経て、初めて成員とみなされるためと考えられる。

2　参与する儀礼とシャオの着用期間

表②に示したように、軽重の差はあれども、葬礼に関与する全員がシャオを着用する。ただし、表⑤のように着用のタイミングと脱衣のタイミングは立場によって異なる。

⑴シャオの着用

家族と党家、喪主は死亡直後から葬礼の準備や運営に携わるが、シャオを着用するのは、死亡翌日の午後に行

表⑤　葬礼関与者のシャオの着用期間

		成孝（喪服の着用）	請亡（祖霊の招請）	弔問（追悼の祭祀）	験孝（遺体の検分）	送亡（亡霊の送還）	埋葬（遺体の埋葬）	全三（初墓参り）	五七（死後三五日）	百日（死後一〇〇日目）
家族	父母（舅姑）	▒	▒	▒	▒	▒	▒	▒		
	配偶者（夫／死者は妻）	▒	▒	▒	▒	▒	▒	▒		
	配偶者（妻／死者は夫）	▒	▒	▒	▒	▒	▒	▒	▒	▒
	後継者とその妻	▒	▒	▒	▒	▒	▒	▒	▒	▒
	長孫以外の孫とその妻	▒	▒	▒	▒	▒	▒	▒	▒	■
	曾孫とその妻	▒	▒	▒	▒	▒	▒	▒	▒	■
	未婚の娘・孫娘	▒	▒	▒	▒	▒	▒	▒	▒	■
党家	兄弟とその妻	▒	▒	▒	▒	▒	▒	▒		
	後継者としての親甥子とその妻	▒	▒	▒	▒	▒	▒	▒	▒	▒
	親甥子とその妻	▒	▒	▒	▒	▒	▒	▒		
	一族の孫とその妻	▒	▒	▒	▒	▒	▒	▒		
	結盟党家の男女	▒	▒	▒	▒	▒	▒	▒		
親戚	上位親戚（骨主）の男女			×	▒	▒	▒	■		
	平等親戚の男女			▒	▒	▒	▒	■		
	下位親戚の男女			▒	▒	▒	▒	▒		
荘員	男女の喪主	▒	▒	▒	▒	▒	▒	▒		
	喪主以外の荘員			▒			×			

▒ :喪服の着用期間　■ :事例によって着用の有無が異なる期間　× :喪服を着用せずに儀礼に参加

われる「成孝」の儀礼においてである。そして、シャオを着用した状態で「請亡」という儀式に参加する。これは家族と党家全員が、宗教的職能者の指示で死者の身体から離脱した霊魂と党家の祖先の霊を村境から喪家に迎え入れるための儀式である。宗教的職能者は、その他の葬礼の儀式では宗教的な服装を着用するが、「請亡」と霊魂を送り出す「送亡」のみ白綿布を腰帯として巻く。また死後二日目の弔問式から参加する平等・下位親戚と庄員は、遺体を安置した霊堂の前で拝跪礼を済ませた後、喪主からシャオを受け取って着用する。このように「成孝」以降の参与する儀礼でシャオを着用するのが基本である。ただし、上位親戚の骨主だけは弔問に訪れた時ではなく、「験孝」の儀礼を経て、シャオを着用する。

(2) シャオの脱衣

次に、シャオの脱衣のタイミングをみていく。

上位・平等親戚は埋葬時または「全三」（初墓参り）の際に、下位親戚や党家の人々は「全三」の際に、後継者は死後の一〇〇日目の墓参りの際に、他の血縁者の子孫は一〇〇日目の墓参りや「五七」（死後の三五日）の祭祀の際に、それぞれ墳前でシャオを外して焼却することが一般的である。着用期間が最も短い庄員は、弔問式から帰宅する際に霊前でシャオを外して焼却する。その後も遺体を埋葬するために参加するが、この際にはシャオを身に着けることはない。つまり、基本的には墓碑を建立する「百日」までの間に参加する死後祭祀でシャオを着用し、祭祀に参加しない庄員は弔問式のみ着用するのである。シャオは霊堂や墳墓など死者の前で焼却することとなっている。シャオの焼却は、死者や祖先の霊魂との接触を終えること、喪が明けることを意味する。また葬礼の途中や弔問後の帰宅の際、喪家で着用したシャオは絶対に自宅に持ち込んではいけないという禁忌がある。喪家以外の場所や家に持ち込むと、その場所の風水や運を害するとされるためである。

(3)小括

以上、シャオの着用期間からは次のような傾向が指摘できる。

①シャオの様式には長輩、同輩、晩輩という輩分が最も強い影響を及ぼしているが、着用期間には家族、党家、親戚、庄員といった所属の影響がより強くみられる。家族や党家といった所属によって葬礼に関与する儀礼や期間が異なるためであり、死者と接する期間が長ければシャオの着用期間も長くなるのが基本である。

②シャオの着用期間には、弔問式のみ、「成孝」から「全三」、その後の「百日」までの祭祀、という三段階がある。祭祀に関与しない庄員は、弔問式という限られた儀礼でのみ着用する。庄員はその後も遺体の納棺から墳地での埋葬や、祭祀用の墳墓の整墓段階に立ち会うが、これはあくまで労働力の供出であり、死者を埋葬した墳墓での祭祀に参加する立場ではない。家族、党家、親戚では、後継者としての親甥子を含む子孫か否かで、シ

ャオの着用期間が分かれる。子孫を除く家族、党家、親戚や、葬礼を統括する喪主のシャオの着用期間は、最初の墓参りである「全三」までである。つまり族譜への記名、祖墳への埋葬を確認するまでが一区切りとされる。子孫は埋葬後も「百日」まで、シャオを着用しての祭祀が求められる。シャオの着用期間から、祭祀を担わない庄員、族譜への記名や祖墳への埋葬までを担う子孫を除く血縁・姻戚関係者、墓碑の建立までを担う子孫という三者の立場の違いが窺える。

③シャオの様式にみられた特別な位置づけは、親甥子が息子の代理を務めた場合を除き、着用期間にはみられない。族譜や祖墳への新たな死者の受容と承認までが、葬礼での党家の役割とされるためである。一方で、子孫のうち長孫を除く孫、曾孫、未婚の娘や孫娘、親戚のうち上位親戚と平等親戚、といった子孫や親戚の中でもやや縁遠い関係の人々は、シャオの着用期間を短く切り上げることがある。シャオの様式と同様に、後継者やそれ以外の子孫と、下位親戚やそれ以外の親戚の間には、着用期間の厳密さに若干の差がみられる。

④シャオの着用期間では、骨主が特別な立ち位置として注目される。家族と党家は「成孝」の時にシャオを着用し、それ以外の関係者は弔問式で拝跪礼をした後にすぐシャオを着用するが、骨主だけは「験孝」を経てシャオを着用する。骨主がこのタイミングでシャオを着用することは、族譜への記名と祖墳への埋葬という党家による葬礼を承認するという立場にあるためといえる。

3　シャオの意味と死者との関係性

シャオの様式や着用期間には、このように輩分や、家族や党家などの所属といった死者との関係性によって、複雑な決まりがみられる。こうしたシャオの実態からは、死者との関係性による位置づけが読み取れる。ここでは死者との関係性をあらためて整理したうえで、シャオが持つ意味を検討する。

(1)死者との関係性

葬礼の関与者のシャオの様式と着用期間は、輩分（世帯順位）と所属（社会関係）という二つの基準によって分別される。

輩分では、死者の上か下かといった世代順位の位置付けによって、長輩、同輩、晩輩の三つに区分される。そのうち長輩には社会関係の所属を超えて共通するシャオの様式が見られる。さらに晩輩の中では、家族には子、孫、曾孫といった世代の順位、党家には甥世代と孫世代といった世代の順位によって、シャオに差異が設けられている。家族と党家における世代による区分には、「長幼の序」という儒教の道徳観が顕著に反映されている。

一方、同輩と晩輩のシャオの様式と着用期間には、所属という社会関係が重要な役割を果たす。特に晩輩は死者との所属の異同により、シャオの様式と着用期間が大きく異なる。所属は、Ⓐ家族としての子孫、Ⓑ家族を除く党家及び親戚と喪主、Ⓒ喪主を除く庄員という三つに大きく区分できる。こうした区分は死者に対する立場によって、さらに次のように細分化される。

Ⓐ家族としての子孫のシャオは、(i)息子の役を担う養子や親甥子を含めた息子と長孫という後継者、(ii)それ以外の子孫、(iii)未婚の女性子孫に分別される。(i)後継者は、死者の財産の相続者かつ祭祀の主な担い手である。(ii)子孫は、死者から血のつながりがあり、死者を祖先とする祭祀の担い手である。(iii)未婚の女性子孫は、将来的な所属が不明瞭なため、その立場が確定されていない。

Ⓑ家族を除く党家及び親戚と喪主は、死者の帰属を判別する立場にある。党家は死者に宗族の祖先の資格を与える。骨主は死者の生前における生命福祉の状況を検分し、権利を保護し、死後の身分判定に責任を有す。喪主は党家と骨主の間を取り持つ役割を担う。つまり、骨主の検分に立ち会う党家と親戚と喪主は、各々の立場から、死者が族譜に記され祖墳へ埋葬されるか、つまり党家の先祖となり得るかどうかという所属先を判断・決

定する立場にある。

Ⓒ庄員は以上の血縁・姻戚関係から外れた地域関係の立場にあるものの、シャオの様式に関しては同輩の党家や親戚らの様式と大差がない。

一方、こうした輩分や所属という基準から大きく外れているのは、「請亡」と「送亡」など死者や一族の祖先の霊魂と接触する儀礼のみで白綿布を腰布とする宗教者である。

(2)シャオの意味

こうしたシャオの着用実態から読み取れるシャオの意味としては、死者への弔意、葬礼への賛意、死霊との接触という三つがあるといえよう。

〈死者への弔意〉 シャオの基本的意味は、死に対する哀悼の意を表すという点にある。しかし、その哀悼の意には(i)親である死者への弔意、(ii)祖先としての死者への弔意、(iii)広範な死者への弔意という三つが読み取れる。

死者の家族としての子孫は「重孝」を着用する。その装飾について、話者の李永X〔10〕は「不看（見ない）、不聴（聞かない）、不説（言わない）」と説明している。子孫の視界と聴覚を遮ることで、外部と距離を置き、他人との会話を制限し、大切な親の死という悲しみに集中するという悲痛な哀悼の意を表している。そのため、子孫は葬礼の全般を喪主と党家に依頼し、儀礼的な儀式への参加以外は、霊堂に安置された死者の遺体の両側に喪棒で身体を支えながら土下座する。

また、党家は死者を一族の祖先として認めた後、その葬礼の運営と死後祭祀を行う。党家の甥世代や孫世代は葬礼運営と祭祀執行の担い手として、死者の子孫より簡易なシャオを着用するが、党家の同輩、親戚、庄員より重いシャオを着用する。それは、党家の晩輩は、祖先としての死者へ哀悼の意を表すためである。

さらに、未婚かつ後継者のいない男性が親の存命中に死亡した場合は、その遺体に後継者が着用すべきシャオを着せて棺材に納めてから埋葬する〔11〕。これは、未婚の成人男性が親より先に亡くなることは「不孝」とされるからで、後継者である息子があの世で親に孝を尽くすため、親の葬礼で着用するはずの喪服を、本人が死亡した際に着用するのである。このようなシャオの着用伝承から、シャオは「孝」の道徳観を表現しているものであると言えよう。

こうした(i)親である死者への弔意、(ii)祖先としての死者への弔意は、儒教の「親と祖先に孝を尽くす」という「孝」の道徳観に基づいたものである。また、長輩、党家の同輩、親戚、庄員は死者に孝を尽くす義務がないため、白綿布のみで縫製したシャオを着用し、(iii)死者への弔意を表すだけである。

〈葬礼への賛意〉 前述したように、シャオは「成孝」、「弔問」、「験孝」という三つの儀礼において着用される。党家は死者の死を受け、その死者が祖先であるかどうかを判断する。祖先であると判断されると、党家が死者家族の要請で喪家に集まり、「東家」という組織を形成し、葬礼の運営を担う。そして、「成孝」という儀式においてシャオを着用する。したがって、未成年や党家の成員とみなされない死者の葬礼では、党家の全員は関与せず、シャオを使用しない〔12〕。また、「験孝」という儀礼では、骨主を代表とする上位親戚が、死者の死因と治療経歴などを尋ね、遺体に対する検分を行う。そして、死者の正当な死を判断した後、シャオを着用する。死者の身分判定、遺体検分などを行う特殊な立場にない家族や平等・下位親戚と庄員は、死者の死を受け入れた後、葬礼をはじめとする「成孝」の儀礼と最初に関わる「弔問」の儀礼でシャオを着用する。つまり、シャオの着用は、死者の身分と正当な死を確認し、その葬礼への賛意を表すことを象徴している。

〈死霊との接触〉 前述したように、シャオの着用期間は人によって異なるが、いずれも、死者の霊魂や祖先の霊魂が存在する空間に接触する際にシャオを着用し、接触が終わったらシャオを外すという流れは共通している。また、葬礼の途中や、弔問後の帰宅の際に喪家で着用したシャオを絶対に自宅に持ち込まないという禁忌伝承がみられる。さらに、宗教的職能者が「請亡」と「送亡」という儀礼において、腰には白綿布を巻くという実態がある。こうした点から、シャオは着用者が死霊と接触していることを象徴すると言える。

［1］雷鐏『古経服緯』百部叢書集成：原刻景印、嚴一萍選輯、藝文印書館（台北）、一九六五年。引用部分の原文は「別尊卑、厳内外、辨親疏、莫詳於服」であり、日本語は筆者による訳。

［2］たとえば、西晋（二六五～三一六年）の基本法典、『泰始律』では「峻礼教之法、準五服以制罪（犯罪を防止するために礼教を盛んにし、五服の等級に準じて罪の軽重を定める）」というように、罪を五服の範囲での制裁原則として初めて定めた。

［3］霍福「南京竹子巷与青海漢族移民——民族学視野下的伝説故事的記憶和流変」『清海師範大学民族師範学院学報』第一七巻第二期、二〇〇六年。著者は「漢民族の青海省への移民は漢時代から始まり、明、清を経て、国内各地の漢民族が移民、防衛、商売、流刑、避難などにより、省内の東部に移住し、さらに西部の方に遷移しながら青海省の主要民族の一つになり、漢民族の文化もこの地域の力強い文化になった」と述べている。

［4］尺は古代中国の長さの単位である。青海省の漢民族の葬礼のシャオを縫製する際、定規を使わず、縫製の人が親指と中指を広げ、その両端の距離で長さを計る。広げた親指と中指の両端距離を「拃［zhǎ］」と呼び、約五寸（一五センチメートル）である。一尺は一〇寸（約三三センチメートル）で、二拃に相当する。

［5］第五章の第二節で提示したように、青布衫は青綿布で作られた、高襟、スリット、装飾用ボタン（右前打合わせ）の特徴を備えた女性の衣服である。青布衫は結婚した女性が着用する礼服である。結婚の日に女性が実家から婚家まで移動する際に着用する。実家を出て婚家に到着するまでの間に魔を除ける意味がある。さらに、親密な死者の葬礼に着用する。既婚女性の象徴である。

［6］炕はレンガなどの焼き物で作られた防寒寝台である。内部の空洞で藁や石炭などを燃やすことで、寝台や部屋を暖かくすることができる。死者の墳前に炕を設置するのは、新たに亡くなった死者が地下の冷たい環境に適応できないという考えから、炕を設置して暖めるという発想である。

［7］曾孫の配偶者のシャオについては、筆者は調査で目にしたことがないため、聞き書き調査による。二〇一九年九月の調査における話者の景香L（一九四一年生まれ、女性）は青海省西寧市湟中区李家山鎮HW村に在住の村民である。村人の葬礼で女性喪主の役をよく頼まれる人物である。

［8］第三章で提示したように、「宗族の成員」とは宗族に生まれた男性、嫁入りした女性、婚出前の女性のことである。第三章では死者の条件を分析したため、生前の未成年者の女性が成員とみなされたかは検討対象としなかったが、本章の事例から未成年の女性は成員とみなされないことがわかる。

［9］「三従」とは、女性が嫁に行くまでは父親に従い、嫁に行ったら夫に従い、夫が死んだら子どもに従うという教えである。社会のなかにおける女性の従属性を示す。男性中心の儒教道徳から生まれた女性道徳の原則。

［10］二〇一九年九月の調査における話者の李永X（一九四五年生まれ、男性）は青海省西寧市湟中区李家山鎮HW村出身・在住の村民である。転出せず、現在まで継続して農業に携わってきた。葬礼などに詳しく、村落の葬礼で喪主の役を務めることが多い。

［11］このような死者の詳細については、第三章の第三節で詳報している。

［12］前掲［11］。

第七章　葬礼と贈答習俗——「寿礼」と「香奠」

一　問題の所在

中国の西北部に位置する青海省では、西寧市などの都市部では火葬が実施されているが、農村部の漢民族の間では現在も旧来の土葬が行われており、従来の葬礼作法の通りの葬送習俗が確認できる。この葬礼にかかわるのはこれまで再三取り上げたようにⒶ家族、Ⓑ党家、Ⓒ親戚、Ⓓ庄員、Ⓔ職能者の五つのグループである。葬礼において、この五つのグループと喪家の間で「香奠」「回礼」などのやりとりがある。この贈与と返答の内容と量は、死者との親疎関係によって大きく異なる。

本章では、青海省農村部の漢民族の葬礼におけるモノの贈答習俗の実態を明らかにすることとする。そして、こうしたモノの贈与返答にどのような意味があるのか、また、農村部の漢民族社会における社会秩序が、喪家と葬礼の参加者との間でのモノの贈与交換という場面において、どのように表われているのかを検討したい。

二　祝寿と寿礼

親が六〇歳を迎える日が近づくと、子どもが準備するものは、墳地、族譜、棺材、寿衣などである。この中でも、墳地と族譜は、党家などの集団が準備するもので、棺材と寿衣は子どもが親のために準備するものである。子どもは親の六〇歳の誕生日に合わせて祝寿の儀礼を行う。祝寿の儀礼に準備した棺材と寿衣を親に謹呈する。その際に党家や親戚、庄員などに呼びかけて一緒にお祝いする。この儀式を「祝寿」（賀材）と呼ぶ。この儀式の関与者は、「寿礼［shòu lǐ］」と称して多くのモノを祝寿の対象者へ贈る。

ここでは、第三章に詳しく報告した李家山鎮ＪＡ村の山会Ｒの祝寿の儀礼における寿礼を例として分析する。章末の資料①は、関与者の「寿礼」が記入された記録簿を整理したものである。資料①から関与者の寿礼は礼金、寿桃（桃状にした饅頭）、寿酒（お酒）、寿麺（乾麺）、寿蠟（赤色の蠟燭）、寿茶（茯茶というお茶）、紅（刺繍をいれた赤色の布）、寿衣（娘のみが贈る）などであることがわかる。祝寿の儀礼が終わると、山会Ｒの家族が「寿礼」の返しとして寿桃二個を祝寿の参加者に贈る。この返礼品を「回礼［huí lǐ］」と呼ぶ。祝寿の儀礼に関与した人々の「寿礼」とそれに対する「回礼」の内容を整理したものが表①である。ここから、以下のことが指摘できる。

　親の死後に用いる棺材は家族や親戚の子どもが事前に用意する。息子が棺材、娘が寿衣を準備する。娘がいない場合は、寿衣も息子が用意する。棺材と寿衣の準備ができると、親の誕生日にあわせて祝寿の儀礼を行う。こうした形式で、事前に親へ棺材と寿衣とを用意して、贈与するのが親孝行とされている。

　寿礼としての金銭の額、物品の数量は、関与者と祝寿対象者との血縁、姻戚、地縁などの社会関係で異なる。寿礼の内容は金銭、食べ物、その他のものであり、党家と親戚が庄員よりも贈与する量が多い。その中でも、祝寿対象者の兄弟とその息子（甥）など、血縁の近い党家と下位親戚ではさらに寿礼の量が多い。特に、他家に嫁いだ下位親戚である娘は高額の礼金と寿衣を提供する。このように、祝寿の贈与の場面では、関与者と祝寿の対象者との社会関係が贈与物とその分量によって明確に示され、これが他者にもわかるようになっている。

　祝寿儀礼に関与した人々の寿礼の内容は記録簿に記録される。祝寿の当日、祝

表①　祝寿における寿礼と回礼の内容一覧

儀礼関与者		寿礼の内容			回礼の内容
		金銭	食べ物	その他	
家族		——	——	棺材	——
党家	血縁が近い党家	200～500元	寿桃、寿酒、寿麺	寿蠟、紅	寿桃２個
	血縁が遠い党家	100～200元	寿桃、寿酒	紅	寿桃２個
親戚	上位親戚	200～300元	寿桃、寿酒	紅	寿桃２個
	平等親戚	200～300元	寿桃、寿酒	紅	寿桃２個
	下位親戚	300～1000元	寿桃、寿酒、寿麺	寿蠟、紅、寿衣（娘のみ）	寿桃２個
荘員		100～200元	寿酒 or 寿茶	紅	なし

寿を行う東家は、この記録簿によって関与した人々が宴会に出席しているかどうかを確認する。出席していない人には、祝寿の家の主人が別個に礼参りに行く。この記録簿は、他家で祝寿の儀礼が行われる際にも、その家の儀礼に出席するかどうかを判断する目安となる。そして、出席する場合は、その記録簿に記入された内容を確認し、ふさわしい贈答品を用意して参加する。

祝寿の記録簿に記載された名は、必ずしも直接的に儀礼に参加した人の名ではなく、参加者の家を代表する人の名であり、儀礼を行う家の代表者と相互に対等の付き合い関係がある他家の代表者の名ということになる。つまり、寿礼の贈与は個人の行為ではなく、家と家との間での行為である。

祝寿の儀礼における関与者と寿礼贈与の実態を確認してみた。次に、青海省の漢民族の葬礼と香奠について確認してみることとする。

三　葬礼と香奠

これまでの調査から、青海省の漢民族の死に関する儀礼は五つの段階に分けることができることを指摘した。それは、第一段階の祝寿、第二段階の臨終期、第三段階の祭奠、第四段階の埋葬、第五段階の祭祀である。ここでは、第三段階の祭奠における贈答習俗について紹介する。

葬礼を行う当日は党家、親戚、庄員が弔問にくる。当日の朝、東家の若干名の男性が喪家宅のドアのところで弔問客を待つ。弔問客の物品を引き取って家の中に案内する。さらに、弔問に来る喪家の上位親戚には、ドアのところでお酒を献じて飲んでもらう。

弔問客は喪家に入ると、死者の遺体を安置する霊堂の前で両膝を地につけて頭を下げる跪礼をする。喪主は弔問客と死者との関係性に応じて、葬礼での喪服であるシャオを配る。シャオを着用したら、弔問客は帳房のところで香奠を謹呈する。香奠の内容は礼金、食べ物、冥資(紙銭)であり、喪家との関係性で香奠の内容は異なる。弔問客は香奠の中から食べ物を少しずつ摘まんで霊堂の前の冥資を燃やすところに入れる。その後、東家が弔問客を座席に案内する。しかし、上位親戚はこの流れが異なり、死者に跪礼をした後もシャオが配られず、香奠もわたさずに座席に案内される。また、東家の者は弔問に来る親戚が持ってくる花輪それぞれに贈り主の名を記名し、喪家の家の前に並べる。この花輪の規模によって、喪家の社会的な位置が示される。弔問客が着席後、喪家から料理を出す。弔問客は喪家が出した料理の全品を、テーブルに設置してある空の茶碗に少しずつ取り分ける。食事が終了すると、それぞれのテーブルで茶碗に取り分けた料理を霊堂の前で火に入れて燃やす。

食事終了後、「験孝」と称する上位親戚による死者の遺体検分が行われる。これは死者の家族が親孝行であるかどうかを判断する儀礼である。この儀礼が終了した後、上位親戚は霊堂の前に跪いてシャオを着用し、香奠を謹呈する。弔問客の宴会の後、喪家は東家をねぎらうために料理を提供する。この喪家が東家に提供する料理を「謝東宴［xiè dōng yàn］」と呼ぶ。

以上が葬礼の流れであるが、ここにおけるモノのやりとりは葬礼関与者の「香奠」ということになる。まずは二〇一六年の七月に調査した董氏魏彦Yの葬礼の際の香奠帳を整理した章末資料②の「香奠記録簿」の内容に基づいて分析していく。この資料②から表②を作成した。表②から、ここでの香奠とは、礼金、食べ物(献子［xiàn zǐ］(白い饅頭、写真①)、小麦粉、小麦粒、茶)、花輪、冥資、布、金銀山であり、これに対する喪家の回礼は、献子二個であることが確認できる。

以上を踏まえて、葬礼での香奠の内容からは以下のことが指摘できる。

香奠の内容は金銭、食べ物とその他のものであるが、その内容は生者である喪家への贈り物と死者である個人

表②　葬礼における香奠と回礼の内容一覧

儀礼関与者		葬礼の内容			回礼の内容
		金銭	食べ物	その他	
家族		——	——	棺材	——
党家	血縁が近い党家	200〜500元	献子	花輪、冥資	献子2個
	血縁が遠い党家	100〜200元	献子or小麦粉	冥資	献子2個
親戚	上位親戚	200〜300元	献子	花輪、冥資、布	献子2個
	平等親戚	200〜300元	献子	花輪、冥資	献子2個
	下位親戚	300〜1000元	献子	花輪、冥資、金銀山	献子2個
荘員		100〜200元	小麦粉or小麦粒or茶	冥資	なし

写真①　死者の遺体を安置する霊堂に献じる献子（2019年11月、李爾JUNの霊堂）

への贈り物の二種類に分類することができる。たとえば、礼金は現実に使える金銭で喪家へのものであるが、冥資はあの世で死者が使うもので、死者へのものである。また、弔問客は死者に跪礼をする際、葬礼に持って来る食べ物である献子、小麦粉、小麦粒を少し摘まんで火で焼く。これは、死者への献物といえる。

弔問客は、喪家に香奠を出すタイミングがそれぞれ異なる。党家、平等親戚、下位親戚は霊堂に安置する死者へ礼をした後、香奠を謹呈する。しかし、上位親戚である死者の「骨主」は「験孝」の儀礼を行い、死者の遺体の確認と死亡の経緯を把握した上で香奠を出す。香奠を謹呈する順序の差は、死者の死の事実と直面することの段階差であると指摘することができる。つまり、葬列の参加者と死者との関係性に応じて、その死の事実を受け入れることへの段階差が生じている。また、上位親戚が「骨主」となることは、死者は同居家族だけではなく、上位親戚の保護対象でもあることを示している。ただし、上位親戚による「験孝」は、喪服を「孝」と称することとともに儒教的考えに基づいているともいえ、検討が必要な課題となる。

葬礼に香奠を贈るのは、地域社会の構成員である庄員と、婚姻による姻戚、血縁である党家の三者である。香奠の贈与という行為によって、この三者は喪家との親密な社会的関係を維持し、それを外部に提示しているとみなすことができる。

四　贈答習俗と社会秩序

以上、青海省漢民族の葬儀における、「寿礼」「香奠」の二つの贈答習俗について述べてきた。青海省農村部において漢民族は祝寿の場では「寿礼」を、葬礼の場では「香奠」を贈与するが、これは家と家、個人と個人の間での共同関係を維持することを目的とする。そのため、こうした贈答習俗を確認することで家々、個人の社会距離とその維持のあり方を把握することができる。それは換言すれば、漢民族社会がどのように社会秩序を維持しているのかを把握することにつながる。

ここでは、青海省漢民族社会の社会秩序がどのように贈与の場に反映されているのか、葬礼での贈答習俗から考えてみたい。

(1)贈与と返答の内容

本章で具体的に述べた「祝寿と寿礼」「葬礼と香奠」の内容を踏まえながら、葬送儀礼における贈与と返答の内容について分析していくことにする。

「寿礼」と「香奠」の内容をそれぞれの記録簿からまとめ、表③―1・2に祝寿と葬礼における関与者の贈与の内容を分類した。ここから、贈与の内容としては、金銭、食べ物、その他の贈り物の三種を確認することができる。ただし、詳細に事例を確認すると、金銭、食べ物などの物質的贈与の他に非物質的な贈与があることを指摘できる。たとえば、祝寿の儀礼と葬礼を行う際、党家の人々は東家を構成して労働力を提供し、儀礼を運営していく主体となる。東家は祝寿、葬礼などの儀礼の場では「寿礼」と「香奠」の物質的贈与を行う一方で、労働力として自らを無償で提供しているのである。つまり、血縁関係がある党家は親戚、庄員と同じく物質的贈与を行ったうえで、東家という儀礼の運営役として非物質的な労働力を贈与している。いうまでもなく、この贈与は互助としての性格を持ち、労働力を贈与した側も、自身の家の葬儀では東家から労働力の贈与を受けることになる。

一方、これら葬送儀礼の関与者からの贈与に対して、祝寿と葬礼の対象となる家は返答を行う。表④－1・2に祝寿と葬礼における喪家の返答の内容を分類してまとめた。これを確認すると、祝寿と葬礼の対象となる家は儀礼の関与者に料理をふるまう。また、東家への感謝の意を示すため、祝寿と葬礼の儀礼では「謝東宴」という形で東家の労働への対価として料理を提供する。さらに、葬礼に関与した党家と親戚には、「寿桃」と「献子」を贈与することで「回礼」を行う。これらのことから、祝寿と葬礼の対象となる家の家族成員は、儀礼関与者及び儀礼を運営する人に対して、ふるまいの料理という形で返

表③－1　祝寿における関与者の贈与分類

贈与者		贈与内容			
		物質的贈与			非物質的贈与
		金銭	食物	その他	労働力
家族	息子	——	——	棺材	——
党家	血縁（近）	礼金・献金	寿桃、寿酒、寿麺	寿蠟、紅	東家役
	血縁（遠）	礼金	寿桃、寿酒	紅	東家役
	結盟	礼金	寿桃、寿酒	紅	東家役
親戚	上位	礼金	寿桃、寿酒	紅	——
	平等	礼金	寿桃、寿酒	紅	——
	下位	礼金・献金	寿桃、寿酒、寿麺	寿蠟、紅、寿衣（娘のみ）	——
荘員	喪主	礼金	寿酒 or 寿茶	紅	——
	喪主以外	礼金	寿酒 or 寿茶	紅	——

表③－2　葬礼における関与者の贈与分類

贈与者		贈与内容			
		物質的贈与			非物質的贈与
		金銭	食物	その他	労働力
家族	息子	——	——	——	——
党家	血縁（近）	礼金	献子	花輪、冥資	東家役
	血縁（遠）	礼金	献子	冥資	東家役
	結盟	礼金	献子 or 小麦粉	冥資	東家役
親戚	上位	礼金	献子	花輪、冥資、布	——
	平等	礼金	献子	花輪、冥資	——
	下位	礼金	献子	花輪、冥資、金銀山	——
荘員	喪主	礼金	献子	花輪、冥資	——
	喪主以外	礼金	小麦粉 or 小麦粒 or 茶	冥資	——

表④―1　祝寿における家族の返答分類

返答対象		返答内容			
		物質的返答			非物質的返答
		金銭	食物	その他	労働力
党家	血縁（近）	——	寿桃	——	東家役
	血縁（遠）	——	寿桃	——	東家役
	結盟	——	寿桃	——	東家役
親戚	上位	——	寿桃	——	——
	平等	——	寿桃	——	——
	下位	——	寿桃	——	——
荘員	喪主	——	寿桃	——	——
	喪主以外	——	——	——	——

表④―2　葬礼における喪家の返答分類

返答対象		返答内容			
		物質的返答			非物質的返答
		金銭	食物	その他	労働力
党家	血縁（近）	——	献子	——	東家役
	血縁（遠）	——	献子	——	東家役
	結盟	——	献子	——	東家役
親戚	上位	——	献子	——	——
	平等	——	献子	——	——
	下位	——	献子	——	——
荘員	喪主	——	献子	——	——
	喪主以外	——	——	——	——

答を行っていることがわかる。

祝寿と葬礼の場面における贈与と返答の内容からは、それぞれの場面における喪家と参加者との関係の位置づけとして、以下の四点を指摘することができる。

①息子が親へ棺材を贈与することは物質的贈与であるが、このことは儒教的道徳観の中で伝統的な慣習となっており、ほとんど義務化されている。こうした物質的贈与に対して、息子は「親孝行な息子である」という非物質的な形での返答（評価）を期待する。

②祝寿の儀礼と葬礼では「寿礼」、「香奠」、労働力の三点を党家は提供する。これは物質的贈与と非物質的贈与の両方であり、このような党家の贈与と、それに対する祝寿と葬礼の際の返答の内容を確認していくと、家と家との間での互助的贈与であり、互酬的であるのが特徴である。

③親戚の贈与は物質的贈与であるが、その内容は祝寿と葬礼の対象となる家との社会的距離によって異なり、不平等であることが特徴である。それは家同士での女性の婚姻関係を基準としており、嫁の実家が上位親戚となり、嫁の婚家が下位親戚となる。上位親戚と下位親戚では贈与の内容が異なるだけでなく、上位親戚の贈与が下位親戚の贈与より少ないという数量的な格差も確認できる。

④同じ村に居住する庄員からの贈与は対等であることが特徴であり、祝寿と葬礼の対象となる家は、同じ村の他

家の儀礼に対しては対等な形での贈与を行う。

(2)贈与の対象

祝寿と葬礼の関与者が贈与を行う対象についても考えてみたい。

祝寿の儀礼と葬礼に関与した人々の贈与はそれぞれ異なっている。まず、寿礼と香奠の礼金から分析する。関与者の全員が礼金を謹呈するが、その金額には差異がある。礼金の金額は受けとった家が記録簿に記入するが、礼金のやりとりは祝寿の儀礼関与者と祝寿の儀礼を行う家との間での付き合いの象徴となっている。祝寿の儀礼と葬礼の場において、関与者が行う礼金という贈与の対象は家である。

次に、食べ物について分析すると、祝寿の儀礼と葬礼では、贈与品としての食べ物の内容が異なる。祝寿の寿桃は桃形の饅頭で、葬礼の献子は素朴な饅頭である。関与者は寿桃を祝寿の場で、棺材の前に献じる。葬礼に持ってくる献子は、少しずつ摘まんで死者の前で焼く。こうした祝寿の儀礼と葬礼の贈与品としての食べ物は、祝寿の対象者や死者といった個人への贈与品であると同時に、不幸に遭った家がしばらく生活に困らないように、多額の金銭と食べ物を援助するという、家を対象とした贈与でもある。

最後に、金銭と食べ物以外のその他のものについて分析する。寿衣と寿蠟は祝寿を迎えた個人の寿命の延長を、冥資と花輪は死者のあの世での生活を、それぞれ考慮した贈与であり、どちらも個人を対象としたものである。

(3)贈答と社会秩序

祝寿、及び葬礼における関与者からの贈与について、金銭、食べ物、その他の三種に分類したが、それぞれのものを贈ることには理由があると考えられる。ここで、寿礼と香奠のそれぞれの贈与における意義について検討することとする。

まず寿礼について述べる。寿礼の場では、寿桃という饅頭と寿麺などの品を、党家と親戚が贈与する。漢民族には「桃」によって延命できるという信仰がある。さらに寿桃の数は八個であるが、八という数字も信仰的な意味合いを持つ。寿麺についても、漢民族の慣習として誕生日に「麺」を食べる習俗がある。このように、延命の意味合いを持ち、長寿を象徴する物品を祝寿の儀礼の贈与品として贈り、個人の長寿を願うことが、祝寿における贈与品が持つ意味であると考えられる。また、死後の用具である棺材、寿衣を事前から用意することは、祝寿の人に対して長寿であって欲しいという願望が込められており、寿桃、寿麺を送ることと同様である。

次に葬礼における香奠を確認する。香奠の内容は献子、冥資、花輪などである。その中でも、冥資と花輪は死者があの世での生活に用いる金銭と物品である。花輪には金と銀の箔紙で作られた金塊と銀塊が貼り付けられている。さらに、花輪には金山や銀山の形にデザインされている製品も存在する。このような花輪の紙製品は、焼却することで死者があの世で使用できる財産に変わるとされている。

関与者が献子を献呈する時は、死者を安置する霊堂の前で焼く。その後、献子を関与者と死者の家族が食べる。つまり、献子は死者の霊と生者が共に食べるものであると言える。

(4)贈答と社会秩序

これまで、祝寿と葬礼の場における贈答習俗の内容、特徴、意義について論述してきた。ここでは、こうした贈答習俗に反映される社会秩序について考えることとする。

祝寿の儀礼や葬礼に関与した人々と、その対象となる家との家同士の関係性は様々である。同じ地域社会で生活している庄員の間での贈答は対等であり、共同の血縁関係を持つ党家同士でも、対等互恵を原則として贈答が行われている。地域社会の成員として家同士が対等であることが一つの社会通念となっており、それが祝寿と葬礼における贈与の在り方にも反映されていると考えられる。

一方で、上位、平等、下位の親戚組織は、婚姻関係を基準として形成されている。一族の女性を他家へと「授けた」側が上位親戚となり、「授かった」側が下位親戚となる。この両者の間には明らかな上下関係があり、それは先述の贈与の事例からも如実に確認することができる。このように婚姻関係を結んだ家同士では対等な関係が成立していない。結婚によって女性の所属が実家から婚家に移行し、女性が婚家の一員として認められる。結婚した女性は嫁として婚家の後継者を出産し、義父母の扶養、婚家の祖先祭祀などを行うことを期待される。しかし、婚家が女性にこうした義務付けを行うことに対して、実家は女性の婚家での生活と嫁としての権利を見守る。たとえば、出産後七日目に実家は産婦と新生児のお見舞いに行き、婚家が適切な対応をしているかどうかを確認する。さらに、死後の葬礼では「験孝」という死者を検分する儀礼を行う。こうしたことから、嫁の実家は、婚家の嫁への対応を監視し、その権利を保護するという立場から上位親戚となり、両者の間で上下の関係が成立していると言える。

資料①　李家山鎮ＪＡ村・山会Ｒの祝寿の記録簿から整理した寿礼の内容

番号	名前	山会Rとの関係	関係分類	寿礼の内容
1	山永Ｆ	長兄の息子	Ⓑ党家	300元、寿桃9、寿酒2、寿麺9、寿蠟1、紅2
2	山永Ｄ	長兄の息子	Ⓑ党家	300元、寿桃9、寿酒2、寿麺9、寿蠟1、紅2
3	山永Ａ	次兄の息子	Ⓑ党家	300元、寿桃9、寿酒2、寿麺9、寿蠟1、紅2
4	山永Ｓ	次兄の息子	Ⓑ党家	500元、寿桃9、寿酒2、寿麺9、寿蠟1、紅2
5	山永Ｃ	次兄の息子	Ⓑ党家	300元、寿桃9、寿酒2、寿麺9、寿蠟1、紅2
6	山永Ｙ	娘	Ⓒ下位親戚	1000元、寿桃9、寿酒2、寿麺9、寿蠟1、紅2、寿衣7
7	芦建Ｍ	長兄の娘（山永Ｑ）の夫	Ⓒ下位親戚	300元、寿桃9、寿酒2、寿麺9、寿蠟1、紅2
8	李Ｓ福	長兄の娘（山永Ｇ）の夫	Ⓒ下位親戚	500元、寿桃9、寿酒2、寿麺9、寿蠟1、紅2
9	李Ｔ福	長兄の娘（山永Ｌ）の夫	Ⓒ下位親戚	300元、寿桃9、寿酒2、寿麺9、寿蠟1、紅2
10	李Ｚ徳	次兄の娘（山永Ｃ）の夫	Ⓒ下位親戚	300元、寿桃9、寿酒2、寿麺9、寿蠟1、紅2
11	祝国Ｑ	次兄の娘（山永Ａ）の夫	Ⓒ下位親戚	300元、寿桃9、寿酒2、寿麺9、寿蠟1、紅2
12	吉Ｄ福	長兄の娘（山永Ｊ）の夫	Ⓒ下位親戚	500元、寿桃9、寿酒2、寿麺9、寿蠟1、紅2
13	李Ｃ林	妹の娘（楊占Ｇ）の夫	Ⓒ下位親戚	300元、寿桃9、寿酒2、寿麺9、寿蠟1、紅2
14	王徳Ｍ	妹の娘（楊占Ｌ）の夫	Ⓒ下位親戚	300元、寿桃9、寿酒2、寿麺9、寿蠟1、紅2
15	張建Ｇ	妹の娘（楊占Ｍ）の夫	Ⓒ下位親戚	300元、寿桃9、寿酒2、寿麺9、寿蠟1、紅2
16	汪兴Ｇ	妹の娘（楊占Ｈ）の夫	Ⓒ下位親戚	300元、寿桃9、寿酒2、寿麺9、寿蠟1、紅2
17	周生Ｙ	妹の娘（楊占Ｐ）の夫	Ⓒ下位親戚	300元、寿桃9、寿酒2、寿麺9、寿蠟1、紅2
18	王永Ｑ	妹の娘（楊占Ｊ）の夫	Ⓒ下位親戚	300元、寿桃9、寿酒2、寿麺9、寿蠟1、紅2
19	李Ｗ福	妹の娘（楊占Ａ）の夫	Ⓒ下位親戚	300元、寿桃9、寿酒2、寿麺9、寿蠟1、紅2
20	楊占Ｙ	妹の息子	Ⓒ下位親戚	500元、寿桃9、寿酒2、寿麺9、寿蠟1、紅2
21	白Ｑ福	妻の兄	Ⓒ上位親戚	200元、寿桃9、寿酒2、紅2
22	白Ｙ福	妻の弟	Ⓒ上位親戚	200元、寿桃9、寿酒2、紅2
23	白Ｃ貴	妻の兄の息子	Ⓒ上位親戚	300元、寿桃9、寿酒2、紅2
24	白Ｒ貴	妻の兄の息子	Ⓒ上位親戚	200元、寿桃9、寿酒2、紅2
25	殷正Ｃ	妻の妹の夫	Ⓒ平等親戚	300元、寿桃9、寿酒2、紅2
26	張永Ｌ	妻の姉の夫	Ⓒ平等親戚	300元、寿桃9、寿酒2、紅2
27	山永Ｓ	党家の兄の息子	Ⓑ党家	200元、寿桃9、寿酒2、紅2
28	山永Ｚ	党家の兄の息子	Ⓑ党家	200元、寿桃9、寿酒2、紅2
29	山永Ｗ	党家の兄の息子	Ⓑ党家	200元、寿桃9、寿酒2、紅2
30	山發Ｃ	党家の兄の孫	Ⓑ党家	200元、寿桃9、寿酒2、紅2
31	山發Ｑ	党家の兄の孫	Ⓑ党家	200元、寿桃9、寿酒2、紅2
32	山永Ｈ	党家の兄の息子	Ⓑ党家	200元、寿桃9、寿酒2、紅2
33	山永Ｏ	党家の兄の息子	Ⓑ党家	200元、寿桃9、寿酒2、紅2
34	李積Ｃ	ＪＡ村の村民	Ⓓ荘員	100元、寿酒2、紅2
35	趙志Ｑ	ＪＡ村の村民	Ⓓ荘員	100元、寿茶1、紅2
36	吉国Ｑ	ＪＡ村の村民	Ⓓ荘員	200元、寿酒2、紅2
37	王Ｗ	ＪＡ村の村民	Ⓓ荘員	100元、寿茶1、紅2
38	納敬Ｄ	ＪＡ村の村民	Ⓓ荘員	100元、寿茶1、紅2
39	李永Ｑ	ＪＡ村の村民	Ⓓ荘員	100元、寿茶1、紅2
40	趙Ｈ	ＪＡ村の村民	Ⓓ荘員	100元、寿茶1、紅2
41	吉国Ｂ	ＪＡ村の村民	Ⓓ荘員	200元、寿酒2、紅2
42	吉徳Ｃ	ＪＡ村の村民	Ⓓ荘員	100元、寿茶1、紅2
43	吉徳Ｚ	ＪＡ村の村民	Ⓓ荘員	100元、寿酒2、紅2
44	趙志Ｌ	ＪＡ村の村民	Ⓓ荘員	100元、寿茶1、紅2
45	李複Ｗ	ＪＡ村の村民	Ⓓ荘員	100元、寿酒2、紅2
46	李興Ｓ	ＪＡ村の村民	Ⓓ荘員	100元、寿茶1、紅2
47	李興Ｗ	ＪＡ村の村民	Ⓓ荘員	100元、寿茶1、紅2
48	吉文Ｃ	ＪＡ村の村民	Ⓓ荘員	100元、寿茶1、紅2
49	吉文Ｆ	ＪＡ村の村民	Ⓓ荘員	100元、寿酒2、紅2
50	趙Ｍ	ＪＡ村の村民	Ⓓ荘員	200元、寿茶1、紅2

単位
寿桃：個
寿酒：本
寿麺：本
寿蠟：組
紅　：条
寿茶：封
寿衣：着

資料②　攔隆口鎮XK村・董氏魏彦Yの葬礼の記録簿から整理した香奠の内容

番号	名前	董氏魏彦義との関係	関係分類	寿礼の内容
1	董長G	夫の甥	Ⓑ血縁党家	200元、献子9、花輪1、冥資
2	董長Q	夫の甥	Ⓑ血縁党家	200元、献子9、花輪1、冥資
3	董長Q	夫の甥	Ⓑ血縁党家	300元、献子9、花輪1、冥資
4	董長L	夫の甥	Ⓑ血縁党家	200元、献子9、花輪1、冥資
5	董長A	夫の甥	Ⓑ血縁党家	200元、献子9、花輪1、冥資
6	董長E	夫の甥	Ⓑ血縁党家	500元、献子9、花輪1、冥資
7	董國Q	夫の甥の息子	Ⓑ血縁党家	200元、献子9、花輪1、冥資
8	董國Z	夫の甥の息子	Ⓑ血縁党家	300元、献子9、花輪1、冥資
9	韓S福	董氏一族と党家と結盟した村人	Ⓑ結盟党家	100元、小麦粉2、花輪1、冥資
10	韓C福	董氏一族と党家と結盟した村人	Ⓑ結盟党家	100元、献子9、花輪1、冥資
11	韓Q福	董氏一族と党家と結盟した村人	Ⓑ結盟党家	100元、小麦粉2、花輪1、冥資
12	韓徳S	董氏一族と党家と結盟した村人	Ⓑ結盟党家	100元、小麦粉2、花輪1、冥資
13	韓徳Y	董氏一族と党家と結盟した村人	Ⓑ結盟党家	100元、小麦粉2、花輪1、冥資
14	関積S	董氏一族と党家と結盟した村人	Ⓑ結盟党家	100元、小麦粉2、花輪1、冥資
15	関積C	董氏一族と党家と結盟した村人	Ⓑ結盟党家	100元、小麦粉2、花輪1、冥資
16	関積F	董氏一族と党家と結盟した村人	Ⓑ結盟党家	100元、小麦粉2、花輪1、冥資
17	関積D	董氏一族と党家と結盟した村人	Ⓑ結盟党家	100元、小麦粉2、花輪1、冥資
18	関元F	董氏一族と党家と結盟した村人	Ⓑ結盟党家	200元、小麦粉2、花輪1、冥資
19	関元C	董氏一族と党家と結盟した村人	Ⓑ結盟党家	100元、小麦粉2、花輪1、冥資
20	関元S	董氏一族と党家と結盟した村人	Ⓑ結盟党家	200元、小麦粉2、花輪1、冥資
21	関元T	董氏一族と党家と結盟した村人	Ⓑ結盟党家	200元、献子9、花輪1、冥資
22	魏彦G	弟	Ⓒ上位親戚	300元、献子9、花輪1、冥資、黒布1
23	魏複B	兄の息子	Ⓒ上位親戚	200元、献子9、花輪1、冥資
24	魏複Q	弟の息子	Ⓒ上位親戚	300元、献子9、花輪1、冥資
25	張永Q	妹の息子	Ⓒ平等親戚	300元、献子9、花輪1、冥資
26	張永P	妹の息子	Ⓒ平等親戚	200元、献子9、花輪1、冥資
27	張H	孫息子（董国P）の息子	Ⓒ下位親戚	1000元、献子9、花輪1、冥資、金銀山1
28	樊国G	夫の姪（董長Y）の息子	Ⓒ下位親戚	800元、献子9、花輪1、冥資、金銀山1
29	汪建B	村人	Ⓓ荘員	100元、小麦粒2、冥資
30	汪建G	村人	Ⓓ荘員	100元、茶1、冥資
31	汪建Y	村人	Ⓓ荘員	100元、小麦粒2、冥資
32	汪建C	村人	Ⓓ荘員	100元、茶1、冥資
33	汪有C	村人	Ⓓ荘員	100元、小麦粒2、冥資
34	汪有P	村人	Ⓓ荘員	100元、茶1、冥資
35	汪有M	村人	Ⓓ荘員	100元、茶1、冥資
36	汪有Z	村人	Ⓓ荘員	100元、茶1、冥資
37	汪有C	村人	Ⓓ荘員	100元、茶1、冥資
38	汪有H	村人	Ⓓ荘員	200元、小麦粉2、冥資
39	汪有J	村人	Ⓓ荘員	100元、小麦粒2、冥資
40	汪有W	村人	Ⓓ荘員	100元、茶1、冥資
41	汪有B	村人	Ⓓ荘員	100元、小麦粒2、冥資
42	汪有I	村人	Ⓓ荘員	100元、小麦粒2、冥資
43	汪有H	村人	Ⓓ荘員	100元、小麦粒2、冥資
44	王昌L	村人	Ⓓ荘員	100元、小麦粒2、冥資
45	王昌F	村人	Ⓓ荘員	100元、小麦粒2、冥資
46	王昌M	村人	Ⓓ荘員	200元、茶1、冥資
47	王昌D	村人	Ⓓ荘員	100元、小麦粒2、冥資
48	王昌S	村人	Ⓓ荘員	100元、小麦粒2、冥資
49	王昌G	村人	Ⓓ荘員	100元、小麦粒2、冥資

単位
献子　：個
花輪　：個
小麦粉：升
黒布　：巻
金銀山：個
茶　　：封

終章　まとめと今後の課題

本書の目的は、中国青海省の農村地域に伝わる漢民族の葬礼を叙述することで、「葬礼」という儀式の存在意義とその役割を明らかにし、民俗学の観点から漢民族の葬礼文化の研究を推し進めることであった。

この意図に基づき、第一章ではまず青海省における漢民族の具体的な事例を報告している。現地の自宅葬は、死者を中心に、家族、党家（宗族）、親戚（姻戚）などの血縁関係者と、庄員（村人）などの地縁関係者、および宗教的職能者や技能職能者といった雇用関係者の五者が協同して葬礼を執り行うものである。具体的には、死者の家族は葬礼全体の統括を庄員から選ばれた喪主に委ね、葬礼の準備と執行は党家で構成される東家に任せる。陰陽先生、礼儀先生、アカ、嗩吶匠、料理人などの宗教者や職能者は、儀礼的な役割や一部の葬礼運営を担い、家族自らが葬礼の準備や運営に直接関わることはない。また、死者を埋葬する際には、村落の庄員の青壮年が集まり、喪主や東家と協力して遺体を埋葬する。

〈葬礼関与者の具体的役割〉　家族は、葬礼の規模を決めるが、葬礼運営はしない。葬礼においては、「孝子」、「孝孫」、「孝媳」、「孝孫媳」として、儀礼的な儀式に参加する以外は、死者の遺体の両側に跪いて過ごす。親孝行のため、基本的には会話と飲食もしない。「験孝」の儀礼の際、骨主から親孝行であるかどうかを判断される。葬礼の資金提供者である家族の役割は、死者に最後の親孝行をすることである。

葬礼運営を取りまとめる役である喪主は、地縁関係者の庄員から選ばれる。死者の死亡後、家族が同じ村落から葬儀経験が豊富で、人望が厚い人に喪主の仕事を依頼する。喪主は葬礼の最高統括者として、死者を埋葬するまで葬礼を取りしきる。葬礼の運営、儀礼の進行は喪主の責任である。また、「験孝」の儀礼では、会話してはいけない家族の代わりに骨主の質問に回答する。『礼記』の奔喪編では「凡喪、父在父為主。父没、兄弟同居、各主其喪。親同、長者主之。不同、親者主之」というように、葬礼最高の指揮者である喪主は死者の家族が務めるとされるが、青海省の調査地の葬礼における喪主は庄員である。これは広く漢民族の葬礼のなかでの比較検討が必要となる。喪主が家族から庄員へ変更されたのなら、その変化はいつの時代に起きたかの検討が必要となる。

党家から形成された「東家」が葬礼運営の執行役である。葬礼運営のため、党家の各家が葬礼に関与し、東家として無償で労働力を提供する。東家のリーダーとしての「大東」は東家に役割分担を割り振る。また、東家は「請亡」、「送亡」、「験孝」などの儀礼的な儀式には、家族と同様に参加する。

喪家との嫁の授受関係によって成立した姻戚には上位・平等・下位の三種類があり、葬礼への弔問の主要な参加者の一つとなる。女性死者の実家、男性死者の母親の実家は上位親戚として、葬礼では最高の地位を有する「骨主」となる。骨主が遺体と寿衣などの検分、生前の死者への待遇と死因などを家族に詢問した上で、喪服であるシャオの着用がなされる。つまり、上位親戚の骨主が死者の死の正当性と家族の親孝行を判断する。死者の実家の姉妹の嫁ぎ先の家々は平等親戚であり、葬礼の進行には特に役割はない。彼らは葬礼に弔問から参加し、「験孝」の儀礼の現場にも立ち会うことになる。死者の娘と死者の家から婚出した女性は下位親戚として、弔問から埋葬まで葬礼に関与する。多くの香奠（礼金）を出し、死者の家族と一緒に遺体の周辺に跪く。多くの儀礼には死者の家族と同様に関与するが、喪主の誘いで宴会には出る。死者の娘と一族の婚出した娘などの下位親戚は死者と血縁関係を持つが、葬礼の運営はしない。さらに、死者の死亡について、婚出した女性は発言権がない。

複数の宗教の宗教者が葬礼に関与する。道教、儒教、チベット仏教など多くの宗教者が、各宗教の作法で儀礼を行う。職能者として、嗩吶匠と料理人が葬礼の進行と運営に役割を果たす。しかし、この宗教者と職能者は、喪家と特定の関係にはなく、死者の死亡後から金銭が発生する雇用関係である。

死者と同じ村落に居住している庄員たちは、喪主以外は葬礼の運営には関与しない。弔問には、各家の代表が参加する。その後、「験孝」儀礼の現場に居合わせて、平等親戚と同様に「験孝」を実際に見ることはある。また、庄員の青壮年の男性は東家と協力して死者の埋葬作業をする主要な関与者である。

〈喪主と大東の比較〉　家族が庄員の中から喪主を選んで依頼し、葬礼の全般を任せる。また、一族の党家に葬礼の運営を頼む。一族の党家が構成した東家のリーダーが大東で、葬礼運営の実務を担う。このように葬礼の運営には喪主と大東という二つの異なる代表的な役割があるが、死者と近い関係を持つ大東に対し、地縁関係者の喪主には、以下の役割がある。①家族が孝に集中できるように、葬礼のすべてを喪主が取り仕切る。②地縁関係の喪主は、死者の党家と上位親戚のあいだを執り持つ。③「験孝」の儀礼においては、喪主は家族と骨主の意見を統一する。このように、喪主は葬礼において調整役を担っており、実質的な運営責任者といえる。

〈骨主と婚出した娘〉　婚出した娘とその息子の葬礼では、上位親戚が骨主として「験孝」を行う。婚姻することで、娘は婚家に入り、その子どもは婚家の姓氏を名乗る。一方、葬礼における骨主の役割からは、骨主は娘の婚出後も娘とその子どもに対して保護責任を持ち、彼らの財産の相続権を有することが指摘できる。

婚姻によって娘の所属先が実家から婚家に移行しても、婚家では必ずしも適切な待遇を受けるとは限らない。そのため、骨主は娘の保護者として婚家での娘の生活を見守る。たとえば、出産後に見舞いに行って産婦と新生児の状態を確認し、婚家が適切な対応をしているかどうかを判断する。さらに、「分家［fēn jiā］」（親から独立して別居すること）の際の婚家の親による財産供与の場に立会い、その財産分与の内容が妥当かどうかを確認する。つまり、骨主は嫁いだ娘とその子どもにとっては、婚家での生活の保護者であるといえる。

また、女性が婚家に嫁ぐ際には、実家から「嫁妆［jià zhuāng］」（嫁入りの際に婚家へ持って行く金銭と品物）を持参する。この「嫁妆」は、女性個人が有する財産とされている。ところが、婚家の後継者の不在によって、嫁いだ娘が婚家の祖先として承認されないことがある。その場合、「験孝」の儀礼において、上位親戚は「嫁妆」の返還と婚出後に娘夫婦が築き上げた財産における娘の持分に対する所有権を主張する。これは、婚出した娘の所属を実家へ戻すことに伴い、死亡した娘が分与されるべき財産の内容を明らかにし、娘に代わって実家がその財産を受け取るということである。離婚の場合も、同様の理屈で骨主が娘の分与されるべき財産の内容を主張し、実家に戻る娘がそれを受け取ることのできるように計らう。

以上のことから、骨主は嫁いだ娘の生活に対して保護する責任をもつと言える。そのため、「験孝」の儀礼において、嫁いだ娘が家庭内暴力を受けていなかったかどうか、適切な治療を受けていたかどうかを検分するのである。さらに、骨主は娘に分与されるべき財産を請求する権利を有する。仮に、死者が妥当な待遇を受けていなかった場合は、婚家の族譜への記名や祖墳への埋葬などを拒否し、死亡した娘の所属を実家に戻して娘が分与されるべき額の財産や慰謝料を婚家に請求する。

〈「験孝」の儀礼と死者の帰属〉 骨主による「験孝」の儀礼は、死んだ娘が婚家へ帰属することを承認する儀式であると言え、婚家の一族による葬礼は死亡した娘を一族の祖先として受け入れる儀式であると言えよう。「験孝」の儀礼を経て、骨主は娘の婚家での生活への保護的役割を終え、娘の財産を喪家と死者の子孫に託し、一切の所有権の主張を放棄する。これによって娘は婚家一族の祖先の一員となり、族譜に名前が載り、祖墳に埋葬される。

青海省の漢民族の日常生活と生産活動においては、党家、つまり父系の親族関係（宗族）が重視されている。しかし、前述のように骨主による「験孝」の儀礼からは、婚礼や葬礼などの人生儀礼において、骨主、つまり母方親戚（外戚）が大きな役割を果たしていることを指摘できる。これまでの日本人研究者の中国の葬礼研究の多くは、漢民族の葬礼を父方親戚の視点でのみ検討することに留まっているが、青海省の漢民族の葬礼において母方親戚の骨主の関与が見られるように、各地の漢民族の葬礼における母方親戚の人々の役割についても再検討する必要がある。

第二章では、青海省の漢民族の党家の葬礼での役割分担などを整理した。そこから以下の四点が指摘できる。

①地域社会の維持に不可欠な党家には、血縁党家と結盟党家の二つがある。いずれの党家も、生産活動と儀礼の場での相互扶助関係が認められる。しかし、血縁党家は規模が大きくなると内部分離して「門」を形成する。それに対して、結盟党家は規模の小さい集団同士が自発的に結合することで相互扶助を行い、集団を維持している。

②葬礼の運営には党家で形成する東家が重要な役割を担う。こうした役割を党家が担うのは、死者を自らの一族の一員とみなしていることによる。さらに、党家は死者の家族の意思を聞いた上で、葬礼のあり方の決定に関与する。

③族譜への記名と祖墳への埋葬によって、死者は宗族という社会集団の中に位置づけられており、これによって宗族意識が持続している。

④一九八〇年代以降、青海省農村地帯の漢民族社会に旧来の葬礼が復活した一因としては、宗族を維持しようとする意識が保持されていたことが挙げられる。

第三章では、青海省の農村部の漢民族における具体的な葬礼の事例の比較を通して、死者の立場による遺体の扱い、葬礼や霊魂の祭祀のあり方について分析を試みた。葬礼から読みとれる生前宗族（党家）と死後宗族（先人）の関係性として次の五点が指摘できる。

①祝寿は、葬礼の前に行われる儀式であり、子孫から親に死後の葬具などが献呈される。祝寿においては、棺材と寿衣などの葬具を事前に用意することによって、衰えていく親の生命力を強化すると考えられている。さらに、祝寿の儀式では、親の功績と祖先であるという身分が承認され、子が親を扶養する立場へと転換すること

が宣言される。

②青海省の漢民族では、生前宗族の「党家」と死後宗族の「先人」という、宗族の成員に対する二つの認識がある。生前宗族としての党家は、(i)未成年と未婚の女性という未確定な成員及び(ii)成人男性と後継者を有する男女という成員で構成され、死後宗族としての先人は、(ii)成人男性と後継者を有する男女という成員及び(iii)祖先によって構成される。(iii)祖先には、(ii)成員のうち自然死かつ後継者を有する死者のみが認められ、(ii)成員として認められない(i)未確定な成員は、死後は鬼になる死者とみなされる。つまり、死後宗族（先人）の成員は、年齢、婚姻・後継者の有無、死因など複数の条件により、祖先、祖先になれない宗族成員、鬼の三種類に大別される。

③(ii)死後宗族の成員には後継者がいない男性も含まれるが、(iii)祖先には後継者がいることが条件として求められる。ただし、生前ないし死後に養子をとる、甥が後継者の役を務めるといった方法による後継者の確保が認められる。もう一つの条件としては、病死や老衰による自然死がある。自然死を迎えられなかった死者、自殺や他害による「不幸な死」を迎えた死者は、決して祖先にはなれない。つまり、後継者の条件については代替手段が認められることからわかるように寛容だが、自然死の条件については代替手段が認められず厳格である。(i)後継者のいない女性は、後継者の代役を得ることで(iii)祖先になれるが、「不幸な死」を迎えた場合にはその代替手段が認められずに鬼となる。このように宗族に依拠する成員は、その宗族の維持継承を担う成員の後継者を確保する責任が求められるとともに、自然な形で人生の終焉を迎えることが強く求められる。

④こうした漢民族の生前宗族（党家）と死後宗族（先人）の関係性は、祖墳と族譜、棺材と寿衣、葬礼の規模といった葬礼のあり方の中で具体的に顕現している。永年にわたって宗族全体で祖先祭祀を行う祖墳には、宗族の祖先観が反映されており、宗族の系譜である族譜には祖先に限らない成員全員の記録が連綿と残されている。

一方、棺材と寿衣は、親の生死や後継者の有無といった条件によって、その数や装飾の多寡という形で差別化されている。このように祖墳や族譜からは、先人に対する認識が強く読み取れ、棺材や寿衣からは「孝」の道徳観の影響が読み取れる。ただし、いずれにおいても、鬼になる死者は厳格に区分されている。

⑤漢民族の葬礼はこうした生前と死後の宗族に対する認識に支えられて伝承されてきたが、近年では「殯葬改革」の推進に伴って火葬が受容されるなどの変化が生じてきている。そうした変化の中にも漢民族の生前と死後の宗族に対する認識を読み取ることができる。祖墳およびその周囲に埋葬する自然死の成員は依然として埋葬が継続されているが、祖墳とは異なる場所に埋葬、遺棄される不自然死および鬼となる死者は、火葬し散骨されるようになっている。祖先や先人成員の死者は祖墳とその近くへ埋葬し、祖先や風水に悪影響を及ぼす死者は祖墳と離れた場所で遺体を処理するという二つの方法は、火葬が受容される中でも継承されており、より極端な形で顕在化している。

第四章では、青海省の農村部の漢民族の葬礼における宗教的職能者の役割分担の分析を通して、青海省漢民族の葬礼の特徴と霊魂観についての分析を試みた。葬礼に重要な役割を果たす宗教的職能者の特徴として、次の三点が指摘できる。

①青海省の葬礼には儒教、道教、チベット仏教の宗教的職能者が関与する。遺体処理と霊魂送りを目的とする葬礼では、儒教の礼儀先生が祖先と子孫の立場から、死者の生前の功績、美徳などを褒め讃えて、子孫からの死者に対する悲しみ、親孝行など儒教的な美徳を表現する。こうして死者を社会的に位置付ける。チベット仏教のアカと道教の陰陽先生はそれぞれ、喪家に法壇を設営して宗教の経典を唱える。こうした読経と法事により、死者に死を自覚させ、霊魂をあの世に送る。

②三種類の宗教者の葬礼への参加有無は、死者の条件によって判断される。死因、年齢、親世代の存命状況、後継者の経済力が影響を及ぼす。祖先になる死者の葬礼には三種類の宗教的職能者全てを招請して儀礼が行われている。

③宗教的職能者の葬礼への参加は、一九六〇年以降の文化大革命など特定の時代に禁止され、現在も「殯葬改革」において避けるべきこととされている。しかし、具体的な葬礼の事例調査から、当地域では一九九〇年代には宗教的職能者が再び葬礼の宗教的側面などを担うようになっており、現在も葬礼に欠かせない役とみなされているといえる。

第五章では、青海省の漢民族の婚礼の詳細を紹介し、社会における宗族と姻戚のあり方を明らかにした。婚礼と葬礼の担い手の比較から、以下の三点を指摘できる。

①婚礼と葬礼に関与した人々は当事者との関係性で家族、党家、親戚、庄員、職能者と分類できる。このような血縁、婚姻、地縁、雇用で儀礼に関わった人々は、当事者との親疎関係でそれぞれの役割を分担している。そのような中、婚礼と葬礼は父系の党家で構成した東家で運営するが、その成員としての当事者の身分の検分には母方親戚の骨主が深く関与している。

②青海省の漢民族の婚礼と葬礼は経済と政策の影響を受けている。「恋愛結婚」が主流の婚姻形態になった現在では、儀式の内容や場所などが従来と大きく変わった部分があるが、婚礼という婚姻関係を結ぶ儀礼には従来のあり方も伝承されている。

③変容しやすい婚礼に対して葬礼の変容は少ない。祖先となれる死者の葬礼の内容は従来のあり方が固く守られ、未成年と横死した死者の葬礼は「殯葬改革」の影響を受けて徐々に火葬が受容されるようになったが、族譜へ

の記載や埋葬についての考え方は従来と大きな変化はない。

第六章では、青海省の漢民族の葬礼において着用されるシャオを確認し、シャオの様式を分類した。それぞれの様式構成、布地及び着用期間などの比較から、シャオについて次の四点を指摘できる。

①シャオの着用には、輩分と所属という二つの基準が設けられている。この基準によって長輩や親戚、庄員が着用する簡素なシャオと、死者の妻、晩輩としての子孫や甥世帯が着用する「重孝」に分けられる。「重孝」の中でも、死者の息子である家の後継者とその配偶者のシャオが最も複雑で重い様式とされている。さらに、「三従」の儒教理論によって、死者の妻が夫のために最も重いシャオを着用する。しかし、「重孝」の様式はひとつではなく、直系の子孫、晩輩という世代観、男女によってさらに細分化された様式が見られる。こうしたシャオの着用実態から、世代順位の長幼と所属関係の親疎という二つ基準から形成される漢民族の社会秩序が確認できる。

②後継者の有無は死者が祖先になる資格を得る条件の一つである。後継者は死者の財産を相続し、死後祭祀の担い手の中心となる。シャオの着用伝承では、後継者となる人が葬礼において、最も複雑な喪服を着用する。現在においても死者の後継者になる順位は、息子と長孫→長孫以外の男孫→養子と婿養子→親甥子である。後継者である息子が欠けた場合には、葬礼には男孫が子の役を務め、男孫が欠ける場合には親甥子がその役を務めるという順位がある。それゆえに親甥子のシャオは孫と同列の立場としての様式であると考えられる。

③実娘を含めて血縁党家から婚出した女性は、党家の一員とはみなされずに、同輩や他の親戚と同じ簡素なシャオを身に着ける。これは成人した男性は党家の成員としてみなされるのに対し、女性は婚姻と息子の生育を経て、初めて成員とみなされるためと考えられる。

④着用実態から読み取れるシャオの意味としては、死者への弔意、葬礼への賛意、死霊との接触という三つがあるといえよう。死者への弔意はシャオの基本的意味であり、その哀悼の意には親である死者への弔意、祖先としての死者への弔意、広範な死者への弔意という三つが読み取れる。また、シャオを着用することは、死者の身分とその死の正当性を確認し、その葬礼への賛意を表すことを象徴している。そして、死者の霊魂や祖先の霊魂が存在する空間に接触する際にシャオを着用し、接触が終わったらシャオを外すということからは、シャオの着用が死霊との接触を象徴するといえる。

第七章では、中国青海省の漢民族の葬礼における贈答品の「寿礼」と「香奠」に着目し、その贈答習俗から以下の二点を指摘した。

①中国青海省農村部の漢民族の葬礼における贈与の内容としては、金銭、食べ物、その他の三つの物質的贈与と、党家が葬礼の際に東家として労働力を提供し儀礼の実務を担う、非物質的贈与の二種類がある。物質的贈与と非物質的贈与の内容と差によって、喪家と葬礼参加者との社会的な距離が視覚的に表現され、それぞれのグループが形成されている。

②社会秩序が贈与のあり方に反映されている。贈与の行為には個人間の関係もあるが、その内容を確認すると、祝寿の儀礼と葬礼の際の贈与には家と家との間での贈与も確認することができる。村落共同体の成員間での贈与では、基本的にそれぞれが対等であろうとする原理が働いているが、一方で、姻戚関係のある親戚組織の間の贈与には、対等であろうとする原理は存在せず、上位と下位という上下の力関係がある。この関係は贈与の内容や数量からも、はっきりと確認することができ、全く別の論理がそこには働いていると考えられる。中国の漢民族社会が父系社会であり、実家から婚出した女性は死後の葬礼の段階までその所属があきらかになって

おらず、実家と嫁ぎ先、それぞれとの繋がりの間に位置しており、そのために嫁ぎ先の家が女性の実家を重視することが、この上下関係の原理を生み出している要因であると考えられる。

以上のように、本書では、青海省における漢民族の葬礼の現場に立ち会い、参与調査や地元の話者への聞き書き調査を通じて、実際に行われている葬礼の儀礼手順や内容、関与する人々の役割、組織体制などに焦点を当てた。その結果、青海省漢民族社会における組織構造や人々の相互関係が明らかになった。

急速な都市化が進む時代背景の中で、従来の葬送習俗をどのように位置づけるかには依然として課題が残るものの、ここでは漢民族の社会関係をその維持基盤の一つとして捉えたい。婚礼との比較についても第五章で行ったが、たとえば、新郎新婦や死者の所属に対する承認は、父方親戚の党家と母方親戚の骨主双方の検分によることから、婚礼や葬礼といった重要な人生儀礼は、青海省の漢民族にとって自らの社会関係を維持し確認する場であると指摘できる。青海省の漢民族の葬礼については、さらに検討すべき習俗も多数あろう。「春節」や「清明節」などの年中行事における祖先祭祀の儀礼から、青海省の漢民族の祖先観への検討を行うことで、漢民族の葬送習俗に対する理解がさらに深まることだろう。

あとがき

筆者の故郷・青海省は、中国の西北部に位置する平均海抜が三〇〇〇メートルの高原地帯で、壮大な自然の美しさと多民族が共存する文化の豊かさに恵まれた土地である。中国の音楽家・王洛賓の代表曲「在那遥遠的地方（あの遥かに遠い地方には）」にも歌われ、中国国内では「遥かに遠い場所」というイメージでとらえられてきた。しかし近年は、青海チベット鉄道の開通や通信技術の進歩により、青海省は「遥かに遠い場所」ではなくなってきた。本書は、青海省の民俗風習を紹介することを一つの目的としている。また、可能であれば、本書を通じてさらに多くの人々に青海省を知ってもらい、青海省が「遥かに遠い場所」というだけのイメージから脱することを願っている。

本書は、中国青海省の漢民族の葬送習俗の研究をまとめたものである。そのきっかけは、筆者の祖母が「自分が死んだら、必ず土葬して欲しい」と強く願ったことにある。政府が火葬を推進するなかで、なぜ祖母が火葬を強く拒否して土葬にこだわるのか、理解したいと思った。そのため、漢民族の葬送習俗を民俗学の立場から明らかにすることを研究テーマに定め、二〇一六年に國學院大學大学院博士課程前期に入学した。

そこからは、なにものにも代えがたい貴重な経験の連続であった。まず、國學院大學大学院博士課程前期では、指導教員の新谷尚紀先生と小川直之先生から、民俗学の基礎とともに、実地調査や論文の執筆方法について多くを学んだ。中でも、広島県山県郡北広島町の「壬生の花田植」の現地調査実習では、文献だけでなく、実地での調査の重要性を実感し、ここから、さらに民俗学を深く学びたいという思いが強くなった。

博士課程後期の指導教員であった小川先生からは、研究のロードマップ作成の教示を受けた。筆者が迷うことなく研究を進めることができたのは、このロードマップがあったからで、二〇二四年三月に博士（民俗学）を授与され、博士学位論文をもとに本書を刊行することができた。学位審査では主査の小川先生、副査の渡邊欣雄先生、服部比呂美先生、伊藤龍平先生から論文内容について批評をいただき、研究を前に進めることができた。

ここに至るまでには、多くの先生方からご教示をいただいた。漢民族文化研究をテーマの一つとしてこられた渡邊先生からは今後の研究や出版についての御支援も受け、大石泰夫先生からは中国での民俗研究についての示唆をいただき、国立歴史民俗博物館総合研究大学院大学の関沢まゆみ先生には、特別共同利用研究員として受け入れていただいた。

さらに、川嶋麗華氏、石垣絵美氏、伊藤新之輔氏をはじめとする大学院の先輩方には、留学生である私が授業内容を理解できないときや、発表や論文執筆の際に、日本語の確認、指導をしていただいた。心からお礼を申し上げたい。

またお名前はあげきれないが、現地調査にあたっては、多くの話者の方から、貴重なお話をうかがうことができた。そして出版を引き受けてくださった七月社の西村篤氏にも、この場を借りてお礼を申し上げたい。

そして、日本での学問の道を支えてくれた両親と婚約者・王雅琪氏の励ましがあってこそ、研究を続けることができた。深く感謝したい。

最後に、本書は博士論文を元にしており、國學院大學課程博士論文出版助成金の交付を受けた出版物であることを記し、國學院大學に深く謝意を表す。

本書が、アジア大陸の青蔵（チベット）高原に生活している漢民族の民俗文化研究の進展に寄与することを祈念するとともに、これからは幅広い民俗研究に取り組んでいきたい。

二〇二四年一〇月

李 生智

初出一覧

序章　先行研究と本研究の課題（博士論文のために書き下ろし）

第一章　青海省の漢民族の葬礼の実態（原題「中国青海省の漢民族の葬礼と担い手――湟中県李家山鎮新添堡村の事例から」『東アジア文化研究』第六号、二〇二一年二月）

第二章　村落と党家と葬礼（原題「中国青海省漢民族の葬礼と宗族――西寧市湟中区李家山鎮の場合」『伝承文化研究』第一八号、二〇二一年七月）

第三章　理想的な葬礼と三種類の死者（原題「中国青海省の漢民族の葬礼にみる生前と死後の宗族――祖墳と族譜を中心に」『伝承文化研究』第一九号、二〇二二年七月）

第四章　葬礼と宗教的職能者（原題「中国青海省の農村部における漢民族の葬礼と宗教的職能者」『國學院大學大學院紀要』第五四輯、二〇二三年二月）

第五章　青海省の漢民族の婚礼（原題「中国青海省の漢民族の婚礼と葬礼——西寧市周辺の農村部の事例から」『東アジア文化研究』第八号、二〇二三年二月）

第六章　葬礼と喪服（原題「中国青海省西寧市の周辺農村部における漢民族の葬礼と喪服」『國學院雑誌』第一二五巻五号、二〇二四年五月）

第七章　葬礼と贈答習俗——「寿礼」と「香奠」（原題「中国青海省の漢民族の葬礼における贈答習俗」『伝承文化研究』第一七号、二〇二〇年七月）

終章　まとめと今後の課題（博士論文のために書き下ろし）

※本書収録にあたり、すべての論文に加筆修正を施した。

書名・論文名索引

人名索引

[な・に・の]

[は]

[ひ]

[ふ]

索 引

- 本索引は、「事項索引」「人名索引」「書名・論文名索引」からなる。
- 中国語の用語については、対応する日本語がある場合はその読みで、ない場合は日本語の一般的な音読みをあてて、五十音順に配列した。
- 頻出する用語は、主だったページを選別して拾った。

事項索引

［著者略歴］
李 生智（リ・セイチ）
1993年、中国青海省に生まれる。
2018年、國學院大學大学院文学研究科博士課程前期修了。
2024年、國學院大學大学院文学研究科博士後期課程修了、博士（民俗学）取得。
現在、國學院大學大学院特別研究員。

中国青海省《ちゅうごくせいかいしょう》・漢民族《かんみんぞく》の葬送《そうそう》儀礼《ぎれい》——死《し》をめぐる民俗誌《みんぞくし》

2025年2月28日　初版第1刷発行

著　者……………………李 生智
発行者……………………西村 篤
発行所……………………株式会社七月社
〒182-0015 東京都調布市八雲台2-24-6
電話・FAX 042-455-1385
印　刷……………………株式会社厚徳社
製　本……………………榎本製本株式会社

Printed in Japan ISBN 978-4-909544-38-4 C1039